사람을 분별할 줄 아는 관계의 비결

나는 안전한 사람인가?

Safe People

Copyright © 1995 by Henry Cloud and John Townsend
All rights reserved.

Korean translation copyright © 2000 by Togijangi Publishing House
2F, 71-1, Donggyo-ro, Mapo-gu, Seoul, Republic of Korea

This Korean edition is published by the permission of Zondervan Publishing House(Grand Rapids, Michigan 49530) through the arrangement of rMaeng2, Seoul, Korea.

본 저작물의 한국어판 저작권은 알맹2를 통해 Zondervan Publishing House와의 독점계약으로 한국어 판권을 '도서출판 토기장이'가 소유합니다. 저작권법에 의하여 한국 내에서 보호를 받는 저작물이므로 무단 복제를 금합니다.

특별한 표기가 없는 모든 성경 구절은 개역개정성경을 인용한 것입니다.

사람을 분별할 줄 아는 관계의 비결

나는 안전한 사람인가?

헨리 클라우드 · 존 타운센드 지음

토기장이

추천의 글 •

헨리 클라우드와 존 타운센드는 전문 임상 상담가로서 '인생의 실험실'에서 살아왔던 저자들이기에 이 책을 쓸 수 있었다. 당신이 하나님께 더 가까이 다가갈 수 있는 안전한 인간관계를 맺을 수 있도록 도와줄 정말 탁월한 책이다.

빌 하이벨스 • 윌로우크릭 교회 담임목사

우리는 종종 마음을 어렵게 하고 삶을 짓누르는 인간관계 때문에 혼란스러워 한다. 「나는 안전한 사람인가?」는 성경적인 시각으로 다양한 인간관계의 지침을 주는 아주 유익하고 실제적인 책이다. 이 책은 독자들에게 해로운 인간관계를 피할 수 있을 뿐 아니라 안전한 관계를 보다 견고하게 할 수 있는 도구를 마련해 주었다. 저자들에게 박수를 보낸다.

조시 맥도웰 • 저자, 국제 CCC 대표강사

바람직하지 못한 인간관계에 대한 분명한 지식이 있었더라면 피할 수 있었던 마음의 상처를 생각해 보라. 「나는 안전한 사람인가?」는 이러한 지식을 우리에게 가르쳐 주고 있다. 클라우드 박사와 타운센드 박사는 우리를 '보다 나은 사람이 되도록 돕는 안전한 사람과 가까워지는 법'에 대해 실제적인 지식을 준다. 이 책은 우리 모두가 반드시 읽어야 할 필독서이다.

레스 패롯 & 레슬리 패롯 박사 • 기독교 상담 심리학자

시작하는 글 •

당신 자신에게 다음과 같은 질문을 해 본 적이 있는가?

- 어떻게 하면 보다 좋은 사람들을 사귈 수 있을까?
- 왜 나는 나를 배신하는 사람들을 사귀게 되었을까?
- 왜 나는 항상 독한 직장 상사를 만날까?
- 왜 내 주위에는 무책임만 사람들만 있을까?
- 왜 나는 그 사기꾼에게 돈을 빌려주었을까?
- 왜 내 주위에는 해로운 사람들만 모여들까?

만약 이런 질문을 자신에게 해 보았다면, 이 책은 바로 당신을 위한 책이다. 이 책은 많은 사람들의 관심거리인 "어떻게 하면 좋은 사람을 사귈 수 있을까?" 하는 문제를 다룬다. 좋은 사람을 분별할 줄 아는 능력은 당신 자신의 인격과 신앙 성장에 꼭 필요한 요소 중 하나이다.

사람을 분별할 줄 안다는 것은 당신에게 누가 유익하고 누가 해로운지를 선택할 수 있는 능력이 있다는 것이다. 다른 말로 표현하면, 당신 주위에 있는 염소들 속에서 양을 가려내는 것이다.

이 책에서는 당신을 보다 나은 사람이 되도록 돕는 좋은 사람을 '안전한 사람'이라고 부르려고 한다. 안전한 사람은 당신이 하나님께서 원하시는 삶을 살도록 돕는 사람이다. 완벽할 수는 없지만 안전한 사람의 좋은 성품은 당신의 삶에 긍정적인 영향을 끼치기에 충분하다. 안전한 사람은 정직하고 당신을 받아들이며 당신과 함께 하면서 당신이 좋은 결실을 맺을 수 있도록 도와준다.

우리는 수년 동안 많은 상담을 하면서 "사람은 서로를 필요로 한다"라는 단순하지만 중요한 사실을 발견했다. 하나님은 사람으로 하여금 그분의 손과 발이 되어 서로 돕고 위로하고 격려하도록 만드셨다.

> "두 세 사람이 내 이름으로 모인 곳에는 나도 그들 중에 있느니라"마 18:20.

많은 사람들이 이런 필요에 따라 행동하고, 다른 사람과 교제한다. 외롭고 어려울 때에 주위를 둘러보며 함께해 줄 사람을 구하기도 하고 자신의 기쁨과 성공을 함께 나눌 사람을 찾기도 한다. 사람들은 자신의 슬픔과 문제를 이해해 줄 사람에게 지혜와 충고를 바라며 다른 누군가를 찾아간다.

그런데 도움은 커녕 오히려 해로운 사람들을 종종 믿고 의지하는 것이 문제이다. 여러 가지 이유로 많은 사람들이 자신을 배신하고 해를 입히고 무시하는 사람에게 또 손을 내민다. 누가 좋고 누가 해로운지를 분별하지 못한 결과로 사람들은 우울증이나 즉흥적인 행동, 결혼의 갈등이나 직장 생활의 어려움을 겪기도 한다. 어쩌면 어떤 사람은 좋은 사람 분별하는 것보다 좋은 차 고르는 일을 더 잘 할지도 모른다.

하지만 아직도 희망은 있다. 성경은 당신에게 해로운 사람 가운데에서 안전한 사람을 분별하는 지혜를 일러준다. 그리고 당신 자신이 어떻게 안전한 사람이 될 수 있는지를 가르쳐 준다. 이러한 성경적 원리는 오늘날과 같이 깨어진 '관계의 시대'에 적절할 뿐 아니라 영원무궁한 진리이다.

다음은 이 책이 어떻게 구성되어 있는지에 대한 설명이다.

"제 1부 : 해로운 사람"에서는 해로운 사람이 누구이며 그 해로운 사람의 스무 가지 특징에 대해서 다룰 것이다.

"제 2부 : 나는 해로운 사람을 유인하는가?"에서는 당신이 왜 해로운 사람들을 선택했으며, 이 문제를 어떻게 해결할지에 대해 설명할 것이다.

"제 3부 : 안전한 사람"에서는 안전한 사람이 누구이며, 왜 이런 사람이 필요한지를 설명할 것이다. 안전한 사람을 성공적으로 만나고 사귀는데 필요한 실제적인 도움을 얻을 수 있을 것이다.

우리는 당신 주위의 사람뿐 아니라 당신 자신도 점검하는데 직접적인 도움을 줄 수 있도록 이 책을 구성했다. 한 발짝 뒤로 물러서서 당신의 소중한 것을 투자하고 있는 사람들을 객관적으로 점검하는 법을 배우며 주위의 사람들을 둘러보길 바란다. 이 책에 소개된 성경적 원리를 통해 당신은 좋은 점과 나쁜 점을 모두 가지고 있는 다른 사람들의 참 모습을 보게 될 것이다.

또한 이 책은 당신 스스로를 점검하는데 도움을 줄 것이다. 이 책을 통해 당신은 미처 보지 못했던 점과 자신의 약점을 발견할 것이고 당신이 왜 이기적인 사람의 손쉬운 희생물이 되는지도 배울 수 있을 것이다. 당신은 자신의 약점에 대해 보다 정확히 알게 될 것이고, 어떻게 이것을 극복하고 성숙해질 수 있는지도 배우게 될 것이다. 그리고 혹시 당신이 다른 사람에게 해를 끼치는 요소를 가지고 있지는 않은지를 점검하게 될 것이다. 하나님은 당신이 자신의 부족한 점들을 발견하고 보다 성숙해지도록 돕기를 원하신다.

마지막으로, 마음을 열고 신뢰하고 사랑하는 것이 당신에게 얼마나 힘든 일인지를 하나님께서도 아시고 있다는 것을 기억하기 바란다. 왜냐하면 하나님도 아픔을 느끼시기 때문이다. 하나님은 당신이 하나님뿐만 아니라 하나님의 형상과 속성을 가지고 있는 사람들과도 잘 교제하기를 간절히 원하신다.

당신을 '안전한 사람'에게로 인도하는 이 책을 읽으면서 하나님의 크나큰 사랑을 체험할 수 있기를 간절히 기도한다.

"너희 속에서 착한 일을 시작하신 이가 그리스도 예수의 날까지 이루실 줄을 우리가 확신하노라"빌 1:6.

차례

추천의 글
시작하는 글

PART 1 해로운 사람

CHAPTER 01 해로운 사람이란? • 15

CHAPTER 02 해로운 사람의 특징 • 33

CHAPTER 03 해로운 사람의 대인관계의 특징 • 59

CHAPTER 04 어떻게 우리의 '안전감'을 잃게 되는가? • 103

PART 2 나는 해로운 사람을 유인하는가?

CHAPTER 05 나에게 '안전 결핍증'이 있는가? • 149

CHAPTER 06 왜 나는 해로운 인간관계를 선택하는가? • 163

CHAPTER 07 잘못된 해결 방법들 • 195

CHAPTER 08 왜 난 스스로를 외톨이로 만들까? • 223

PART 3 안전한 사람

CHAPTER 09 안전한 사람이란? • 251

CHAPTER 10 왜 안전한 사람이 필요한가? • 259

CHAPTER 11 안전한 사람은 어디 있는가? • 281

CHAPTER 12 안전해지는 법을 배우라 • 301

CHAPTER 13 고칠 것인가, 아니면 교체할 것인가? • 343

PART 01

~~~~

해로운 사람
Unsafe People

CHAPTER 01
해로운 사람이란?

창조주 하나님께서 "사람이 혼자 사는 것이 좋지 아니하니"(창 2:18)라고 말씀하셨는데 이는 단지 결혼에 관해서만이 아니라 '관계의 중요성'을 말씀하셨다고 보는 것이 더 바람직하다. 하나님의 형상대로 만들어진 우리는 다른 사람들과 교제하고 인격적인 관계를 맺는 것이 필요하다. 하지만 뱀처럼 지혜롭지 못하고 무작정 다른 사람의 격려와 애정만을 갈급해 한다면 상처받기가 쉽다.

대학교 다닐 때, 나는 여학생들과 데이트를 즐기곤 했지만 대개 우정을 나누는 정도에 만족했다. 그러던 어느 날 친구가 내게 캐런을 소개시켜 주었다. 거실에 서 있는 그녀를 보는 순간 나는 한눈에 사랑에 빠졌다. 금발 머리를 가진 캐런은 아름다웠을 뿐만 아니라 헌신된 기독교인이었다. 게다가 아무도 예상하지 못할 때 재미있는 농담을 할 정도로 유머 감각도 있었다. 그녀는 지적이었을 뿐 아니라 인기도 많아서 어디를 가도 잘 어울리는 사람이었다.

우리의 관계는 데이트를 시작한지 얼마 되지 않아 급속도로 발전해서 학생들이 즐겨 이용하는 저렴한 음식점에서 같이 식사하며 데이트를 즐겼다. 때로는 친구들과 함께 어울려 놀기도 하고 도서관에서 같이 공부하기도 했다.

여러 달이 지나는 동안, 우리의 관계는 지속적으로 발전했다. 캐런을 만난 나는 행운아라는 생각이 들었을 뿐 아니라 하나님께서 내 아내로 정해 놓으신 여자일 것이라고까지 생각했다. 그런데 사랑에 눈이 멀었던 내가 눈치채지 못하고 있던 것이 있었다. 그동안 캐런이 약속 장소에 나오지 않거나 수업에 빠진 적이 몇 번 있었다. 다시 만났을 때, 내가 왜 오지 않았냐고 물으면 그녀는 바빠서 그랬다고 얼버무리며 재빨리 화제를 바꾸곤 했다. 그럴 때마다 나는 그녀에게 내가 너무 많은 것을 원하는 것은 아닌가 싶어 더 이상 묻지 않았다.

한번은 놀라게 할 생각으로 그녀의 아파트에 예고 없이 들른 적이 있었다. 집안에서 사람 목소리가 나는 것을 확인하고 벨을 누르며 "나야. 나 왔어"라고 하자 갑자기 그녀의 집은 조용해졌다. 그 후 몇 번이고 더 벨을 눌러도 반응이 없어서 나는 캐런이 여자 친구와 개인적인 이야기를 하고 있는 것 같아서 방해하지 말아야겠다는 생각에 돌아갔다.

또 한번은 친구인 빌이 "캐런이 많은 남자 친구들을 울린 경력이 있다는 소리를 들었어. 그러니까 조심해"라고 넌지시 말해 주었다. 빌이 샘이 났거나 잘못 듣고 그렇게 말했으리라 생각한 나는 이 말을 귀담아 듣지 않았다.

그런데 가장 마음에 걸렸던 것은 우리가 함께 무엇을 할지를 선택하는 방법의 문제였다. 나는 캐런이 원하는 것은 무엇이든지 따라 해야만 했다. 캐런이 공부하기 원하면 그녀와 같이 공부했고, 그녀가 놀기 원하면 그녀와 함께 놀아야 했다. 하지만 내가 공부하기를 원할 때 그녀는 나와 같이 공부하기 보다는 다른 친구와 나가서 놀았다.

이런 불균형은 우리 관계의 다른 면에서도 나타났다. 대체로 내가 캐런을 도와주었지 그녀가 나를 도와준 적은 거의 없었다. 한 예로, 내가 친구와 문제가 생겨 고민했던 적이 한 번 있었는데, 그녀는 "너 혼자 해결하라"고 며칠 동안 만나주지도 않았다.

그러던 어느 날, 드디어 내가 피하던 진실을 알게 되었다. 그녀의 아파트로 올라가다가 그녀가 다른 남자와 키스하고 있는 것을 목격한 것이다. 나를 본 캐런은 놀란 표정을 지으며 안고 있던 남자와 떨어져 서더니 다시 그 남자의 손을 잡고 미소를 지으며 이렇게 말했다. "존, 그동안 말하려고 했는데 미안해. 하지만 너는 이해해 주리라 믿어."

그것이 마지막이었다. 나는 '욱!' 하고 치밀어 오르는 마음도 없었고 그녀의 새 남자 친구를 흠씬 패주거나 결투를 신청하고 싶지도 않았다. 마음은 아팠지만 나는 짐짓 태연한 체하면서 말했다. "그럼 이해하고 말고. 너도 말하는 것이 힘들었을 거야." 내가 이해한다고 하자 캐런은 고맙다고 했고 그것으로 모든 것은 끝났다.

그 뒤에 그녀를 우연히 몇 번 만났지만 우리는 교제를 다시 시작하지 않았고 제각기 갈 길을 가기 시작했다. 하지만 그녀와 헤어진 뒤 이별의 상처가 아무는데 엄청난 시간이 걸렸다. 서로 잘 알고 있었고 사랑도 깊었다고 생각한 내게 이 일은 엄청난 충격이었다. 나는 아무에게도 말하지 않았던 생각과 느낌을 그녀에게 털어놓았고 나의 깊은 곳까지 믿고 보여 주었다. 우리가 평생 동안 서로 사랑하며 가족을 꾸리고 즐거움을 나누며 하나님과 이웃을 섬기는 것을 준비하며 하나가 되어 가고 있었다고 생각했기 때문이다.

아무튼 그녀와의 교제는 내 자존감과 다른 사람을 신뢰하는 마음에 상처를 주었고, 심지어는 나 자신을 의심하기조차 했다.

그런데 우스운 일은 그녀가 얼마나 나쁜지를 알면서도 내가 그녀를 처음 보았을 때 느꼈던 그 짜릿한 감정을 오랫동안 잊을 수 없었다는 것이다. 나는 그녀를 위해 기도하기도 했고 친구들에게 내 아픈 마음을 쏟아 놓기도 하면서 내가 미처 보지 못했던 그녀의 이중적인 삶과 부정직함과 무책임함과 자기중심적인 면을 볼 수 있었다.

한편으론 용서받을 수 없는 그녀의 죄악들을 누구에게라도 낱낱이 밝히고 싶은 마음도 있었다. 아무튼 그녀와 헤어진 이후로 나는 오랫동안 가슴앓이를 했다.

그 후 하나님의 은혜로 나는 여러 면에서 전보다 성숙해졌다. 나중에 바비와 결혼했고 우리는 지금도 서로 사랑하고 아껴 주고 있다. 아내인 바비가 없는 인생은 상상할 수 없다. 그리고 캐런과 내가 서로에게 왜 잘 어울리지 않았는지도 잘 알게 되었다. 하지만 캐런이 좋은 사람이라고 생각했던 나 자신이 오랫동안 이해가 되지 않았다.

당신도 이런 경험이 있는가?
이제 내 이야기에서 당신의 이야기로 주제를 바꾸어 보

자. 잠시 읽던 것을 멈추고 생각하기 바란다. 당신도 캐런 같은 사람을 사귄 적이 있지 않은가? 혹시 가장 친한 친구나 직장 동료가 이렇지는 않은가? 친척이나 교회 친구 중에는 없는가?

누구에게나 캐런과 같은 사람이 주변에 있기 마련이다. 신다가 버린 신발처럼 다른 사람에게 채이고 이용당하고 상처받은 뒤에 스스로에게 이런 질문을 해 본 적은 없는가? "도대체 내가 뭘 잘못했기에 이런 일이 생긴 거지?" 하지만 당신 혼자만 당하는 일은 아니다.

흔히 사람들에게 상처받으면 사람을 의지한 자신을 탓하기 마련이다. '하나님이 아닌 사람을 의지했더니만 그럼 그렇지. 역시 사람이란 믿을 만하지 못하다니까.' 당신은 이렇게 생각할지 모른다.

사람들이 하나님처럼 완벽하게 사랑할 수 없음에도 불구하고 하나님께서는 사람으로 하여금 하나님과는 물론 다른 사람들과의 교제를 위해서 만드셨다고 성경은 말한다. 창조주 하나님께서 "사람이 혼자 사는 것이 좋지 아니하니"창 2:18 라고 말씀하셨는데 이는 단지 결혼에 관해서만이 아니라 '관계의 중요성'을 말씀하셨다고 보는 것이 더 바람직하다. 하나님의 형상대로 만들어진 우리는 다른 사람들과 교제하고 인격적인 관계를 맺는 것이 필요하다.

다른 사람과 관계를 형성하고 우정을 나누고 싶어하는 마음은 하나님께서 우리 마음속에 심어 놓으신 것이기에 자연스러운 것이다. 하지만 뱀처럼 지혜롭지 못하고 무작정 다른 사람의 격려와 애정만을 갈급해 한다면 상처받기가 쉽다.

사람 보는 눈

한번은 기독 청년들에게 연애와 교제에 관해 강의할 기회가 있었다. 강의를 마치며 이런 질문을 청년들에게 던졌다. "이성친구나 배우자를 고를 때 가장 중요하게 보는 것은 무엇인가요?"

이 질문에 대한 학생들의 대답을 요약하면 이렇다. "영적이면서 경건하고 야심적이고 재미있는 사람."

역시 내가 예상했던 대로였다. 나는 상담심리학자이자 인생의 선배로서 이 대답을 들으며 마음이 적잖이 무거워졌다. 왜냐하면 학생들의 대답에는 인간관계에 대한 생각이 전혀 없었기 때문이다.

그래서 나는 그 청년들에게 성격이나 인간성에 관한 질

문을 좀 더 했다. 하지만 이들은 내가 무엇을 말하려고 하는지조차 눈치채지 못 하고 계속해서 신앙적인 측면이 강조된 대답만 늘어놓으며 인간관계와 아무 상관없는 것들에 대해서만 말했다. 참고로 어려움 가운데 빠져 있는 사람들은 신앙적인 요소들은 문제가 되지 않는다고 증언한다. 이들은 오히려 아래의 내용들이 문제라고 지적한다.

- 나의 말을 듣지 않는다.
- 얼마나 완벽한지 나의 어려운 점을 이해하지 못한다.
- 너무 멀리 떨어져 있는 사람처럼 느껴진다.
- 나를 자기 마음대로 하려고 한다.
- 번번이 약속을 하지만 지키지 않는다.
- 나를 정죄하고 부정적으로 판단한다.
- 무엇이든지 다 내 책임으로 돌리며 화를 낸다.
- 그 사람과 함께 있으면 왠지 내가 못난 사람처럼 느껴진다.
- 그를 신뢰할 수 없다.

이렇게 상처 입은 사람이 상담가나 가까운 친구에게 털어놓은 안타까운 하소연은 이 밖에도 많이 있다. 하나님의 말씀을 비추어 보아도 신앙적인 요소보다는 인간성이나 성격의 문제가 더 큰 것임을 알 수 있다. 하나님은 그의 백성이 "멀리 떠났고"사 29:13, "거역하고"수 22:16, "교만하고"신 8:14, "자긍하고"시 36:2, "사랑치 아니하고"요일 4:20, "남을 판단한"롬 2:1다고 말씀하셨다.

위에서 보는 것처럼 하나님은 사람에 관해 말씀하실 때 종교적인 용어나 영적인 말을 쓰지 않으셨다. 하나님은 그의 백성이 당신과 다른 사람들을 어떻게 대했는가에 대해 그리고 그의 백성이 약속을 얼마나 지켰는지에 대해 말씀하셨다. 주님은 그의 백성의 됨됨이와 태도를 중요시 여기셨다. 내 강의를 듣던 대학생들의 대답처럼 '종교적인' 사람들을 성경에서 많이 찾아볼 수 있다. 하지만 이들이야말로 예수님과 구약의 선지자들이 꾸짖고 경고한 사람들이었다. 이들은 겉으로 보거나 멀리서 보면 그럴싸하고 좋아 보이지만 가까이서 대하는 것은 어렵다.

우리는 사람을 분별하는 법을 배울 기회가 별로 없다. 게다가 사람의 내면보다는 외모를 보는 경향이 많아서삼상 16:7 ; 마 23:25-28 외모를 기준으로 사람을 선택하고 나중에야 그 사람의 본모습을 알게 된다. 사람들은 세상에서의 성공과 외모와 유머 감각과 지위와 교육 수준과 재능과 기술과 종교적

생활을 본다. 이 결과 사람들은 종종 마음에 큰 상처를 입는 뼈아픈 경험을 하곤 한다.

어떤 사람이 해로운가?

우리 집 아이들은 토요일 아침에 TV에서 방영하는 만화 프로그램을 좋아한다. 아이들은 특별히 로보트 태권브이 같은 만화를 좋아하는데 누가 좋은 편이고 누가 나쁜 편인지를 서로에게 말하곤 한다. 아이들이 좋은 편이 누구인지를 알아내는 것은 어렵지 않다. 좋은 편은 우람하게 잘 생기고 목소리도 좋지만 나쁜 편은 못 생기고 입은 옷도 지저분하고 목소리도 음흉스럽기 마련이다.

그러나 현실에서는 나쁜 사람을 찾아내기가 그리 쉽지 않다. 특별히 해로운 사람을 찾아내는 것은 더 힘들다. 오히려 해로운 사람들이 멋있고 괜찮아 보일 뿐만 아니라 성격상의 문제도 가려진 경우가 종종 있기 때문이다. 도대체 우리가 믿고 신뢰할 만한 사람이 누구인가를 어떻게 알 수 있을까?

대개 해로운 사람들은 '중도 포기형'과 '비판형', '무책임형' 이 세 종류 중 하나에 속한다.

중도 포기형

중도 포기형의 사람은 새로운 사람을 사귀지만 오래 가지 못하는 사람이다.

서른 아홉인 론은 자신에게 일 년 넘도록 깊게 사귄 친구가 없다는 뼈아픈 사실을 최근에야 알게 되었다. "알다시피 이제 내 나이도 사십이에요. 나는 늘 사십은 인생에 있어 중요한 때라고 생각했었지요. 이때가 되면 십 년 이상 사귄 친구나 기도를 같이 하고 운동도 같이 하고 속마음을 털어놓을 수도 있는 친구가 있을 거라고 생각했지요"라고 그가 말했다. "그런데 아직 이런 친구가 없어요. 새 친구를 만나 몇 번 점심을 같이 먹고 가족끼리 놀러가고 하면서 몇 달이 지났다 싶으면 연락이 안 오더군요. 도대체 좋은 사람들은 어디에 있다는 말입니까?"

중도 포기형의 사람은 이전에 이런 유형의 사람에게 피해를 당한 경험을 가지고 있기 쉽다. 아니면 다른 사람과 가까워지는 것이 두려워 피상적인 만남을 선호하기도 한다. 또는 완벽한 친구를 찾다가 상대방이 완벽하지 않다는 것을 알게 되면 그 사람을 떠나기도 한다.

중도 포기형의 사람은 신뢰를 무너뜨린다. 그래서 이런

사람에게 피해를 당하는 사람은 "나와 함께 있으면서 도와줄 사람은 하나도 없다"라고 말하기 마련이다. 이것은 "사랑 가운데서 뿌리가 박히고 터가 굳어"엡 3:17지길 원하는 하나님의 생각과는 정반대이다. 중도 포기형의 사람들을 계속해서 만나는 사람은 우울증에 걸리거나 돌출적인 행동을 하기 쉽다.

비판형

비판형의 사람은 주위 사람의 모든 일에 사사건건 참견하는 사람이다. 이들은 비판적이고 진실을 말하되 사랑이 없으며 자비나 용서는 전혀 고려하지 않는 사람이다.

마르다는 고개를 좌우로 흔들며 교회를 뛰쳐나왔다. 이번에도 똑같았다. 그녀는 주님을 더 깊이 알아가며 섬길 수 있는 안전한 교회를 찾고 있었다. 한해 동안 여러 교회를 찾아다니며 각 교회의 성도와 분위기를 살펴보았다. 정말 믿기 어려웠다. 그녀가 방문했던 마지막 세 교회는 율법적이고 완고하며 비판적이었다. '기독교인은 완전하다'가 그녀가 방문했던 교회의 교리인 듯 싶었다. 그녀는 경건한 기독교인은 죄를 짓지 않고 경건하지 않은 사람이 죄를 짓는다는 설교를 가는 교회마다 들어야 했다. 그녀는 믿음의 유무를 떠나 사람은 누구나 죄를 짓는다는 것을 알고 있었다. 하지만 이 염려만은 떨칠 수가 없었다. "왜 나는 이런 사람들에게 끌리는 것이지? 도대체 뭐가 잘못이지?"

비판형의 사람은 다른 사람을 이해하기보다는 그 사람의 잘못에 더 큰 관심을 갖는다. 예를 들면, 물론 중요한 것이기는 하지만 교리적이거나 윤리적인 문제에 너무 집착해서 사랑과 긍휼과 용서에 관해서는 소홀히 생각한다. 이 사람은 나약함을 죄성과 혼동하여 어려움을 겪고 있는 사람을 정죄하곤 한다.

비판형의 사람의 손가락은 자신보다는 다른 사람을 가리킬 경우가 많다. 때로 이런 사람은 다른 사람의 문제에 흥분해서 마치 "우리처럼 생각하고 느끼고 믿으면 돼" 하는 식의 해결 방법을 제안한다.

비판형의 사람은 진리와 의를 지나칠 정도로 사랑한다. 이런 사람의 생각은 예리하기 때문에 조언을 구하기에는 좋은 사람들이다. 하지만 가시 있는 장미처럼 이들의 진리는 비판적이기 때문에 관계를 형성하며 정을 나누기는 적합하지 않는다. 비판형의 사람과 함께 있으면 그들의 예리한 생각과 분명한 비전을 보면서 자신도 모르게 지루함을 잊을 수 있다. 그러나 죄책감으로 가득차고 불평이 많고 실수할까봐 두려워하는 사람이 되기 쉽다.

무책임형

무책임형의 사람은 자신은 물론 다른 사람도 생각하지 않는 사람이다. 이런 종류의 사람은 바라는 것을 인내하지 못하고 자신의 행동의 결과가 무엇일지 생각하지 않을 뿐만 아니라 자신이 한 약속을 지키지도 않는다. 이런 사람은 말이 어른이지 실제로는 아이같이 행동한다.

제레미는 늘 경제적으로 어려움을 겪었다. 언제나 그는 빚에 시달렸고 급하게 돈이 필요했다. 때로는 나를 찾아와서 돈을 꾸어 달라며 이렇게 말하곤 했다. "이번 일만 잘 되면 꼭 갚을게."

나는 제레미를 무척 좋아했고 그가 내게 돈을 빌려 달라고 할 정도로 나를 믿는다는 것이 기뻤다. 그래서 그에게 돈을 빌려주었다. 그런데 오랜 시간이 지나도 그는 빌려간 돈을 갚지 않았을 뿐더러 언제 갚겠다는 말도 하지 않았다. 몇 달이 지난 뒤, 그는 내게 또 다른 어려운 일이 생겼는지 돈을 빌려 달라고 찾아왔다. 그가 곧 빌려간 돈들을 모두 갚겠다는 소리에 마지못해 이번에도 돈을 빌려주었다. 그러나 이번에도 빌려준 돈을 받을 수 없었다.

마침내 이 문제를 해결할 방법을 찾아낸 나는 제레미에게 말했다. "지금부터 우리 사이에 돈을 빌려주는 일은 없도록 하자. 차라리 그냥 줄게. 물론 돈을 갚으려고 하는 네 마음은 알지만, 네 낭비벽이 바뀌지 않으면 빌린 돈 갚기가 힘들 거야. 그러니 다음부터 도움이 필요하면 내가 너에게 돌려받을 생각하지 않고 차라리 그냥 주거나 못 빌려주겠다고 말할게."

비록 제레미는 나를 이상하게 여겼지만 이 방법은 내게 큰 도움이 되었다. 무책임형의 사람으로부터 피해를 당하지 않기 위해서는 이렇게 대처하는 것이 필요하다. 당신이 이런 유형의 사람이 하는 말을 다 믿으면 당신은 곧 경제적으로, 정서적으로 어려움을 겪을 수 있다. 만약 이런 유형의 사람을 자주 만난다면 당신은 아래의 행동들을 하고 있기 때문이다.

- 당신은 이런 유형의 사람의 뒤치다꺼리를 한다.
- 당신은 다른 사람에게 이런 유형의 사람의 잘못을 대신 사과한다.
- 당신은 이런 유형의 사람을 감싸거나 변명을 대신 한다.

- 당신은 이런 유형의 사람에게 기회를 끝없이 준다.
- 당신은 이런 유형의 사람들의 피해자이다.
- 당신은 이런 유형의 사람에게 매달린다.
- 당신은 이런 유형의 사람을 속으로 불쾌하게 생각한다.

무책임형의 사람은 대개 자상하고 따뜻한 마음을 가지고 있고 재미있는 사람들이다. 이런 사람은 내가 내일 일에 너무 신경쓰지 않고 오늘 할 일에만 몰두하도록 돕기도 한다. 이들의 사전에 내일이란 단어는 없는 듯 보인다. 이들은 종종 인정이 많고 이해심도 많다. 한편 나는 이런 유형의 사람들을 좋아하지만 신뢰하지는 않는다. 이런 유형의 특징인 책임감 결핍은 다른 사람을 카페에서 오랫동안 기다리게 하는 작은 일에서부터 서류를 제때에 준비하지 못해 중요한 계약을 망치는 큰 일에까지 많은 피해를 끼칠 수 있다. 그래서 잠언은 "차라리 새끼 빼앗긴 암곰을 만날지언정 미련한 일을 행하는 미련한 자를 만나지 말 것이니라"잠 17:12고 말한다.

무책임형의 사람은 잘 참거나 기다리지 못하기 때문에 알코올 중독자가 되거나 섹스에 지나치게 관심을 갖거나 빚을 지기 쉽다. 어떤 의미에서 볼 때, 당신은 이런 유형의 사람에게 안전망의 역할을 하고 있는지도 모른다. 불행하게도 당신의 친구나 배우자나 동업자가 무책임형의 사람일 수 있다. 그리고 여러 가지 이유로 당신은 무책임한 사람들이 저질러 놓은 문제를 해결하고 있는지도 모른다. 대개 무책임형의 사람 주위에는 이들을 도와주는 사람이 있게 마련이다.

앞에서 나는 해로운 사람의 유형을 세 가지로 나누어 간략히 설명했다. 잠시 현재 당신이 속해 있는 교우 관계나 친족 관계를 살펴보기 바란다. 혹시 중도 포기형의 사람이나 비판형의 사람, 무책임형의 사람이 주변에 있는지 모른다.

다음 장들에서 우리는 해로운 사람의 특징을 좀 더 자세히 살펴볼 것이다. 그리고 이 특징들을 안전한 사람들의 특징과 비교할 것이다. 이것을 통해 당신은 해로운 사람과 사귀고 있는지 살펴볼 수 있을 것이며, 만약 그렇다면 이들을 어떻게 대할 것인지에 대해 배울 것이다.

CHAPTER 02
해로운 사람의 특징

성장하려고 노력하지 않는 사람은 해로운 사람이다. 왜냐하면 이런 사람은 자신의 문제의 심각성과 변화시키시는 하나님의 능력을 잘 알지 못하기 때문이다. 그래서 이런 사람은 의식하지 못하는 자신의 아픔 속에서 살면서 다른 사람에게도 아픔을 준다.

메리와 도나는 함께 실내장식 회사를 운영했다. 수년 동안 둘은 어려울 때마다 서로 도우며 서로에게 힘이 되어 주었다. 그러던 중 어느 날이었다. 메리가 자신의 신경을 거슬리게 하는 도나의 행동에 대해 그녀에게 말했다. "도나, 내가 손님과 상담할 때마다 네가 늘 끼여드는 것을 알고 있니? 네가 그러면 내가 너무 열등하다는 느낌이 들어."

"글쎄, 네가 실제로 열등해서 그런 마음이 드는 것은 아닐까?" 하고 도나가 쏘아 붙였다. 메리는 충격을 받은 듯 도나를 쳐다보며 말했다. "어떻게 그렇게 말할 수 있니? 우리는 동업자야. 네가 고생하는 만큼 나도 했단 말이야."

도나는 자신이 완벽하지 않다는 말을 인정할 수 없었다. 그래서 메리의 말뜻을 이해하지 못하고 메리를 공격한 것이다. 메리는 다시 화해하려고 노력했지만 도나는 더 이상 메리를 만나지 않았을 뿐더러 동업도 끊고 말았다. 메리는 이 일로 마음에 큰 상처를 받았다.

도나와 함께 하던 시간을 돌이켜보던 메리는 전에도 도나가 다른 사람에게 이와 똑같은 행동을 했던 것을 깨달았다. 만일 도나는 누구든지 자신이 원하는 대로 하지 않으면 그 사람에 대해 나쁜 소문을 퍼뜨리고 다닐 뿐 아니라 말 그대로 절교했다. 즉, 도나는 메리와 절교하기 오래전부터 해로운 사람이었다는 것을 알 수 있었다. (전에도 이런 경험을 한 적이 있기 때문에 메리는 친구를 고르는데 있어 좀 더 신중할 필요가 있었다. 한편 해로운 친구를 사귀는 본인의 책임에 대해서는 5장에서 이야기하고자 한다.)

해로운 사람은 다른 사람에게 피해가 되는 여러 가지 특징들을 가지고 있다. 이들은 모든 것을 알고 있고 할 수 있다고 생각한다. 또한 자신들이 옳다고 생각한다. 이들은 사람들이 자신들을 믿기를 바란다. 그러나 자신의 완벽하지 않은 참 모습이 드러나면 도나처럼 폭발하고 사라진다.

  2장과 3장에서 당신은 해로운 사람의 스무 가지 특징을 살펴볼 것이다. 2장은 해로운 사람의 열한 가지 특징을 설명한다. 그리고 3장에서는 나머지 아홉 가지 특징을 설명한다. 만약 당신이 주변에 있는 사람에게서 이러한 특징을 발견한다면 기도하면서 조심스레 교제하기 바란다.

  당신은 2장과 3장에 소개된 부정적인 특징들을 통해 해로운 사람에 대해 배울 것이다. 한편, 해로운 사람의 특징이 소개될 때마다 이것과 관련해서 긍정적인 측면도 함께 소개될 것이다. 당신은 소개되는 긍정적인 측면들을 통해 안전한 사람들이 어떤 사람인지를 파악할 수 있다. 예를 들면, 안전한 사람은 자신에게 약점이 있다는 것을 시인한다. 이들은 겸손하고 자신들이 신뢰 받을 만하다는 것을 보여 준다. 제 3부에서 안전한 사람에 대해서 배울 때 여기서 소개되는 긍정적인 특징들을 기억하기 바란다. 그리고 주변의 사람들에게 이런 특징들이 있는가 살펴보라. 해로운 사람의 스무 가지 특징을 읽으며 사람 보는 눈을 갖게 되어 해로운 사람과 안전한 사람을 분별할 수 있게 되길 바란다.

1. 해로운 사람은 약점을 시인하기보다는 완벽하다고 생각한다

샐리가 나와 함께 점심을 하다가 이렇게 말했다. "정말로 줄리를 좋아하고 괜찮은 친구라고 생각해." 그러고는 한숨을 내뱉은 후 말을 이었다. "그런데 우리 사이가 왠지 모르게 조금 이상해."

"그게 무슨 소리야?" 하고 내가 물었다.

"줄리는 고민이나 아무 문제도 없고, 나만 항상 문제가 있는 사람이라는 느낌을 갖게 해. 나는 남편과의 문제나 다른 여러 가지 문제를 털어놓으며 내 약점을 드러내지만 줄리는 그런 적이 전혀 없어. 줄리는 완벽한 사람처럼 보이고 나는 약하고 문제가 많은 사람처럼 느껴져" 하고 샐리가 설명했다.

"그런데 이 가운데서 네 마음을 가장 언짢게 하는 것이 뭔지 아니?" 내가 물었다.

"잘은 모르지만 줄리가 나를 필요로 하지 않는다는 느낌인 것 같아." 샐리가 말했다.

만약 어떤 사람이 스스로를 완벽한 사람이라고 생각하고 있다면 그 사람의 주변 사람들은 아래와 같은 느낌들로 마음에 상처를 받을 수 있다.

- 먼 느낌 – 친밀함은 약점을 서로 나누면서 생겨난다. 그리고 우정은 서로의 부족한 점을 알아가면서 깊어진다.
- 열등하다는 느낌 – 다른 사람의 도움이 필요 없다는 사람의 자세에는 우월감이 숨겨져 있다.
- 약하다는 느낌 – 약점이 있는 사람이 약한 사람의 역할을 맡는다. 두 사람 사이에는 균형이 없고 약점이 있는 사람은 강해지는 것이 용납되지 않는다.
- 강한 사람에게 의존한다는 느낌 – 약한 사람은 살아 남기 위해 강한 사람이 필요하다고 생각한다.
- 강한 사람에 대한 분노와 적대감 – 약한 사람은 강한 사람의 '우리'라는 말에 거부감을 느끼게 된다.
- 역할을 바꾸었으면 하는 느낌 – 자신의 의지와 상관없이 늘 약한 역할을 맡는 사람은 역할을 바꾸었으면 하는 느낌을 갖는다.

약한 사람은 보상심리로 제삼자와의 관계에서 강한 사람이 되려고 할 수 있다. 이렇게 균형 잡히지 않은 해로운 관계는 한 번에 그치지 않고 여러 번 반복될 수 있다. 그러므로 이런 사람은 주변 사람들과 맺는 각각의 관계 속에서 강점과 약점의 균형을 잡는 것이 중요하다.

또한 이 패턴은 강한 사람을 영적으로, 정서적으로 성장하지 못하게 한다. 사람은 자신의 잘못과 약점을 다른 사람에게 고백하면서 성장한다약 5:16 ; 전 4:10. 늘 강하고 도움이 필요 없는 사람이 있다면 이 사람은 성장하지 않고 있으며 위험을 자초하고 있는 것이다.

2. 해로운 사람은 영적이기보다는 종교적이다

처음 기독교인이 되었던 때가 생각난다. 오랫동안 나는 종교적인 사람들을 우러러 보았고 그들의 헌신과 성경 지식에 감탄하곤 했다. 그들이 어찌나 강하고 또 모든 것을 다 가지고 있는 것처럼 보이던지 나도 그 사람들처럼 되고 싶었다.

약 5년간 나는 이런 사람들과 가까이 지냈다. 이 기간 동안 나는 많이 성장했고 신학적으로 많이 배웠다. 하지만 나도 모르는 사이에 나는 조금씩 가식적인 사람이 되어가고 있었다. 나는 점점 더 '종교적인' 사람이 되면서 '영적으로'는 메말라 가고 있었다.

나는 내 약점과 아픔과 부족함과 죄 등 사람이면 누구나 가지고 있는 어두운 여러 가지 면들을 잊어 가고 있었다. 그러다가 오래가지 못한 교우 관계를 여러 번 겪으면서 정신을 차리기 시작했다. 왜 나는 사람들과 가까워지지 못하고 믿지 못하는가에 대해 주의 깊게 생각했다. 그리고 하나님에 대해 알면 알수록 왜 주님이 더 멀게 느껴지는지에 대해서도 생각하게 되었다.

그 후 나는 대학원 생활을 하는 동안 상담 실습을 하면서 진실한 사람들과 함께 시간을 보낼 기회를 가졌다. 이들은 내가 그동안 감추었던 부분들을 들춰내기 시작했다. 나는 이들에게서 아픔과 약점을 드러내는 법을 배웠다. 그리고 다른 사람과 가까워질수록 약점이 더욱 드러나고 그럴수록 다른 사람의 도움이 필요하다는 것을 배웠다. 이들은 안전한 사람들이었다. 이 사람들이 나를 있는 그대로 받아들이고 사랑하자 나는 나의 문제와 죄와 부족한 면들을 이들에게 털어놓게 되었다. 나는 참다운 성숙을 하기 시작했고 '종교적이었을' 때보다 더 많이 하나님을 알기 시작했다.

이때부터 나는 겉모습만 영적인 믿음의 가면을 쓴 사람을 분별하기 시작했고 비로소 좋은 친구를 보는 눈을 갖게 되었다. 누가 종교적인 말과 행동을 하는 사람이고 누가 정말로 하나님과 하나님의 방법을 아는 사람인가를 구별할 수 있게 되었다. 그리고 다른 사람을 이해하고 사랑하고 자신과 삶에 대해 정직한 사람과 교제할 수 있게 되었다.

3. 해로운 사람은 다른 사람의 권면을 듣기보다는 방어적이다

제이라는 동료와 함께 세미나를 인도한 적이 있다. 우리는 각자 다른 책임과 역할을 분담하고 있었다. 제이는 장소를 예약하고 강의에 필요한 장비를 챙기고 교재를 발송하는 일을 맡았다.

세미나가 있기 하루 전, 제이가 나를 찾아와 물었다. "자네 혹시 세미나에 가져갈 만큼 책이 충분히 있나?"

"그게 무슨 소리야?" 하고 내가 물었다.

"세미나에서 자네 책을 팔면 좋을 것 같아서 말이야."

"하지만 책은 자네가 맡아서 준비하기로 했잖아." 내가 다시 말했다.

"내가 할 일이 너무 많아서 말이야." 그가 대답했다.

화가 나는 것을 참으면서 내가 말했다. "그런데 자네가 세미나에 책들을 미리 보내기로 결정했었잖아."

그는 화를 내며 말했다. "자네는 어떻게 늘 잘못된 일만 보나. 자넨 내가 잘한 것에 대해선 한 번도 말하지 않더군. 자넨 늘 잘 하기만 하나?"

제이는 해로운 사람의 한 예이다. 그가 할 일을 다하지 못했다고 내가 말하자, 그는 금방 방어적으로 변했고, 변명을 늘어놓으며 나를 공격하기 시작했다.

이러한 제이와의 대화는 몇 주 전 내가 다른 친구와 전화 통화했던 것과 아주 좋은 대조를 이룬다. 이 친구에게 전화 걸기 위해 수화기를 들었을 때 내 가슴은 뛰고 있었다. 왜냐하면 나는 그에게 권면의 말을 하려던 참이었는데 그가 이것을 잘못 받아들이면 우리의 사이가 서먹서먹해질 것이라는 것을 알고 있었기 때문이다.

나는 그 친구가 방어적으로 변하고 기분 나빠할 줄 알았다. 그런데 놀랍게도 그는 이렇게 말했다. "정말이야? 내가 어떻게 했는지 좀 더 자세히 말해 봐."

조금 안도가 된 나는 그에 대해 느꼈던 점을 말했다. 내 말을 다 들은 그는 이렇게 말했다. "그래? 그건 한 번도 생각해 본 적이 없었어. 하지만 자네가 무슨 말을 하는지 알겠네. 그러면 고쳐야지. 내가 그 나쁜 버릇을 버릴 수 있도록 도와줄 수 있겠나?"

나는 그의 열려 있는 마음을 보며 안심이 되었고 그를 돕기로 했다. 한편으로 나는 마음으로 그를 더 가깝게 느낄 수 있었고 그를 존경하게 되었다. 나는 그가 그럴싸하게 보이는 것보다 옳게 행동하는 것을 더 중요하게 생각한다는 것을 알 수 있었다.

이것은 안전한 사람의 표시 중 하나이다. 이들은 권면의 말을 들을 수 있다. 사람은 누구나 문제가 있기 때문에 어느 관계나 문제는 있기 마련이다. 그리고 대개 가까운 관계 속에서 문제는 분명히 드러난다. 진짜 문제는 우리가 다른 사람의 권면의 말을 들을 수 있느냐 하는 것이다. 다시 말해서 방어적으로 태도가 바뀌지 않으면서 다른 사람의 의견을 들을 수 있는지의 여부가 중요하다. 성경은 다른 사람의 의견을 듣는 사람은 지혜로운 사람이고 그렇지 않은 사람은 우매한 사람이라고 말한다.

> "거만한 자를 징계하는 자는 도리어 능욕을 받고 악인을 책망하는 자는 도리어 흠이 잡히느니라 거만한 자를 책망하지 말라 그가 너를 미워할까 두려우니라 지혜 있는 자를 책망하라 그가 너를 사랑하리라 지혜 있는 자에게 교훈을 더하라 그가 더욱 지혜로워질 것이요 의로운 사람을 가르치라 그의 학식이 더하리라"잠 9:7-9.

성경은 다른 사람의 권면을 들을 수 있어야 한다고 분명히 말씀하고 있다마 18:15. 권면의 말은 우리로 자신을 되돌아보도록 도울 뿐 아니라 부정적인 습관을 버리도록 돕는다.

이 세상에 완벽한 사람은 없다. 그렇기 때문에 친밀한 관계는 더욱 어렵고 상처가 될 수도 있다. 그러나 안전한 사람은 자신의 잘못을 들을 수 있고 우리의 아픔에 귀를 기울일 수 있는 지혜로운 사람이다. 한마디로 이들은 자신의 잘못을 시인할 수 있는 사람들이다. 한편 어떤 사람이 권면의 말을 들을 때 방어적으로 변한다면, 당신은 그의 잘못 때문에 마음의 상처를 입게 될 것이다. 고쳐야 할 필요가 있음에도 불구하고 고치지 않는 사람이 있다면 마음의 상처는 계속되기 마련이다.

4. 해로운 사람은 겸손하지 않고 혼자 의로운 체한다

예수님 당시의 바리새인들은 자신들만이 의롭다고 생각할 정도로 교만했다. 그래서 예수님은 이들에게 비유를 들어 말씀하시곤 했다.

"두 사람이 기도하러 성전에 올라가니 하나는 바리새인이요 하나는 세리라 바리새인은 서서 따로 기도하여 이르되 하나님이여 나는 다른 사람들 곧 토색, 불의, 간음을 하는 자들과 같지 아니하고 이 세리와도 같지 아니함을 감사하나이다 나는 이레에 두 번씩 금식하고 또 소득의 십일조를 드리나이다 하고 세리는 멀리 서서 감히 눈을 들어 하늘을 쳐다보지도 못하고 다만 가슴을 치며 이르되 하나님이여 불쌍히 여기소서 나는 죄인이로소이다 하였느니라 내가 너희에게 이르노니 이에 저 바리새인이 아니고 이 사람이 의롭다 하심을 받고 그의 집으로 내려갔느니라 무릇 자기를 높이는 자는 낮아지고 자기를 낮추는 자는 높아지리라 하시니라"눅 18:10-14.

세리는 자신을 의롭다고 생각하지 않았다. 하나님의 은혜만이 자신을 사랑하고 용납할 수 있다는 것을 안 그는 겸손히 은혜를 구했다. 하지만 바리새인은 자신은 의롭고 다른 사람은 모두 나쁘다고 생각했다.

해로운 사람은 자신도 다른 사람처럼 죄를 짓고 고민할 수 있다고 생각하지 않는다. 무슨 이유에서인지 이들은 다른 사람들보다 우월하다고 생각하기 때문이다. '다른 사람들보다 낫다'는 생각은 주변에 있는 사람들에게 부끄러움과 죄책감을 느끼게 한다. 친밀감을 갖는데 기초가 되는 평등성이 두 사람 사이에 없기에 이런 사람과는 깊은 친밀감을 얻을 수 없다. 오직 비교와 경쟁적 다툼과 자기 변명과 따돌리기만 있을 뿐이다.

심리학자들은 사람들이 자신에게 있는 특정한 요소들을 간과하게 만드는 이 현상을 '나는 아니야 증후군'이라고 부른다. 이들은 다른 사람의 잘못은 보면서 자신의 잘못은 보지 못한다. 불행하게도 많은 기독교인들이 이런 생각을 가지고 죄를 바라본다. 이들은 마치 자신들은 다르기라도 하다는 듯이 '세상 사람들'에 대해 이야기한다.

5. 해로운 사람은 말로만 용서를 구할 뿐 변하지 않는다

"하지만 이번에는 그이가 정말로 미안하다고 했어요. 내가 그이에게 권면의 말을 했을 때, 그이는 울면서 자기가 저지른 일을 정말 후회했어요. 진심으로 후회하는 것처럼 보였다니까요."

그녀는 자기 남편에 대해 이야기하고 있었다. 그녀는 남편이 "정말로 애통해" 하며 후회하면서 다시는 그런 짓을 하지 않겠다는 약속을 철석같이 믿었다. 하지만 그녀의 남편은 이전에도 비슷한 '후회'를 수없이 했다. 매번 그는 울면서

"정말로 미안하다"고 했다. 하지만 그의 태도의 변화는 늘 얼마 가지 못했다. 다른 여자와 바람 피운 것이 벌써 네 번째이다. 이제까지 그는 늘 "미안하다"고 말하며 후회했다.

하지만 '얼마나 후회하는가'는 '얼마나 바뀌는가'에 달려 있다는 사실을 아는 사람은 별로 없다. 성경에서는 이것을 회개라고 부른다. 회개는 '돌아선다'는 의미를 가지고 있다. 이 남자는 계속해서 똑같은 잘못을 저질렀지만 진심으로 뉘우치는 사람은 두 번 다시 같은 잘못을 저지르지 않는다. 물론 뉘우쳤다고 완벽해졌다는 말이 아니다.

하지만 참된 변화는 진심에서 우러나오는 것이고 오랫동안 지속된다. 회개는 마음의 변화뿐 아니라 돌이켜서 삶 자체가 변하는 것을 의미하기 때문이다. 예수님의 사역 이전에 세례 요한은 유대인들에게 회개하라고 외쳤다.

"요한이 세례 받으러 나아오는 무리에게 이르되 독사의 자식들아 누가 너희에게 일러 장차 올 진노를 피하라 하더냐 그러므로 회개에 합당한 열매를 맺고 … 이미 도끼가 나무 뿌리에 놓였으니 좋은 열매 맺지 아니하는 나무마다 찍혀 불에 던져지리라"눅 3:7-9.

어느 유명한 교계 지도자의 아내가 내게 이런 말을 한 적이 있다. "지난 25년의 결혼 생활 동안 우리 남편은 혹시라도 자신의 잘못으로 내게 상처 주었던 것을 알게 되면 다시는 같은 잘못을 하지 않았어요. 그이는 미안하다는 말을 할 때 정말로 미안하다고 생각하고 잘못을 고쳤지요." 얼마나 좋은 간증인가!

잘못을 시인하는 사람은 자신의 잘못을 발견하고 정말로 고치려고 노력한다. 왜냐하면 이들은 그대로 머물러 있기를 원하지 않기 때문이다. 이런 사람은 다른 사람에게 상처를 주지 않겠다는 생각으로 가득 차 있다. 이런 사람은 믿을 만한 사람이다. 이런 사람은 거룩함과 변화를 좇고 있기에 자신의 말과 행동에 관심을 갖는다.

그러나 쉽게 사과하는 사람들은 겉으로는 미안해 하고 거룩함을 좇는 것처럼 보일지 모르지만 이들의 이런 행동은 다른 사람의 마음을 더 아프게 할 뿐이다. 이들은 온갖 말로 달래고 눈물까지 흘리며 미안해 하는 것처럼 보일 수 있다. 하지만 이런 사람은 자신의 잘못이 드러난 것을 마음속으로 더 애석해 한다. 이들은 바뀌지 않기에 미래의 삶이 과거의 삶과 비교해서 달라질 것이 없다.

거듭 말하지만 완벽한 사람이 되어야 한다는 말이 아니다. 아무리 변화하려는 의지가 있는 사람이라도 완벽하지 않기에 다시 죄를 지을 수 있다. 하지만 죄책감과 타인의 눈을 의식하지 않고 타인을 속이려 하는 사람의 변화와는 질적인 차이가 있다. 삶의 변화는 '자신의 잘못을 드러내지 않으려는' 태도보다 진실한 고백과 자신의 잘못을 억지로 감추려고 하지 않을 때에 가능하다.

회개의 동기가 외부의 압력에 의해서인지 아니면 변화를 원하는 마음에서 우러나오는 것인지를 알아내는 것이 중요하다. 자신의 잘못이 드러났기 때문이거나 다른 사람의 화를 푸는 것이 목적이었다면 변화는 오래 가지 못한다. 참된 변화의 동기는 오직 의에 대한 갈망과 상처받은 사람에 대한 사랑이 있을 뿐이다.

6. 해로운 사람은 자신의 문제를 고치려고 하지 않는다

최근 미국에서는 열두 단계 회복 프로그램이 큰 호응을 받고 있다. 여러 가지 중독으로 고생하는 사람들이 이 프로그램을 통해 자신의 문제를 체계적으로 풀어 나가며 성품을 쌓기 시작하고 있다.

그런데 해로운 사람은 어떤 형태로든지 자신의 성품이 성숙해지는 것을 거부한다. 해로운 사람은 다음과 같이 자신이 문제를 가지고 있다는 사실을 인정하지 않거나 혼자 해결할 수 있다고 생각한다.

- 자신의 삶과 의지를 하나님께 맡기지 않는다.
- 자신이 다른 사람에게 잘못했을 때 그것을 시인하지 않는다.
- 자신에게 상처를 준 사람을 용서하지 않는다.
- 다른 사람과의 사이에서 생긴 문제를 직접 털어놓고 말하는 것을 꺼린다.
- 의로움에 대한 갈망이 없다.
- 다른 사람을 사랑 없이 대한다.
- 다른 사람의 권면의 말을 달갑게 생각하지 않는다.
- 배우고 성장하려고 노력하지 않는다.
- 다른 사람의 삶에 대해 무책임하다.
- 자신의 문제를 다른 사람의 탓으로 돌린다.
- 다른 사람을 위해 자신의 문제와 고민을 나누려고 하지 않는다.

성장하려고 노력하지 않는 사람은 해로운 사람이다. 왜냐하면 이런 사람은 자신의 문제의 심각성과 변화시키시는 하나님의 능력을 잘 알지 못하기 때문이다. 그래서 이런 사람은 의식하지 못하는 자신의 아픔 속에서 살면서 다른 사람에게도 아픔을 준다.

7. 해로운 사람은 신뢰를 쌓기보다는 요구한다

바람 피운 남편이 아내에게 자신을 믿으라고 요구하는 것은 이런 사람의 전형적인 예이다. 이 밖에도 여러 예가 있다. 직장 상사에게 신뢰를 요구하던 도날드라는 친구가 있었다. 상사가 도날드에게 근무 시간을 묻고 확인하면 도날드는 기분이 나빠서 직장을 그만두고 다른 사람에게 이 일을 불평하곤 했다.

어떤 사람은 자기가 당연히 신뢰를 받아야 한다고 생각한다. 당신도 이런 말을 들어본 적이 있을 것이다. "그래서 날 믿지 못한다고?" "내 정직성을 믿지 못한다고?" "날 믿지 못하는구나." 이런 사람은 자신이 신뢰감을 일부러 쌓아야 한다고 생각하지 않는다. 그래서 다른 사람으로부터 자신의 행동에 대해 질문을 받으면 방어적으로 변하면서 화를 낸다. 하지만 어느 누구도 완벽하지 않다. 그러므로 자신의 행동에 대해 질문하는 것을 기분 나빠하는 것은 그 사람이 교만하다는 증거이다.

역사상 가장 믿을 만한 사람인 예수님도 맹목적인 신뢰를 요구하지 않으셨다. 예수님은 자신을 시험하는 유대인에게 이렇게 말씀하셨다.

"만일 내가 내 아버지의 일을 행하지 아니하거든 나를 믿지 말려니와 내가 행하거든 나를 믿지 아니할지라도 그 일은 믿으라 그러면 너희가 아버지께서 내 안에 계시고 내가 아버지 안에 있음을 깨달아 알리라 하시니"요 10:37-38.

다시 말해서 예수님은 유대인들에게 당신의 하는 일로 당신의 말을 믿으라고 말씀하신 것이다. 예수님이 행한 기적들은 당신이 한 말이 진실한 것임을 증명했다.

예수님처럼 신뢰할 만한 사람은 다른 사람이 자신의 '진실성'을 확인하는 것을 기분 나빠하지 않을 것이다. 오히려 다른 사람이 자신의 행동을 보고 안심하길 바랄 것이다. 그리고 다른 사람이 자신을 믿지 못하고 두려워하는 이유가 무엇인지 알기 원하고 고치려고 노력한다. 믿을 만한 사람은 주변 사람들이 편안한 마음을 갖기를 원한다.

어떤 면에서 사람은 누구든지 친한 사람의 조언에 마음

을 열고 들을 자세가 되어 있어야 한다. 진심으로 성장하기 원하는 사람은 자신이 알지 못하는 사이에 저지른 잘못에 대해 알고 싶어한다시 139:23-24. 숨은 죄와 문제들은 파괴적이다. 그래서 성장하기 원하는 사람은 자신의 문제들을 드러내 놓고 고쳐야 한다.

세미나를 인도하다 보면 배우자에게 잘못한 사람이 "자신이 미안하다고 말했음에도 불구하고 자신을 믿지 못한다"고 화내는 것을 보게 된다. 이런 사람은 신뢰를 구축하여 믿음을 얻어야 한다는 것을 배워야 한다. 가끔씩 자신이 구축한 신뢰보다 더 많은 믿음을 얻지 못해 불평하는 부부를 보면 안타까움을 느낀다.

한마디로, 사람은 다른 사람에게 좋은 평판만 들을 수는 없다. 좋은 평판은 자신이 만드는 것이다. "네가 뭔데 나를 의심하는 거야"라고 말하는 사람은 조심하기 바란다.

8. 해로운 사람은 자신의 잘못을 시인하기보다는 완벽하다고 믿는다

해로운 사람은 다른 사람에게 자신을 완벽하게 보이려고 노력한다. 자신의 직업과 가족과 능력과 종교를 동원해서라도 자신을 완벽하게 보이려고 노력한다. 이런 사람은 다른 사람과의 관계보다 다른 사람이 자신을 어떻게 생각하는가를 더 중요하게 생각한다. 누가 자신의 완벽해 보이는 모습에 흠이라도 잡으면 어떤 희생을 치루더라도 자신의 체면을 지키기 위해 그 사람을 비난하고 공격한다.

하지만 사랑은 자신의 잘못을 시인하고 고백할 수 있는 당신의 능력에 부분적으로 달려 있다. 용서를 많이 받아 본 사람이 용서를 많이 하는 법이다눅 7:47. 자칭 '완벽한' 사람은 은혜를 자신의 것으로 만들지 못해 사랑을 깊이 느끼지 못한다. 그래서 이런 사람은 예수님께서 말씀하셨던 것처럼 다른 사람에게 나누어 줄 사랑이 많지 않다. 이런 사람이 가지고 있는 것이라고는 피상적인 '완벽함'일 뿐이다. 덧붙여서 자칭 완벽한 사람은 인간관계 속에서 나타나기 마련인 '단점'들을 외면한다. 그래서 이런 사람과의 관계는 상처만 주기 쉽다. 완벽한 사람으로 알려지기 원하는 이런 사람은 다른 사람에게 책임을 전가하기 위해서라면 싸움과 비난도 서슴지 않는다.

9. 해로운 사람은 책임을 전가한다

안전한 사람은 책임감 있는 사람이다. 그러나 해로운 사람은 그렇지 않다. 하나님은 당신이 발견한 자신의 문제나 성격 중에서 고칠 점을 책임지고 해결하며 필요에 따라서는 변하길 원하신다. 하지만 해로운 사람은 이렇게 하기보다는 다른 사람이나 자신의 과거나 하나님이나 죄 등 이들이 찾을 수 있는 모든 핑계를 대며 책임을 회피한다. 다른 사람에게 책임을 전가하려는 경향은 아담과 하와에게서 처음 찾아볼 수 있다창 3:12-13. 그리고 이것은 지금까지도 계속 되고 있다. 다시 말해서 해로운 사람은 어떤 책임이든지 다른 사람에게 미루는 경향이 있다.

"그렇게 할 수밖에 없었어."

"별 다른 방법이 없었단 말이야."

"다섯 살 때 엄마에게 버림받은 경험 때문에 나도 어쩔 수 없었어."

"너 때문에 내 인생은 망했어."

"하나님이 나를 이렇게 만드셨는데 나보고 어쩌란 말이야."

이런 핑계는 수없이 많다. 만일 내가 오늘 퇴근하다가 음주 운전자가 운전하는 차에 치였다면 내 잘못은 아닐 것이다. 하지만 이 사고의 결과를 어떻게 대처하는가는 나에게 달려 있다. 의사의 진찰을 받고 수술을 받을 사람은 나다. 물리치료사의 치료를 받는 사람도 나다. 슬퍼할 사람도 화를 낼 사람도 나고 용서해야 할 사람도 나다. 비록 내가 음주 운전자의 차에 치이려고 선택한 것은 아니지만 위에서 언급된 일들은 다 내가 해야 할 일이다.

해로운 사람은 이렇게 힘든 일들을 하지 않는다. 이런 사람은 화가 나면 다른 사람이 원인이고 다른 사람이 바뀌어야 한다고 생각한다. 이들은 한 번 피해를 입으면 남은 인생 동안 원한과 분을 품는다. 이들이 마음에 상처를 입으면 마치 기념 배지라도 되는 양 이 상처를 결코 잊지 않는다. 그런데 더 안 좋은 것은 이들이 잘못했을 때 다른 사람에게 책임을 돌리는 것이다.

부정은 책임을 회피하는 능동적인 과정이다. 이것은 죄나 잘못을 미처 깨닫지 못하고 있는 것과 다르다. 깨어 있지 않으면 죄에 대해서 알 수 없다. 하지만 부정은 이것보다 더 능동적인 것이다. 이것은 태도이며 중요한 문제이다. 부정하던 진실이 밝혀질 때는 매우 공격적으로 변할 수도 있다. 그러므로 부정하고 회피하는 사람은 당신이 피해야 할 해로운 사람 중 한 유형이다.

10. 해로운 사람은 진실을 말하지 않고 거짓말을 한다

안전한 관계의 기초는 정직이다. 거짓이 있는 만큼 위험이 도사리고 있다. 누군가를 "잘 알고 있다"고 생각했는데 사실은 전혀 몰랐다고 하소연하는 사람의 말을 당신도 한두 번은 들어본 적이 있을 것이다. 나는 사기를 당해 갑자기 경제적으로 큰 어려움을 겪게 된 한 친구를 만났다. 그는 가짜 예술가에게 많은 돈을 투자했던 것이다. 비슷한 이유로 정서적으로 영적으로 황폐해진 사람이 많다. 이들은 자신이 가지고 있던 모든 것을 사기꾼에게 투자했다가 뒤늦게서야 자신들의 대인관계가 연기와 허상에 기초했던 것임을 깨닫는다. 다른 사람의 사랑이 진실한 줄로 믿었던 이 사람들은 나중에 그들이 자신에게 무엇인가를 얻기 위해 자신을 속여 왔음을 깨닫는다.

완벽하게 정직한 사람은 없다. 하지만 안전한 거짓말쟁이와 해로운 거짓말쟁이의 차이점은 확실하다. 안전한 사람은 자신의 약점을 깨닫게 되면 잘못을 시인하고 고치려고 노력한다는 점이다. 그래서 안전한 사람은 거짓말을 버리고 진실과 권면과 겸손과 회개에 이른다. 해로운 사람은 거짓말을 인생과 대인관계를 유지하는데 필요한 전략이라고 생각한다. 해로운 사람은 거짓말을 포기하지 않고 오히려 변명을 늘어놓는다. 거짓말하는 사람과의 관계가 발전하거나 성숙해지는 것은 불가능하다.

11. 해로운 사람은 성장하지 않고 정체되어 있다

사람들의 성격에는 바뀔 수 있는 것이 있고 바뀔 수 없는 것이 있다. 예를 들면, 공격적인 기질을 가지고 있는 사람이 소극적인 기질을 가질 수는 없다. 하지만 이 사람은 자신이 가지고 있는 공격성을 다른 사람들이 용납할 수 있는 정도로 순화시킬 수 있다. 이러한 변화가 바로 예수님을 주님으로 섬기는 사람이면 누구나 거쳐야 할 성화의 과정인 것이다.

안전한 사람은 자신에게 고칠 점이 있다는 것을 알고 있다. 안전한 사람은 시간이 흐름에 따라 자신도 보다 성숙해지길 바란다. 하지만 해로운 사람은 자신의 문제를 보지 못한다. 해로운 사람은 고집이 세고 자신도 성장해야 한다는 것을 모른다잠 17:10. 이런 사람은 위험할 수 있다. 이런 사람은 많은 제약으로 인해 자신이 엄청난 고통과 수치와 피해를 입게 되는 상황에서만 억지로 고칠 뿐이다. 이런 상황이 아니면 해로운 사람은 다른 사람을 무시할 뿐 아니라 변하지도 않는다.

결론

이 책에서 강조하려고 하는 것 중 하나는 어느 누구도 완벽하지 않다는 사실이다. 안전한 사람도 때로는 넘어질 때가 있고 '해로울' 때가 있다. 우리는 모두 죄인이 아닌가? 그러므로 완벽함을 기대하지는 말기 바란다.

하지만 당신이 다른 사람의 성품을 분별할 때에는 앞에서 언급된 해로운 사람의 특징들이 어느 정도 있는지 주의 깊게 보기를 바란다. 누구나 때로는 거짓말을 한다. 하지만 누구나 만성적인 거짓말쟁이는 아니다. 불완전함의 정도가 문제일 뿐이다.

그리고 만약 자신의 태도나 잘못을 고치려고 하는 사람이라면 너그럽게 용서하고 돕기 바란다. 하지만 이런 의지가 없는 사람이라면 조심하는 것이 좋다.

CHAPTER 03
해로운 사람의
대인관계의 특징

해로운 사람은 '자기중심적'이고 안전한 사람은 '관계 중심적'이다. 이와 같은 우선 순위의 차이는 마음을 나누는 행동에서 구별해 낼 수 있다. 마음을 나눈다는 것은 상대방이 현재의 모습이 되기까지 얼마나 고생했는지를 알게 될 때까지 판단하지 않으며 그의 입장이 되어 생각하는 것이다.

알버트 아인슈타인이 세상을 떠난 뒤 어느 기자가 그의 부인에게 남편의 상대성 이론을 이해했냐고 물었다. 그녀는 "그이의 이론은 모르겠습니다. 하지만 그이는 잘 알고 있지요"라고 대답했다.

아인슈타인 부인은 남편을 어느 누구보다도 잘 알고 있었다. 왜냐하면 그녀는 아인슈타인과 오랫동안 살면서 겪어 보았기 때문이다. 마찬가지로 당신도 주변 사람들과의 관계를 통해 누가 안전한 사람인지를 알 수 있다. 앞 장에서 해로운 사람의 열한 가지 특징을 살펴보았다. 이번 장에서는 해로운 사람의 아홉 가지 대인관계의 특징을 살펴보려고 한다. 앞에서 소개된 열한 가지 특징이 사람의 됨됨이에 대한 것이라고 한다면 이번 장에서 설명될 아홉 가지 특징은 어떻게 대인관계를 맺는가에 대한 것이다. 이 대인관계의 특징들은 사람이 어떻게 대인관계를 유지하고, 새로운 사람과 어떻게 친해지고 어떻게 멀어지는지, 어떻게 관계를 쌓아가고 무너뜨리는지에 관한 것이다.

당신 주변의 사람들을 점검하는데 이번 장이 도움이 되길 바란다. 아홉 가지 특징을 살펴보는 동안 당신은 안전한 사람과 해로운 사람과의 차이를 배울 수 있을 것이다.

1. 해로운 사람은 친밀함보다는 그저 가까이 있기를 원한다

사람은 다른 사람과 마음과 영혼을 나누는 친밀한 교제를 하도록 창조되었다. 친밀함은 우리의 마음이 열려 있고 약하고 정직할 때 경험할 수 있다. 왜냐하면 이것들은 사람이 서로 가까워지도록 돕는 자질이기 때문이다. 사람들은 자신의 감정과 두려움과 실패와 아픔을 솔직하게 털어놓을 때 서로 더 친해진다. 사람들은 이렇게 서로 정을 나누면서 세상에서 나 혼자라는 느낌을 갖지 않는다. 사람은 하나님뿐만 아니라 다른 사람과도 친밀함을 나누도록 만들어졌다. 그렇지 않을 경우 사람은 혼자 살고 있지 않아도 고독감을 경험하게 된다.

다른 사람과 함께 시간을 보낸다고 해서 저절로 친해지는 것은 아니다. 오직 자신을 솔직하게 드러내고 친해지려고 할 때에만 친밀함을 얻을 수 있다. 어떤 사람을 오랫동안 사귀었음에도 불구하고 아직 잘 모른다고 하면 그 사람과의 관계를 다시 한 번 생각해 볼 필요가 있다. 어떤 친구와 많은 시간을 함께 보냈는데도 불구하고 가깝게 느껴지지 않는다면 분명히 문제가 있다. 이런 사람은 영혼을 살찌우는 친밀함을 누리지 못하고 있는 것이다. 뿐만 아니라 이것은 위험이 바로 눈앞에 있다는 적신호일 수도 있다. 친밀함을 갖지 못하는 사람은 종종 불륜과 배반과 중독 등의 다른 문제들을 통해 고독에서 벗어나려고 한다.

이것은 많은 부부들의 상호관계 속에서 찾아볼 수 있다. 부부간의 친밀함의 결여는 마치 조용한 암살자처럼 결혼의 기초를 조금씩 무너뜨린다. 드러난 문제가 없기에 의논할 것도 없는 것이다. 모든 것이 다 '좋은 것'이다. 그런데 어느 날 부부 중 한 사람이 자신의 배우자가 외도하고 있다는 것을 발견하게 된다. 또는 그가 중독자라는 것이 알려져 주변 사람 모두를 경악하게 한다. 이런 일이 생기면 그때까지 좋다고 생각했던 부부의 외부적 구조는 무너져 내리고 만다.

대개 부부들은 둘 사이에 좋지 않은 것이 있는 것을 알고 있기 마련이다. 이들은 서로 연결되어 있지 않다는 느낌을 갖고 있지만 이것에 대해 무엇을 어떻게 해야 할지를 정확히 모른다. 그래서 이들은 재앙이 모든 것을 다 휩쓸어 갈 때까지 하던 대로 계속해서 하게 된다.

교회 친구였던 웨인과의 교제를 통해 이것을 체험할 수 있었다. 처음에 그는 괜찮은 친구처럼 보였다. 같이 이런저런 이야기를 하기도 하고 부부 동반해서 함께 놀러가기도 하고 점심식사를 같이 하기도 했다. 그는 늘 내 삶에 대해 관심을 보이는 것처럼 보였다. 그렇지만 왠지 이상하다는 느낌이 들곤 했다.

오랫동안 자꾸만 내 신경을 거슬리는 것이 무엇이라고 꼭 집어 말할 수 없었다. 그러던 어느 날 여느 때와 같이 점심식사를 하며 이야기를 하던 중 그것이 무엇인지를 알게 되었다. 웨인은 한 번도 자신의 고민이나 아픔이나 실패와 같은 것을 이야기하는 법이 없었다. 그리고 그는 내가 이런 것에 대해 털어놓을 때마다 어떻게 할 줄을 몰랐다. 웨인은 머리가 좋았을 뿐 아니라 신학과 영적인 문제들에 대해 관심이 많았다. 하지만 우리 둘 사이의 '내부적인 부분에' 공백이 있었다. 내가 인생의 고민이나 슬픔 혹은 두려움을 그에게 말하면 그는 그저 가버리고 없었다.

정말 기분 나쁜 때도 있었다. 개인적인 문제에 대해 그에게 말하면서 그를 쳐다보면 그는 멍한 채로 가만히 있었다. 그러고는 화제를 바꾸었다. 그는 전혀 공격적이지 않았지만 친밀함이 무엇인지를 전혀 알고 있지 못했다.

어느 날 저녁, 웨인의 부인과 전화 통화를 하게 되었다. 그녀는 내게 웨인이 수년 동안 남몰래 마약 성분이 들어 있는 약을 장기 복용해 왔는데 과다 복용으로 그가 위태롭다고 말했다. 나는 응급 구조대를 불러 위기를 넘긴 후 그를 재활 치료 프로그램에 등록시켰다. 나는 웨인의 중독증에 대해 그다지 크게 놀라지 않았다. 오히려 어떤 면에서는 내 궁금증에 해답을 주었다. 그는 자신의 모든 감정과 필요와 고민들을 약으로 해결했던 것이다. 그는 '나쁜 사람'은 아니었다. 다만 다른 사람과 친밀한 교제를 할 능력이 없었던 것이다.

만약 당신이 사귀는 사람들과의 관계 속에서 꺼림칙한 관계가 있다면 스스로에게 이것을 질문해 보기 바란다. 이 사람과의 사이가 점점 더 친밀해지고 있는가, 아니면 더 고립되어져 가고 있는가? 만약 당신이 사람들을 사귀고 있는데도 불구하고 외로움을 느낀다면 그것은 좋은 신호가 아니다. 무엇보다도 자신을 먼저 살피는 것이 중요하다.

떨어져 있다고 하는 느낌은 당신 자신에게서 기인하는 것일 수도 있다. 때로는 자신이 가지고 있는 두려움과 갈등들이 다른 사람과 친밀하게 느끼는 것을 방해할 수도 있다. 이 문제는 당신의 것일 수도 있고 다른 사람의 문제일 수도 있다. 아니면 양쪽 모두의 문제일 수도 있다.

2. 해로운 사람은 '우리'보다 '나'가 중요하다

나는 어느 모임에서 기독교인이자 심리치료사인 베리를 만났다. 우리는 가치관과 직업 등 공통점을 많이 가지고 있는 것처럼 보였다. 그리고 내 아내도 베리의 아내를 좋아했다. 그래서 우리는 가끔씩 함께 시간을 보내곤 했다.

몇 번 만나면서 상황이 조금씩 바뀌기 시작했다. 의논할 것이 많았음에도 불구하고 점점 더 그를 만나는 것이 싫어지기 시작했다. 그를 안 만나는 방법이나 약속을 취소하는 방법이나 가능한 한 함께 있는 시간을 줄이는 방법들에 대해 생각하기 시작했다.

이런 나 자신을 보면서 심하게 나무라기도 했다. 내가 너무 이기적이라는 생각이 들어 시간을 같이 더 보내면 조금 더 친밀해질까 싶어 억지로 그와 시간을 더 보내기도 했다. 하지만 변한 것은 하나도 없었다. 점점 더 베리를 만나는 것이 싫어졌다. 그와 만날 약속을 하고 나면 말 그대로 위통을 느낄 정도였다.

하루는 베리와 통화하고 있었는데 통화를 길게 할 수 없었다. 왜냐하면 다음 날 아침이면 출장을 가는데 가기 전에 가족과 시간을 보내야 했기 때문이다. 그런데 베리는 자신과 동료에 관해 내게 한창 이야기 중이었다. 전화를 끊어야겠다고 말하기가 조금 어색했지만 이렇게 말했다. "그 이야기는 나중에 다시 들어야 할 것 같네. 전화를 끊고 가족과 함께 시간을 보내야 될 것 같아서 말일세."

하지만 베리는 내가 "그래서 어떻게 됐어?"라는 말이라도 한듯이 숨도 쉬지 않은 채 하던 이야기를 계속했다. 충분하게 설명하지 못했다고 생각한 나는 다시 말했다. "베리, 나 이제 그만 끊어야겠는데." 그러나 그는 쉬지 않고 말을 이었다. "그래서 이제 새 차를 사야 할 때가 아닌가 생각해."

가족들이 거실에서 내가 책을 읽어 주길 기다리고 있는었기에 나는 슬그머니 화가 났다. 그래서 말로만 하던 것을 행동으로 옮겼다. "베리, 나 이제 그만 끊네." 하지만 베리가 이 말도 믿지 않은 것이 분명했다. 나는 끊으려고 내려놓는 수화기에서 희미하게 "어, 그래서 이번 주말은 바쁠 것 같아…"라고 말하는 그의 목소리를 들을 수 있었다.

이 일로 그는 몹시 화가 났고 우리의 관계에는 틈이 생겼다. 하지만 그가 느긋한 마음으로 이야기하도록 놔두기에는 내가 너무 바빴다. 더 중요한 것은, 베리가 느긋한 마음을 정말로 가질까 하는 의심마저 들었다.

베리는 좋은 사람이었다. 하지만 우리는 서로 친밀함을 느끼지 못했다. 친구 사이라고 생각했던 우리의 관계가 나의 착각이었음을 깨달았다. 나는 친구가 아니라 단순히 베리가 하는 말을 듣는 사람에 불과했던 것이다. 속 빈 강정이 아니고 무엇인가!

해로운 사람은 자기중심적이고 안전한 사람은 관계 중심

적이다. 이와 같은 우선순위의 차이는 마음을 나누는 행동에서 구별해 낼 수 있다.

안전한 사람은 마음을 나눈다

참된 친밀함은 관심과 사랑을 서로 주고받는다. 희로애락을 서로 나눌 때 친밀감을 형성할 수 있다. 자신의 필요를 채우는 한편 상대방에게 깊은 관심을 나타내는 것이 친밀감이다.

안전한 관계에서 마음을 나누는 것은 방정식과 비슷하다. 한 사람이 말 그대로 "다른 사람의 머리에 들어가" 그 사람이 어떻게 느끼고 무엇을 믿고 어떻게 생각하는지 이해하게 된다. 마음을 나눈다는 말은 상대방이 현재의 모습이 되기까지 얼마나 고생했는지를 알게 될 때까지 판단하지 않으며 그의 입장이 되어 생각하는 것이다.

마음을 나눈다는 것은 쉽지 않다. 마음을 나누기 위해서는 잠시 동안이지만 상대방의 세계에 들어가기 위해 자신의 생각과 필요를 포기하는 것이 필요하다. 물론 자기 자신을 잃을 수 있기에 영구히 상대방의 처지에 남아 있을 수는 없다. 하지만 마음을 나누는 것은 두 사람 사이의 관계를 참되고 안전하게 만든다.

예수님은 마음을 나누는 것에 대해 이렇게 가르치셨다.

"그러므로 무엇이든지 남에게 대접을 받고자 하는 대로 너희도 남을 대접하라 이것이 율법이요 선지자니라"마 7:12.

놀랍지 않은가? 예수님은 자신의 필요를 이기적이라고 정죄하지 않으신다. 오히려 예수님은 자신의 필요를 사랑하는 법을 배우는 출발점으로 삼으셨다. 다른 말로 바꾸면 이렇다. "너도 때로는 마음속으로 고생하지? 다른 사람들도 그럴 때가 있단다. 다른 사람의 이해와 사랑을 받으면 역경을 이기는데 도움이 되지. 그리고 다른 사람도 이런 도움이 필요하지. 그러니 네가 필요한 것을 다른 사람에게 주렴."

안전한 사람들에게 자신의 필요를 가지고 찾아가면, 안전한 사람들도 자신의 필요를 가지고 당신에게 다가온다. 이런 가운데 사랑의 꽃이 피게 되고 율법과 선지자가 예언한 것이 성취되는 것이다.

안전한 사람은 생각을 행동으로 옮긴다

마음은 몸을 움직이기 마련이다. 다른 사람의 아픔을 보게 되면 돕고 싶은 마음이 들게 된다. 하나님은 사람을 그렇게 만드셨다. 사람들이 친구의 어려움을 들어주는 이유는 그가 우리처럼 될 것이라고 믿기 때문이 아니라 그 친구를 이해하기 위해서이다. 어려움에 처한 사람을 돕는 동기가 무엇인가? 이는 자신이 더 낫다는 느낌 때문이 아니라 그 친구가 어려움에 빠져 있기 때문이다.

안전한 사람이 누구인지 알고 싶다면 다음의 질문을 자신에게 던져보기 바란다. "이 사람이 나와 함께 있는 이유는 자기 자신을 위해서인가, 아니면 나를 위해서인가?" 자신의 필요를 다른 사람에게 보이는 것은 죄가 아니다. 하지만 자기 자신만을 위해 친밀함을 이용하려고 한다면, 이것은 죄이다.

다음과 같이 경계할 것은 없는지 살펴보기 바란다.

- 이 사람은 훗날 돌려받게 될 대가를 계산하여 나를 돕는다.
- 이 사람은 어려울 때만 내게 연락한다.
- 이 사람은 말하고 나는 주로 듣는다.
- 나는 여러 면에서 늘 주는 쪽이다.

- 나의 필요에 대해서는 시큰둥해 하면서 자신의 필요를 채우는 데만 관심을 보인다.
- 누가 주는 사람이고 누가 받는 사람인지는 어려움이 닥쳤을 때 나타나기 마련이다.

안전한 사람은 상대방의 유익을 찾지 "자신의 유익을" 찾지 않는다고전 13:5. 주변 사람과의 관계에 대해 알고 싶다면 당신이 잘되기 원할 뿐 아니라 구체적인 행동으로 보여 주는 사람을 찾기 바란다.

3. 해로운 사람은 자유를 좋아하기보다는 거부한다

이 대인관계의 특징은 "이 사람은 내가 'No'라고 말하면 어떻게 반응하는가?" 하는 질문을 통해 쉽게 알아볼 수 있다.

한때 나는 마음과 영적으로 친밀감을 더하려고 정기적으로 모이는 소그룹에 참석했다. 우리는 매번 모일 때마다 주제에 관해 열띤 토론을 벌였고, 그러는 사이 친해져서 모임을 마치고 난 뒤에도 모여 저녁식사나 차를 마시며 계속해서 토론을 이어갔다. 시간이 얼마 지나자, 우리들은 일체감을 느낄 정도로 친해졌다. 그래서 어떤 사람은 내게 "우리가 정말

하나라는 느낌이 드네"라고 말할 정도였다.

그런데 하루는 소그룹 모임을 마치고 나오다가 결혼해서 아기가 있는 가정 주부인 제시가 "다음 번에 갈게. 오늘은 아이들 숙제를 도와줘야 되서 말이야. 그럼 다음 주에 봐" 하고 말했다.

그러자 모임의 다른 회원인 브라이언이 이 말을 듣고 이렇게 말했다. "그래? 그럼 그렇게 살라고." 그의 말을 들은 몇 명은 이 말을 듣고 웃음을 터뜨렸다.

하지만 제시는 웃지 않았다. 그녀는 그 말에 상처를 받았지만 다음 모임 때까지 아무 말도 하지 않고 참았다. 한 주가 지나고 다시 모인 모임에서 제시는 브라이언에게 말했다. "지난주에 한 말을 농담으로 생각하지만 가시가 돋친 말이었어. 지난주 내내 내가 커피를 마시러 같이 가지 않으면 모임에도 올 수 없겠구나라는 생각을 했어. 내가 어머니의 말을 따르지 않으면 어머니는 화를 내시곤 했는데 그런 느낌을 받았단 말이야."

제시에게 상처준 것이 정말로 미안했던 브라이언은 자신이 한 말은 농담이었다고 말했다. "하지만 내가 한 말이 조금은 사실일지도 몰라. 나는 다른 사람이 나와 함께 있지 않으면 버려졌다는 느낌을 받을 때가 종종 있어. 그 느낌이 싫어서 비꼬는 말을 하곤 하지."

자신의 '해로운' 행동을 시인할 줄 알았기에 브라이언은 안전한 사람이었다. 그는 다른 사람들로부터 '안 돼'라는 말을 듣는 것이 참 어려웠다. 자기 자신에게 있는 이런 모습을 보지 못하는 사람은 정말 위험할 수 있다. 이들의 눈에 당신은 자신들로부터 멀어지려는 나쁜 사람으로 비칠 수 있다.

사랑은 상대방과 자신이 떨어져 있는 것을 용납한다. '우리' 속에는 아직도 '너'와 '내'가 있다. 안전한 친밀함은 두 사람이 서로를 믿으며 마음을 열어 놓고 서로에게 정직한 것이다. 그리고 관계의 두 번째 중요한 요소는 친밀한 교제 뒤에 떨어져 있는 것이다.

떨어져 있는 것은 두 사람 사이에 흔히 있는 '울타리'라고 불리우는 자신만의 영적이고 정서적인 영역을 유지하는 능력을 나타낸다. 떨어져 있을 줄 아는 사람은 자신의 것에 대해 책임을 질 줄 아는 사람이다. 떨어져 있을 때 사람들은 자신의 영혼에 유익한 것을 얻을 수 있고 나쁜 것들을 버릴 수 있다. 하나님은 그분에게서 온 것이 아닌 것은 멀리하도록 우리를 만들었다.

> "거짓을 행하는 자는 내 집 안에 거주하지 못하며 거짓말하는 자는 내 목전에 서지 못하리로다"시 101:7.

떨어져 있지 않는다면 사랑은 시들어 죽게 마련이다. 강제로 상대방의 의견에 동의해야 한다면 친밀함을 경험하는 것은 불가능하다. 그래서 사람들은 이런 사랑을 맹종 혹은 기분 맞추기라고 말한다. 이것은 진정한 사랑이 아니다.

> "이제 내가 사람들에게 좋게 하랴 하나님께 좋게 하랴 사람들에게 기쁨을 구하랴 내가 지금까지 사람들의 기쁨을 구하였다면 그리스도의 종이 아니니라"갈 1:10.

떨어져 있는 것의 반대 모습은 늘 함께 있는 것이다. 늘 함께 있는 관계는 한 사람이 다른 사람의 필요를 끊임없이 채워 주고 있는 것이다. 늘 함께 있는 관계에서는 한 사람은 다른 사람의 개성에 위협을 느낀다. 그래서 이 사람은 상대방에게 겁을 주거나 조종하려고 애쓴다. 늘 함께 있는 관계에서는 오직 한 사람만이 '함께' 있을 때 즐거워하고 '떨어져' 있을 때 슬퍼한다. 이 관계는 두 사람 사이에 비슷한 것은 강조하고 다른 것은 배척한다.

안전한 사람은 상대방이 떨어져 있는 것을 기꺼이 받아들이고 중요하게 생각할 뿐 아니라 돕는다. 안전한 사람은 상대방이 자유롭게 선택하는 것이 필요하다는 것을 알고 이것을 보호할 필요가 있다는 것을 안다. 최고의 친밀도는 상대방에 대한 개별적인 관심을 보일 때 얻을 수 있다.

이 영역에 있어서 안전한 관계를 분별하려면 다음 사항들을 점검하기 바란다.

- 상대방은 내가 '안 돼'라고 하는 말을 무시하지는 않는가?
- 상대방이 내가 '싫어'라고 하면 감정적으로 반응하지는 않는가?
- 상대방이 내가 '안 돼'라고 하면 상처받거나 내게 죄책감을 주지는 않는가?
- 상대방에게 취미나 친구와 같은 자신만의 삶이 있는가?
- 상대방이 나에게도 나만의 시간을 갖도록 권하는가?

어쩌면 당신은 지금까지 다른 사람들에게 '안 돼'라는 말을 한 번도 해 본 적이 없을 수도 있다. 이것은 상대방의 문제라기보다는 당신의 문제이기 쉽다. 그러니 한번 시험해 보기 바란다. 정직하게 반대 의견을 말해 보라. 상대방의 가치관이나 느낌과 다른 것을 골라서 당신의 의견을 정직하게 말해 보라. 그리고 상대방이 어떻게 행동하는지 관찰하기 바란다. 이런 가운데 당신은 당신의 주변 사람들과의 관계에 대해 새로운 것을 많이 발견하게 될 것이다.

4. 해로운 사람은 당신에게 직접 말하기보다는 다른 사람에게 험담을 늘어놓는다

이 특징은 앞의 어느 특징보다 발견하기가 더 어렵다. 왜냐하면 이 특징을 가지고 있는 해로운 사람은 당신의 기분을 좋게 하기 때문이다. 안전한 사람은 때로 당신의 기분을 나쁘게 할 수 있다. 그래서 혼란스러울 수도 있다. 그렇다면 이 차이를 어떻게 알 수 있을까?

나는 대학원에서 공부할 때 식당 종업원으로 수년 동안 일했다. 이 일은 할만 했고 수입도 괜찮았다. 그리고 함께 일하는 사람들도 좋았다.

식당에 오는 손님들을 잘 시중들기 위해서 종업원들에게는 좋은 성격과 능률적인 행동이 필요하다. 종업원들은 친절하면서도 늘 손님들에게 주의를 기울여 식사비로 만 원을 쓰면서도 휴양지에 있는 것 같은 착각을 갖게 할 정도로 성격이 좋아야 한다. 그리고 음식을 제때에 가져다 줄 뿐 아니라 손님을 불필요하게 귀찮게 하지 않도록 능률적으로 행동해야 한다. 이 모든 것은 종업원이 어떻게 하느냐에 달려 있다.

크리스탈은 내가 본 식당 종업원 중에서 가장 좋은 성격을 가지고 있었다. 식당에 온 손님들과 함께 일하는 직원들 모두 그녀를 좋아했다. 그녀는 늘 다른 사람들을 칭찬했을 뿐 아니라 관심을 많이 보였다. "요즘 학교 생활은 어때? 넌 정말 장래가 유망한 공부를 하고 있는 것 같아. 너 그 멋있는 티셔츠 어디서 샀어?" 당신이 이 식당에 갔었다면, 당신도 크리스탈이 시중을 들었으면 하고 원했을 것이다.

그런데 하루는 일을 시작하기 전에 같이 일하던 동료가 내게 와서 이렇게 말했다.

"왜 크리스탈에게 상처 주었어? 모두들 너한테 화가 나 있다고." 영문을 모르는 나는 물었다. "내가 뭘 어떻게 했는데?"

"네가 그녀가 담당하던 식탁을 정리하는 것을 잊었잖아. 그래서 크리스탈이 지배인에게 혼났단 말이야." 나를 보면서 그가 말했다.

그제야 비로소 생각이 났다. 내가 어느 손님 시중드는 것을 잊었던 것이다. 하지만 이것은 벌써 며칠이 지난 일이 아닌가? 그 후에도 나는 크리스탈을 여러 번 보았지만 그녀는 이것에 대해 아무런 말도 없었다.

나는 사과하려고 그녀에게 가서 말했다. "왜 내게 아무런 말도 하지 않았어?" "너에게 상처 주고 싶지 않아서 그랬어" 하고 그녀가 대답했다.

하지만 그녀의 말과 행동을 모아 보면 이렇다. 크리스탈은 상처 주기 싫어 솔직히 털어놓는 것은 기피하면서, 다른 사람들에게는 내 험담을 늘어놓았다. 그 결과 나는 더 큰 상처를 받았다. 그녀의 긍정적인 태도는 좋았지만 다른 사람에게 직접 나쁜 말을 하지 못하는 것은 문제가 있었다.

안전한 관계는 단순히 신뢰와 격려를 나누기만 하면 되는 것이 아니다. 안전한 관계는 진실과 의로움과 정직을 바탕으로 한다. 하나님은 주변 사람들을 들어서 당신에게 필요한 것을 공급하실 뿐 아니라 당신의 잘못과 이기심과 자기기만을 볼 수 있도록 도우신다.

예수님께서 소아시아의 교회를 책망하셨듯이 "너를 책망할 것이 있나니" 하고 말하는 것이 사랑이다 계 2:4,14,20.

자신의 성격에 대해 권면을 듣는 것은 그다지 기분 좋은 일은 아니다. 이것은 자신에 대한 생각에 영향을 끼친다. 이것 때문에 부끄러움을 느낄 수도 있다. 하지만 이것은 당신에게 해롭지 않다. 사랑 어린 권면은 당신이 자신의 잘못을 보지 못하는 것을 방지하는 역할을 한다. 마치 아기 엄마가 찻길에서 놀고 있는 아기를 달려나가 붙잡는 것처럼 사랑이 담겨 있는 권면은 불의의 불행으로부터 당신을 보호한다.

권면하는 사람과 듣기 좋은 말을 하는 사람 사이에는 다른 점이 있다. 권면하는 사람은 당신이 진실된 말을 듣고 화가 난 나머지 절교할 수 있다는 것을 알면서도 감수한다. 이런 사람은 당신에게 정직하려고 편안함을 포기한다. 반면에 듣기 좋은 말만 하는 사람은 당신이 특별하다는 착각에 빠져들게 한다. 이런 사람은 당신의 기분이 좋으면 좋다고 생각한다. 이것은 사랑이라기보다는 중독에 가깝다. 물론 이것은 안전하지 않다.

이것은 칭찬의 반대말인 비방이 아니다. 사람은 누구나 이것이 필요하다.

> "타인이 너를 칭찬하게 하고 네 입으로는 하지 말며 외인이 너를 칭찬하게 하고 네 입술로는 하지 말지니라" 잠 27:2.

진실은 칭찬을 통해 확인되기도 한다. 하지만 듣기 좋은 말은 상대방을 지나치게 추켜 주면서 진실을 기피한다.

자신이 긍정적이라고 하면서 당신에게 늘 좋은 말만 하는 사람을 경계하기 바란다. 당신의 삶이 벼랑 끝에 서 있는 것과 같은 위태로운 때에도 당신에게 진실을 말하지 않는 사람이 있다면 이 사람은 당신을 진실한 마음으로 사랑하는 것이 아니다.

5. 해로운 사람은 용서하기보다는 정죄한다

몇 주 전, 나는 다섯 살인 아들 릭키에게 약속했던 장난감을 사다 주는 것을 깜박 잊었다. 상심해 있는 아들에게 용서해 달라고 말했다. "용서한다는 말이 무슨 뜻이에요?" 하고 아들이 내게 물었다.

"그것은 네가 더 이상 화가 나지 않아서 우리가 다시 친구가 된다는 말이야" 하고 내가 설명했다.

잠시 동안 생각한 아들이 말했다. "좋아요, 용서할게요."

며칠 후 우리 가족이 모여 가정 예배를 드리고 있었다. 릭키가 기도할 차례가 되자 이렇게 말했다. "하나님, 오늘은 정말 너무 너무 더웠어요. 얼마나 덥고 짜증이 났는지 몰라요.

하지만 하나님 제가 용서해드릴게요."

릭키는 용서가 무엇인지를 배우고 있었던 것이다. 사람들이 서로를 사랑하고 배려한다면 용서는 사람들을 회복시키고 화해시킨다. 용서는 무엇이든지 가능하게 하는 사랑의 접착제이다.

> "모든 것을 참으며 모든 것을 믿으며 모든 것을 바라며 모든 것을 견디느니라"고전 13:7.

이 모든 것은 용서가 없이는 절대로 불가능하다. 용서가 없이는 다른 사람과 함께 사는 것 자체가 어려울 것이다.

성경은 법률 용어를 가지고 용서를 설명하고 있다. "빚을 탕감한다"는 것이 이 단어의 의미이다. 이것이 인류를 위한 예수님의 죽음의 중심적 의미이다. 예수님이 인류를 대신해서 죽으심으로 인류의 죄의 값을 치르셨다.

용서는 안전한 관계의 중심일 뿐 아니라 기초이다. 당신에게 상처를 주거나 낙심하게 한 사람을 용서할 수 있는 친구가 있다면, 당신과 그 친구 사이에는 깊은 영적 교제를 나누고 있는 것이다. 사실 이런 친구와의 교제를 통해 당신은 하나님의 본성을 희미하게나마 체험하게 된다.

용서할 수 있는 사람은 권면할 수 있는 사람이기도 한다. 하나님은 당신의 죄를 가지고 당신에게 말씀하실 뿐 아니라 당신이 하나님을 어떻게 가슴 아프게 했는지를 보여 주신다.

> "너희 중에서 살아 남은 자가 사로잡혀 이방인들 중에 있어서 나를 기억하되 그들이 음란한 마음으로 나를 떠나고 음란한 눈으로 우상을 섬겨 나를 근심하게 한 것을 기억하고 스스로 한탄하리니 이는 그 모든 가증한 일로 악을 행하였음이라"겔 6:9.

사랑하는 사람에게 얼마나 큰 상처를 주었는지를 알게 되면 화해하는 것도 가능하게 된다. 그러므로 당신은 자신에게 화가 나 있는 사람을 해로운 사람이라고 부르며 소외시켜서는 안된다. 어쩌면 이 사람은 성경이 가르치는 방법을 좇아 당신에게 조금 더 친해지려고 노력하고 있는지도 모른다.

당신이 안전한 사람들에게 용서를 받을 때 다음과 같은 일들이 일어난다. 안전한 사람은 당신의 실패를 알고 있다.

- 이런 사람은 당신의 죄를 축소시키거나 억지로 설명하려고 하지 않는다.
- 이런 사람의 사랑은 당신의 죄나 잘못 보다 크다.
- 이런 사람은 완전히 용서하고 더 이상 거론하지 않는다.
- 이런 사람은 여전히 친밀하며 당신을 내버려두지 않는다.

그렇기 때문에 용서하는 사람이 안전하다. 용서하는 사람은 당신의 잘못을 본다. 하지만 잘못을 덮어 주고도 남을 만큼 당신을 사랑한다. 그리고 이 사랑은 하나님께서 원하시는 모습으로 당신이 치유 받으면서 변화되도록 돕는다. 사실 당신이 알고 있는 잘못을 용서받는 것은 창피한 일이다. 하지만 이것은 당신을 성숙하게 하는 일이기도 하다. 그리고 이것은 다른 사람을 용서해 주는 일보다 나은 것이기도 하다.

한편, 다른 사람을 용서하지 못하는 해로운 사람은 대단히 부정적인 영향을 끼칠 수 있다. 이런 사람은 용서하기보다는 정죄한다.

- 이런 사람은 다른 사람의 잘못이나 실패에 더 큰 관심을 갖는다.
- 이런 사람은 다른 사람이 죄를 자백하고 회개하고 고쳐도 과거의 잘못을 들추어낸다.

- 이런 사람은 다른 사람의 약점을 이용해서 자신의 약점을 감춘다.
- 이런 사람은 다른 사람이 도덕적으로 자신보다 열등하다고 생각한다.
- 이런 사람은 친밀함보다 정의를 더 원한다.

해로운 사람은 당신의 약점을 발견하는데 능숙하다. 이런 사람은 당신이 언제 어떻게 상처를 주었는지를 정확히 기억할 뿐 아니라 그 상황을 아주 구체적으로 설명하기도 한다. 이런 사람은 유능한 검사처럼 당신의 잘못을 꿰뚫어 보며 당신은 '유죄'라고 정죄한다.

물론 당신은 당신의 약점에 대해 권면을 듣는 것도 직면할 필요가 있다. 하지만 해로운 사람은 당신을 용서하기 위해서라기보다는 정죄하고 벌을 주기 위해 권면한다. 당신은 벌을 다 받을 때까지 이런 사람에게서 사랑을 찾아볼 수 없으며 친밀함이나 안전을 얻을 수도 없다.

6. 해로운 사람은 대등한 관계보다는 수직적인 관계를 선호한다

어린 시절 친하게 지냈던 어느 친구의 아버지가 우리에게 늘 이렇게 말씀하시곤 했다.

"나도 네가 하는 말이 맞다고 생각한단다. 하지만 네가 그렇게 말하는 것은 옳지 않다고 생각한단다."

정신 차리고 있지 않으면 이 말이 무슨 말인지 이해할 수 없다. 언뜻 들으면 이 말은 "동의하지 않기를 동의한다"는 말처럼 들릴 수 있다. 무슨 퀴즈 같은 말을 들은 우리들이 고개를 갸우뚱거리고 있으면 친구 아버지는 우리를 골탕먹인 것이 재미있으신지 웃으시곤 했다.

우리를 혼돈스럽게 만들었던 친구 아버지의 말은 이제부터 우리가 생각해 볼 것을 잘 설명하고 있다. 안전한 사람은 당신의 결정권과 선택권을 존중하는 사람이다. 하지만 해로운 사람은 당신을 성인으로 존중하지 않는다. 이런 사람은 자신의 의견과 가치관과 결정을 내릴 수 있는 당신의 권리를 인정하지 않는다. 이런 사람은 당신의 성인으로서의 역할과 권리를 배척한다.

안전한 사람은 이와 반대이다. 안전한 사람은 당신이 성장하고 성숙해지는 모습을 보기를 바란다. 그래서 안전한 사람은 당신이 "땅에 충만하고 번성하는"창 1:28 모습을 볼 때 즐거워한다. 안전한 사람은 당신이 하나님이 주신 은사와 재능을 개발해서 사용하는 것을 보기 원한다. 안전한 사람은 성인인 당신이 변화하는 모습을 보기 원한다.

이것은 자녀 양육뿐만 아니라 모든 대인관계에서 찾아 볼 수 있다. "마땅히 행할 길을 아이에게 가르치라 그리하면 늙어도 그것을 떠나지 아니하리라"잠 22:6는 말씀은 당신이 자녀에게 어디로 갈지를 가르치라는 말이 아니다. 이 말씀은 당신의 자녀가 하나님이 예정해 놓은 길을 찾도록 도우라는 뜻이다. 심지어 이 길이 당신이 생각하는 것과 다를지라도 말이다.

이것은 교우 관계에 있어서도 마찬가지이다. 당신과 가장 친한 사람과의 관계는 당신의 성장에 도움이 되거나 걸림돌이 되기 마련이다. 다음 글 가운데서, 처음 두 줄은 당신의 성장에 저해가 되는 것이고 마지막 줄은 성장에 도움이 되는 것이다.

- 나는 그들과 함께 있으면 마치 아이가 된 듯한 느낌이 든다.
- 나는 그들의 부모 같다는 느낌이 든다.
- 나는 그들과 동등하다는 느낌이 든다.

나는 그들과 함께 있으면 마치 아이가 된 듯한 느낌이 든다

이런 관계에서 당신은 종종 타의에 이끌려 다니거나 비

평을 받게 된다. 부모의 역할을 하는 사람은 당신이 마치 가치기준이나 돈, 직장이나 신앙, 이성 관계나 선택에 대해 나름대로 결정을 내릴 수 없다고 생각한다. 그래서 당신이 그의 동의 없이 중요한 결정을 내리려고 하면 불쾌하게 생각한다. 이런 사람은 당신이 심지어는 중년의 나이라고 할지라도 자신의 자녀의 역할로 되돌아가기 전까지는 당신의 결정을 인정하는 것을 보류한다.

흔히 사장과 교사와 의사와 경찰 같은 권위와 관련된 직종에 종사하는 사람들이 이런 역학 관계에 빠져들기 쉽다. "사장님이 또 나를 무시했다고. 난 마치 아이 같다는 생각이 들었다니까"라는 직원의 말 속에서 부모와 같은 사장의 역할을 하고 있는 것을 알 수 있다. 그런데 성격과 역할을 분리해서 보는 것이 필요하다. 부모의 역할을 하는 사람 중에는 주변 사람들을 자기 마음대로 하려고 궁리를 하는 사람도 있지만 어떤 사람은 정말 자신의 역할을 잘할 수 있기를 바라기도 한다.

다음 내용은 늘 부모의 역할을 하는 사람의 특징이다.

- 그는 내가 원하지도 않았는데 충고한다.

- 그는 내 판단을 믿지 않는다.
- 그는 내가 인생을 살아가는데 그의 도움이 꼭 필요하다고 생각한다.
- 그는 비판적이다.
- 그는 인정하지 않는다.
- 그는 내가 자신이 동의하지 않는 결정을 내리면 나에게 무관심해진다.

당신이 비판적인 사람에게 아주 민감하다고 가정해 보자. 이 사람이 당신에게 뭐라고 말하면 당신은 자신이 내린 결정에 대해 회의를 품게 될 것이다. 이런 성격을 가진 당신이 부모의 역할을 하는 사람과 교제를 하게 된다면 당신은 크고 작은 많은 문제를 만나게 될 것이다.

나는 그들의 부모 같다는 느낌이 든다

한편, 앞에서 설명된 관계와 정반대인 경우도 있다. 이 경우는 상대방과 당신의 역할이 바뀐 것이다. 상대방은 당신이 자신의 부모와 같은 역할을 감당해 주길 원한다. 만약 상대가 미성년자가 아니거나 당신의 보호 아래 있지 않다고 하면 이 경우 또한 문제를 내포할 수밖에 없다.

이 경우는 성인이면 누구나 갖는 책임과 위험을 두려워하기 때문에 생긴다. 이것은 이 사람의 잘못만은 아니다. 하지만 진짜 문제는 이 사람이 속으로 당신을 '무조건 오냐, 오냐 하는 부모 또는 권위주의적인 상관'으로 생각하는 것에 있다.

예를 들면, 이런 사람은 당신에게 자신이 무슨 옷을 사고 어디서 일하고 어떤 사람과 데이트를 해야 할지 말해 달라고 압력을 가할 수 있다. 이런 사람은 자신을 위해 성경을 풀이해 달라고 당신에게 부탁할 수도 있다. 동시에 이 사람은 쉴 새 없이 당신에게 도전하고 일일이 간섭한다고 불평을 늘어놓는 철없는 십대와 같은 행동을 취할 수 있다.

이 모든 행동들은 마치 어린이의 행동 같을 뿐 아니라 성숙한 모습도 아니다. 이런 행동은 해롭기까지 하다. 이런 사람의 행동들은 지나치게 맹종적이거나 반항적이다. 그리고 이런 사람은 당신도 성인이 되는 것을 싫어하기 때문에 당신에게 해로울 수 있다. 이런 관계 속에서는 늘 힘겨루기가 있기 마련이다. 그래서 이런 관계에서는 '너는 너고 나는 나'라는 것을 기억하면서 서로 존중하는 것이 필요하다.

나는 그들과 동등하다는 느낌이 든다
안전한 사람은 당신이 아이나 부모의 역할을 하게 하지

않는다. 이런 사람은 자신의 인생과 재능과 가치관에 대해 주인 의식을 가지고 책임을 질 줄 안다. 이런 사람은 '그의 나라와 의'를마 6:33 자신의 유익보다 먼저 구해야 하는 것을 안다. 이런 사람이 당신에게 의견을 묻는 것은 동의를 구하기 위해서가 아니라 좀 더 객관적으로 생각하기 위해서이다. 이런 사람은 당신이 자기에게 의존하는 것이 아니라 풍성한 삶을 사는 것을 원한다.

아래의 특징들을 가지고 있는 사람은 안전한 사람이다.

- 그는 당신이 자신과 다르다는 것을 불편하게 생각하지 않는다.
- 그는 자신의 기준과 가치관과 확신을 가지고 있다.
- 그는 모든 것을 '옳고' '그름'으로만 볼 수 없음을 안다.
- 그는 자신의 나이에 걸맞는 생각과 행동을 한다.
- 그는 자신이 모르는 것이 있더라도 불안해 하지 않는다.
- 그는 당신이 자신의 가치관을 갖도록 돕는다.

당신은 사람이 아닌 하나님의 인정을 받기 원한다는 것을 기억하기 바란다딤후 2:15. 그리고 당신과 같은 목표를 가지고 있는 사람을 찾는 것은 중요하다.

7. 해로운 사람은 일관성이 없어 변하기 쉽다

당신은 순진하고 낭만적이어서 다른 사람을 쉽게 믿는 타입인가? 만약 그렇다면 당신은 해로운 사람에게 약할 수 있다. 왜냐하면 당신은 다른 사람을 시험하지도 않은 채 쉽게 믿기 때문이다. 진부하게 들릴지 모르지만 다른 사람의 성격을 파악하는데 시간보다 더 좋은 것은 없다.

당신이 '누구인가'와 '무엇을 하는가'는 매우 밀접한 연관성을 가지고 있다. 사람의 성격은 평생토록 감출 수 없는 법이다. 언젠가는 드러나게 되어 있다. 예수님이 이렇게 말씀하셨다.

> "이러므로 너희가 어두운 데서 말한 모든 것이 광명한 데서 들리고 너희가 골방에서 귀에 대고 말한 것이 지붕 위에서 전파되리라"눅 12:3.

그러므로 숨기거나 꾸미는 것은 당신에게 유익할 것이 없다. 진실은 시간이 지나면 드러나기 마련이다. 예를 들면, 시간이 흐를수록 부부는 배우자가 얼마나 자신을 사랑하고 경청하고 책임감을 가지고 용서하는 지를 알 수 있다. 아무리 자신의 배우자가 달콤한 말을 할지라도 자신은 오랜 경험을 통해 그의 말을 믿어야 할지 말아야 할지를 알고 있다.

내 친구 중에 지키지도 못할 약속을 끊임없이 하던 버너드가 있었다. 버너드는 친절하고 다른 사람을 도우려고 할 뿐만 아니라 함께 있으면 재미있기도 했다. 모두들 그를 좋아했고 버너드도 사람들을 좋아했다. 하지만 버너드는 마치 단거리 선수와 같아서 대인관계를 오래 지속하지 못했다. 그는 다른 사람이 자기 앞에 있을 때만 관심과 사랑을 보였다. 그가 어떤 사람을 돕다 보면 이 사람 외에 다른 사람들은 모두 잊곤 했다.

그의 이런 모습은 주변의 친구와 가족들에게 해로웠다. 버너드의 주변 사람들은 그가 믿을 만하지 못하다는 것을 경험을 통해서 배웠다. 약속을 지키지 못 한 적이 많았다. 쉬운 예로, 그가 지난주에 빌려 간 잔디 깎는 기계를 돌려받아야 한다면 아예 잔디 깎는 계획을 하지 않는 것이 좋을 정도였다.

버너드는 나쁜 사람도 아니었고 불성실하지도 않았다. 하지만 당장 눈앞에 있는 사람과 나눌 수 있는 따스한 감정을 더 좋아했다. 그런데 그는 이것에 중독되어 눈앞에 누가 있으면 그 사람에게 빠져 다른 사람을 생각할 수가 없었다. 그래서 그는 계속해서 주변 사람은 물론이고 자신까지도 실망시켰다. 그는 시간의 시험을 통과하지 못했다.

한 예로, 버너드와 내가 저녁식사를 같이 먹기로 하거나 만나기로 하면 그는 종종 늦거나 때로는 아예 나타나지도 않았다. 물론 그는 그때마다 그럴싸한 변명이나 핑계를 대곤 했다. 하지만 나중에 나는 그의 변명이나 핑계가 사실이 아니라는 것을 알게 되었다. 시간이 지남에 따라 내가 알게 된 것은 버너드를 믿어서는 안되겠다는 생각이었다.

안전한 사람은 그렇지 않다. 시간의 시험을 통과할 수 있는 사람은 언제나 소중한 사람들이다. 이들은 당신의 신뢰를 마치 은행에 맡겨둔 돈처럼 소중하게 생각한다. 이들이 약속한 것은 믿을 만하다. 이것이 바로 시간을 중요하게 생각하는 사람이 내 친구인 버너드보다 약속을 적게 하는 이유이다. 이들은 다른 사람을 돕기 위해 얼마나 많은 시간이 필요한지를 잘 알고 있다.

그래서 이들은 무엇을 결정하기 전에 신중하게 생각하고 기도하면서 결정한다. 당신은 이런 사람을 사랑이 없는 무관심한 사람이라고 생각할 수도 있다. 그러나 그렇지 않다. 오히려 이들은 지키지 못할 약속을 하지 않으려고 노력하는 것이다.

오랫동안 관계를 유지할 수 있는 친구들을 찾으라. '지금', '당장', '여기서'를 중요하게 생각하는 중독적인 관계는 주의하라. 하루 렌트해서 타는 벤츠보다 평생토록 탈 수 있는 마티즈가 훨씬 낫다는 것을 기억하라. 물론 벤츠를 평생토록 탈 수도 있다. 하지만 이 때도 시간을 두고 시험해 보는 것이 좋다.

다음의 특징들을 주변 사람과의 관계 속에서 찾을 수 있는지 점검해 보기 바란다.

- 그는 내가 있을 때만 잘하는가?
- 그는 자신이 시간이 없을 때 시간이 없다고 하는가?
- 그는 지킬 수 없는 약속을 하는가?
- 그는 전에 약속을 지키지 않아 그 사람과 헤어진 적이 있는가?
- 그에 대해서 다른 사람이 내게 조심하라고 충고한 적이 있는가?

사랑은 하나님이 보여 주신 것처럼 함께 있으며 변하지 않으며 한결같은 것이다. 당신을 사랑하되 주님처럼 오래도록 사랑하는 사람을 찾기 바란다.

"예수 그리스도는 어제나 오늘이나 영원토록 동일하시니라"

히 13:8.

8. 해로운 사람은 긍정적인 영향보다는 부정적인 영향을 끼친다

처음 기독교인이 되었을 때 나는 신앙적인 추구나 성격이 다양한 여러 종류의 사람들을 사귀었다. 아마도 그 당시 나와 잘 어울리는 사람들을 찾았던 것 같다. 그러던 중 해리라는 친구를 만났다.

나는 신앙생활을 잘하는 해리를 적잖이 부러워했다. 그는 수년 동안 매일 한 시간 이상씩 혼자서 경건의 시간을 갖곤 했다. 그는 전도에도 열심이었고 성경 공부도 인도했다. 그는 다른 사람이 연구한 것을 볼 것이 아니라 자신이 직접 성경을 어렵게 연구해야 한다고 생각했다.

비록 그를 부러워하고 존경했지만 그와 함께 있는 것이 안전하다는 생각이 늘 들지는 않았다. 내가 잘못한 것이 없으면 우리는 사이가 좋았다. 하지만 내 약점이 노출되면 나는 그에게 훈계를 들어야 했을 뿐 아니라 인정받지 못한다는 느낌까지 들었다. 그래서 나는 가능한 한 내 약점을 감추고 늘 '승리의 삶'을 살고 있는 체했다.

얼마가 지나자, 나는 내가 '제 2의 해리'가 되고 있다는 것을 깨닫게 되었다. 나는 내 강한 면만 세상을 향해 드러내 놓고 있었고 실패는 숨겼다. "하나님의 나라에 유익하면 무엇이든지 좋은 것이다"라는 해리의 신앙적인 경향을 어느새 나도 수용하고 있었다. 해리는 다른 사람의 영적인 삶을 돕는다면 좋은 것이고, 만약 그렇지 않다면 시간을 허비하는 것이거나 심지어 다른 사람을 파멸로 인도하는 나쁜 것이라고 생각했다. 이와 같은 해리의 왜곡된 신앙관은 좋은 관계에 꼭 필요한 요소인 사랑과 소속감과 신뢰감을 포함하고 있지 않았다. 이 요소들은 하나님의 나라에서도 소중한 것들임에도 말이다마 22:37-40.

안전은 안전에서 나오기 마련이다. 안전한 사람은 당신을 보다 더 안전한 사람이 되도록 돕는다. 이것이 예수님이 말씀하신 '열매 시험'인 것이다.

> "못된 열매 맺는 좋은 나무가 없고 또 좋은 열매 맺는 못된 나무가 없느니라"눅 6:43.

긍정적으로든 부정적으로든 우리는 가까운 사람에 의해 영향을 받을 수밖에 없다.

"속지 말라 악한 동무들은 선한 행실을 더럽히나니"고전 15:33.

그리고 좋은 친구는 당신에게 용기와 힘을 준다.

해로운 사람은 당신을 기분 좋게 만들 수도 있지만 상처를 줄 수도 있다. 이런 사람은 당신의 행동을 개선시킬지는 몰라도 당신의 성품에는 백해무익하다. 당신은 사랑받고 있다고 생각할지 모르지만 당신의 성장을 막고 있는지도 모른다. 열매는 겉으로 드러나는 것이 아닌 성품에 관한 것이다.

이것은 마치 간신으로 둘러싸인 왕의 경우와 비슷하다. 사랑받는 듯 싶고 사람들이 자신만 찾는 것 같고 아첨 섞인 말에 기분은 좋을 것이다. 이런 느낌은 '주변 사람을 더 잘 도와주고 인내하고 용서하리라' 생각하게 만든다. 자신의 잔이 넘쳐나기에 다른 사람에게 더 줄 수 있으리라고 느낀다.

하지만 실제로는 언젠가는 깨어지고 말 환상 속에 있는 것이다. 이런 사람은 자신과 다른 사람의 불완전함을 인정하고 수용해야 하는 참된 대인관계를 할 마음의 준비가 되어 있지 않은 것이다. 그래서 이런 사람은 마음에 상처를 입으면 오랫동안 다른 사람을 믿지 못하기도 한다.

안전한 사람은 완전하지 않다. 하지만 안전한 사람은 당신이 영적 성장의 네 가지 중요한 영역에서 그리스도를 닮아 가도록 돕는다. 당신의 주변 사람에 대해 다음과 같은 질문들을 해 보기 바란다.

- 이 사람과 함께 시간을 보내고 나면, 나는 다른 사람을 더 사랑하게 되는가, 아니면 무관심해지는가?
- 이 사람과 함께 시간을 보내고 나면, 나는 다른 사람에게 더 정직해지는가, 아니면 남이 시키는 대로 하게 되는가?
- 이 사람과 함께 시간을 보내고 나면, 나는 다른 사람을 더 용서하게 되는가, 아니면 더 이상적인 태도를 갖게 되는가?
- 이 사람과 함께 시간을 보내고 나면, 나는 다른 사람에게 더 평등해지는가, 아니면 더 어린아이 같아지는가?

어떤 사람과의 관계가 좋은 것인지를 분별하기 위해서는 긴 시간과 세밀하고 객관적인 분석이 필요하다. 그리고 친구가 아닌 제삼자의 시각이 필요할 지도 모른다. 주변 사람과의 관계들을 오랜 시간 지켜보면서 이 관계들이 당신을 긍정적으로 변화시켰는지 부정적으로 변화시켰는지 생각하기를 바란다.

9. 해로운 사람은 비밀을 지키기보다는 소문을 퍼뜨린다

사람들은 누구나 다른 사람에게 말하기 싫은 경험과 생각과 느낌과 행동이 있기 마련이다. 그래서 사람은 누구나 믿고 자기 속마음을 털어놓을 사람이 필요하다. 남이 알지 못하는 죄로 가슴 졸이는 사람이나 다른 사람에게 마음의 상처를 입은 사람도 있을 것이다. 아니면 자신의 개인적인 이야기를 들어줄 사람이 필요한 사람도 있을 것이다.

아마도 믿었던 사람이 배신하는 것보다 더 마음에 상처를 주는 것은 없을 것이다. 자신의 비밀을 누구에게 믿고 말했는데 제삼자에게서 이것을 듣게 된다면 어떤 느낌이 들겠는가? '갑'이 자신의 비밀을 '을'에게 말했는데 '을'이 '병'에게 '갑'의 이야기를 한다면 성경은 이것을 '한담'이라고 말한다.

> "두루 다니며 한담하는 자는 남의 비밀을 누설하나 마음이 신실한 자는 그런 것을 숨기느니라" 잠 11:13.

종종 한담하는 사람들은 아래와 같은 변명을 하며 자신의 잘못을 감추려고 한다.

- 어떻게 하다 보니 그 말이 나왔어.
- 그다지 중요한 것이 아니잖아. 네가 과민 반응하는 것 아냐?
- 너를 위해서 그런 거야.
- 그 사람들 때문에 어쩔 수 없었어.

도대체 해로운 사람들은 왜 그럴까? 어떤 사람은 다른 사람에게 솔직하게 말하지 못하기 때문에 등 뒤에서 한담을 한다. 어떤 사람은 평소에는 자신이 중요하지 않다고 생각하는데 한담하는 동안에는 자신이 '핵심 인물'이라는 느낌을 갖는다. 어떤 사람은 어린 시절부터 누군가와 반복적으로 경쟁하고 있는지도 모른다. 어떤 사람은 '한담' 때문에 다른 사람이 겪을 마음의 고통을 느끼지 못하기 때문인지도 모른다.

이유가 무엇이든지 '한담'은 파괴적이다. 사람들은 누구나 자신의 비밀이 존중받고 지켜지길 원한다. 비밀은 좋은 대인관계가 없이는 지켜질 수 없다. 그리고 사람들은 자신의 모든 것을 알고 있는 사람과 안전한 대인관계를 갖기 원한다. 그래서 누구라도 자신의 개인적인 사연을 말하는 것은 어렵다. 왜냐하면 개인적인 사연을 말하면서 자신의 영혼을 위험에 노출시키기 때문이다. 그래서 신뢰가 무너지면 믿음과 희망도 무너진다.

이것만이 아니다. '한담'은 친구들 사이를 갈라놓는다. '한담'을 하는 '을'은 '갑'과 '병'의 사이를 갈라놓는다. "그 사람이 우리 둘 사이를 갈라놓았어"라고 사람들이 하는 말이 바로 이 경우이다. 이 모든 것이 다 '한담'하는 사람에게서 시작된다.

하지만 안전한 사람은 비밀을 지킨다. 이 사람은 다른 사람의 비밀을 자신의 유익을 위해 사용하지 않는다.

> "패역한 자는 다툼을 일으키고 말쟁이는 친한 벗을 이간하느니라" 잠 16:28.

18세기의 유명한 설교가인 조지 휫필드는 안전한 사람의 좋은 예이다. 휫필드는 존 웨슬리와 함께 감리교회의 설립자이다. 하지만 휫필드는 웨슬리의 신학과 다른 견해를 가지고 있었다. 이 두 사람은 서로의 신학이 다른 것으로 잘 알려져 있었다.

하루는 어느 사람이 휫필드에게 물었다. "목사님, 목사님은 존 웨슬리를 천국에서 만나 볼 수 있으리라고 생각하세요?" 이 질문은 두 사람 사이를 갈라놓을 수 있는 말이었다.

"아니요, 볼 수 없을 것이라고 생각합니다"라고 휫필드가 대답했다.

"왜 그렇게 생각하세요?"라고 질문했던 사람이 놀라서 물었다.

"왜냐하면 웨슬리는 하나님의 품 안에 안겨 있어 하나님의 영광에 가려 우리는 서로 볼 수 없을 것이기 때문이지요"라고 대답했다. 조지 휫필드는 그 자리에 없어서 자신을 방어할 수 없었던 웨슬리를 공격하지 않았다. 이런 사람처럼 당신의 비밀을 지킬 수 있는 사람을 찾기 바란다.

결론

지금까지 당신은 누가 안전하고 누가 해로운지에 대해 알아보았다. 이것을 알았다고 해서 이 책을 덮지 않기를 바란다. 이유는 간단한다. 앞의 내용을 가지고 당신이 주변 사람과의 관계를 점검할 수 있다고 하더라도 여전히 해로운 사람을 선택할 확률은 남아 있기 때문이다. 당신은 잘못된 판단을 내릴 소지를 여전히 가지고 있다. 그리고 당신은 같은 실수로 똑같은 상처를 받을 가능성을 지니고 있다. 왜냐하면 종종 문제가 당신 속에 있기 때문이다. 해로운 사람을 선택하도록 하는 필요와 갈등과 오해가 당신에게 남아 있다. 당신이 이것들에 대해 정확히 알고 있지 않다면 당신은 "개가 토한 것을 도로 먹는 것 같이"잠 26:11 해로운 사람을 끊임없이 찾을 것이다.

주변의 해로운 사람을 지혜롭게 대하기 위해서는 당신을 해로운 사람으로 만드는 것이 무엇인가를 먼저 알아야 한다. 왜냐하면 문제는 당신 주변에만 있는 것이 아니라 당신 안에도 있기 때문이다.

다음 장에서는 "해로움은 죄에서 비롯된다"는 것을 살펴볼 것이다. 누구나 알고 있듯이 죄는 모든 사람의 문제이다롬 3:23.

CHAPTER 04

어떻게 우리의 '안전감'을 잃게 되는가?

인간이 가지고 있는 죄의 본성은 하나님 없이 살고자 하는 경향이라고 보는 것이 더 정확하다. 교만한 인간은 자신이 아무 능력이 없는 것과 의존적인 존재임을 경시한다. 그래서 피조물이 아닌 창조자가 되기 원한다. 아담과 하와 이후로 인류는 하나님 없이 살려고 하는 욕구와 본성에 전염되었다.

나는 우리 아들이 해로운 사람에 대해 알게 된 날을 지금도 기억하고 있다. 어느 날 거실에서 갑자기 쓰러지는 소리와 함께 깨지는 소리가 들렸다. 아내와 내가 무슨 일인가 싶어 달려갔더니 전등이 깨져 있었다. 그리고 그 옆으로는 고양이가 날렵하게 도망가고 있었고 우리 아이들은 놀라서 얼어붙은 듯 서 있었다. 이런 일을 여러 번 경험한 터라 우리 부부는 무슨 일이 있었는지를 대강 짐작했다.

아마 네 살인 아들 릭키가 고양이의 꼬리를 잡아당겼을 것이고, 고양이는 도망가려다가 옆에 서 있던 전등을 쓰러뜨려 깨뜨렸을 것이다. 물론 옆에 서 있던 두 살 베니는 구경꾼이었을 것이다.

나는 보통 때 같았으면 아이들에게 자초지종을 물었을 텐데 그날 따라 일이 많아서 피곤했다. 나는 전에도 릭키가 고양이 꼬리를 잡아당겼던 것을 기억하고 이번에도 그랬을 것이라여겨 그에게 벌을 주었다.

"아빠, 하지만 내가 한 것이 아니야" 하고 릭키가 말했다.

흔히 잘못한 아이들은 자신은 잘못하지 않았다고 우기기 때문에 나는 릭키의 말을 믿지 않았다. 결국 릭키는 자신은 죄가 없다고 우기다가 울음을 터뜨렸다.

그러자 예상하지 못한 일이 일어났다. 베니가 내게 걸어와 "아빠, 제가 그랬어요"라고 말한 것이다.

상황을 파악한 나는 과연 내가 좋은 아버지인가를 생각했다. 나는 릭키의 말을 들어보지도 않은 채 그를 정죄하고 벌을 주었기 때문이다. 릭키가 느꼈을 아픔을 생각하며 나는 아들에게 미안하다고 말하면서 잘못을 인정했다.

감사하게도 부모가 자신의 실수를 인정하면 자녀들은 이

런 종류의 상처에서 금방 회복되는 듯 싶다. 이 일이 있은지 몇 분이 채 지나지 않아서 릭키와 나는 거실을 뒹굴면서 레슬링을 하였다.

하지만 이 일을 회상하면 아들의 표정에서 당시 아들의 얼굴 표정이 아직도 뚜렷이 생각난다. 나는 결백하다는 자신의 말과 상관없이 혼날 것이라는 사실을 알고 있다는 메시지를 읽을 수 있었다. 그가 처음 지었던 얼굴 표정은 묘했다. 슬픈 얼굴이나 화가 난 얼굴이 아니라 놀란 표정이었다.

놀란 표정, 믿지 못하겠다는 얼굴 표정이었다. 잠시였지만 릭키는 혼란스러웠던 것 같다. 그때까지만 해도 릭키는 부모인 우리가 공평하다고 생각해왔고, 자신이 잘못한 것이 없으면 혼나지 않을 것이라고 생각했다. 그리고 자신이 말하는 것을 아버지인 내가 믿어 주리라고 생각했다.

하지만 자연계의 모든 법칙이 깨지기라도 한 듯이 아들의 이런 믿음이 뿌리째 흔들린 것이다. 릭키는 아버지도 자신이 생각한 만큼 안전하지 않는다는 것을 알게 되었다. 릭키는 이 사건을 통해 그동안 간직해 오던 순수함의 일부를 잃어버렸다. 다른 말로 하면 그는 타락의 결과에 대해 배우기 시작한 것이다.

슬픈 현실

많은 사람들이 릭키의 마음을 이해할 수 있을 것이다. 제일 처음 해로운 사람에게 마음의 상처를 받을 때에는 누구나 놀라기 마련이다. 그러고는 해로운 존재에 대해 고통스럽지만 차츰 적응하게 된다. 그런데 이것이 쉽지는 않다. 해로운 사람에게 상처받기 쉬운 세상에서 살고 있다는 사실을 받아들이는 것은 어렵다. 누구나 소중하게 여기는 사람으로부터 깊이 상처받기 쉽다.

일곱 살인 딸에게 세상을 가르치고 싶은 어느 아버지가 딸을 침대 모서리에 서게 했다. 딸과 어느 정도 거리를 두고 선 아버지가 딸에게 말했다. "아가야, 뛰어내려 볼래? 내가 잡아 줄게."

잠시 주저하던 딸은 마음을 단단히 먹고 침대에서 뛰어내렸다. 그러자 아버지는 뒤로 물러서서 딸이 바닥에 떨어지도록 내버려두었다. 땅바닥에 떨어진 딸이 아파 울면서 말했다. "아빠, 왜 그랬어요?" 아버지가 말했다. "어느 누구도 믿지 말라는 것을 가르치기 위해서 그랬어."

이 소녀의 아버지는 세상을 가르치는 방법에 있어 큰 실수를 했다. 사람은 믿지 못할 세상에 대해 배우기 전에 먼저 믿을 만한 사랑을 경험해야 한다. 의지할 만한 안전한 사람에 대해 배우지 못했다면 당신은 자신을 스스로를 지탱할 수 없다. 이 소녀의 아버지는 완전함을 기대하지 말라고 가르치기보다는 딸에게 자신의 부족한 모습을 보였더라면 더 좋았을 것이다.

릭키와 한 소녀의 이야기에서 본 것처럼 당신도 해로운 사람에 의해서 놀랜 경험이 있을 것이다. 이것은 안전한 느낌을 어떻게 잃게 되는지를 이해하는데 도움이 된다. 그러나 무엇보다도 하나님이 사람을 위해 계획해 놓으셨던 세상을 먼저 아는 것이 필요하다.

하나님은 안전한 세상을 만드셨다

하나님은 우리가 해로운 세상의 나쁜 영향으로 괴로워하기를 원하지 않으셨다. 오히려 아담과 하와가 주님과 서로 조화 가운데 살 수 있는 안전한 세상을 만드셨다.

예수님의 가장 큰 관심 중 하나는 사람들 사이의 친밀한 교제였다. 예수님은 이것을 자신의 기도에서 보여 주셨다.

"아버지여, 아버지께서 내 안에, 내가 아버지 안에 있는 것 같이 그들도 다 하나가 되어 우리 안에 있게 하사 세상으로 아버지께서 나를 보내신 것을 믿게 하옵소서"요 17:21.

당신의 다른 사람과의 안전한 관계는 우리를 위한 하나님의 안전한 사랑을 증거한다. 예수님은 성부 하나님과 성자 하나님이 그랬던 것처럼 당신도 서로 '안에서' 하나가 되길 원하신다. 하나님이 하신 것처럼 당신도 서로의 사랑을 자신의 것으로 만들고 받아들이고 사용하는 것을 한번 상상하기 바란다.

그리고 죄가 이 세상에 들어왔다

사람의 연합되고 조화를 이루던 관계는 오래 가지 못했다. 인류의 타락은 관계의 본질을 완전히 왜곡시켰다. 사탄과 아담과 하와를 통해 이 세상에 들어 온 죄는 다음 네 가지 영역에서 나타났다. 사람에 의한 죄, 사람을 대상으로 한 죄, 세상 속의 죄, 사탄의 책략이 그것이다.

사람에 의한 죄

자동차 정비공이나 의사에게서 이런 말을 들어 본 적이

있는가? "좋은 소식과 나쁜 소식이 있는데 어느 것을 먼저 듣기 원하세요?" 대개 나는 나쁜 소식을 먼저 듣고 해결한다.

사람의 안전을 해친 타락을 보는 시각은 여러 가지가 있겠지만 먼저 나쁜 소식을 살펴보자. 나쁜 소식은 타락의 일부가 사람의 잘못이라는 것이다. 그리고 좋은 소식은 타락이 사람만의 잘못은 아니라는 것이다.

사람은 모두 인류의 시초이자 최초의 역기능적 가족이었던 아담과 하와로부터 죄의 본성을 이어받았다. 창조주 하나님께 의존하는 것을 거부하는 유혹에 빠져 "하나님과 같이 되어 선악을 알 줄"창 3:5 알았을 때 이들은 하나님과 그리고 서로의 관계에 손상을 입혔다. 사람들은 죄의 본성에 대해 잘못 알고 있다. 예를 들면, 죄에 대한 경향은 단지 '나쁜 것'을 하려고 하는 욕구라고 생각한다. 죄의 속성을 지닌 자아는 다른 사람을 해치고 게으르며 간음도 서슴지 않는 나쁜 태도 등을 갖게 된다.

예를 들면, 랜디는 머리를 떨군 채 '진정한 남성의 모임'에 주저하면서 참석했다. 그는 사랑하는 아내와 결혼했지만 수년 동안 포르노 잡지를 몰래 보아 왔다. 모임이 있기 전 날에도 점심시간을 이용해서 성인용 서점에 갔다. 랜디가 모임에서 회원들에게 자신의 문제를 털어놓았다. "글쎄, 제가 또 갔었어요. 그 오래된 죄의 본성이 저를 사로잡은 것 같습니다. 제가 말씀으로 충만하지 못했던 것 같습니다."

죄에 대한 이러한 접근은 성경적인 것처럼 들려 많은 사람들에게 인기가 있다. 하지만 이 접근은 성경적으로 불충분하고 완전하지도 않다. 오히려 인간이 가지고 있는 죄의 본성은 하나님 없이 살고자 하는 경향이라고 보는 것이 더 정확하다. 교만한 인간은 자신이 아무 능력이 없는 것과 의존적인 존재임을 경시한다. 그래서 사람들은 피조물이 아닌 창조자가 되기 원한다. 아담과 하와 이후로 인류는 하나님 없이 살려고 하는 욕구와 본성에 전염되었다.

하나님을 대적하였던 사탄이 말했다.

> "가장 높은 구름에 올라가 지극히 높은 이와 같아지리라" 사 14:14.

사탄은 하나님에게 의존해야 하는 자신의 '낮은' 위치를 원망했다. 사탄은 자신이 피조물이라는 것을 받아들일 수 없었던 것이다.

그리고 사탄은 돌아서서 아담과 하와에게 손을 내밀었다. "하나님이 금하신 나무의 열매를 먹는다면 너희도 하나님과 같아질 것이다." 하와는 이 제안을 받아들였고 역사가 나머지를 잘 설명하고 있다.

죄는 사람들의 안전에 큰 위협을 주는 네 가지 영역으로 구분할 수 있다. 첫째, 사람들은 시기한다. 둘째, 사람들은 자신을 의지할 수 있다고 생각한다. 셋째, 사람들은 자신이 특별한 대접을 받아야 한다고 생각한다. 넷째, 사람들은 하나님의 법을 어긴다. 이제부터 이 네 가지 영역에 대해 더 자세히 살펴보도록 하자.

첫째, 사람들은 시기한다

사람들은 누구나 시기심을 어느 정도 가지고 있고 시기심은 욕심과 밀접한 관계를 가지고 있다. 시기심은 자신에게 없는 것을 가지고 있는 사람을 미워하는 경향이라고 정의할 수 있다. "내게 있는 것은 모두 나쁜 것이고, 다른 사람이 가지고 있는 것은 모두 좋다. 내가 원하는 것을 가지고 있는 사람을 미워한다." 이런 마음이 바로 시기심이다.

예수님은 포도원 일꾼의 비유를 통해 시기심을 가르치셨

다. 하루 종일 뜨거운 햇볕 아래서 수고한 일꾼이 한 데나리온을 받았다. 그 당시 한 데나리온은 하루 품삯이었다. 그런데 하루 일과를 마치기 한 시간 전에 고용된 일꾼도 품삯으로 한 데나리온을 받았다.

불공평하다고 생각한 일꾼은 화를 내며 주인에게 불평했다. 주인이 말했다. "친구여 내가 네게 잘못한 것이 없노라. 네가 나와 한 데나리온의 약속을 하지 아니하였느냐. 네 것이나 가지고 가라. 나중 온 이 사람에게 너와 같이 주는 것이 내 뜻이니라. 내것을 가지고 내 뜻대로 할 것이 아니냐 내가 선하므로 네가 악하게 보느냐?"

시기심은 호의를 불공평한 것으로 생각한다. 이것은 "시기하지 않으며 … 진리와 함께 기뻐하는" 사랑의 반대이다고 전 13:4,6. 시기심 때문에 예수님을 빌라도에게 내어준 대제사장들을 기억하는가? 막 15:10. 이들은 자신들보다 더 사랑이 많았던 예수님을 싫어했다.

시기심은 죄의 본성의 결과이다. 기독교 철학자인 프란시스 쉐퍼는 십계명의 모든 계명들은 열 번째 계명으로 요약할 수 있다고 말했다. "탐내지 말라" 출 20:17. "누가 하나님의 계명 중 어느 것 하나라도 깨뜨린다면 그 사람은 이미 열 번째 계명을 깨뜨린 것이다"라고 쉐퍼가 말했다. 즉, 겉으로 드러난 죄의 배후에 탐심이 있다는 것이다.

시기심은 필요한 것을 원하는 마음과 다르다. 당신이 다른 사람의 것을 단순히 원한다면 이 사람은 거절할 자유가 있다. 예를 들어, 내가 어느 친구와 같이 휴가를 가기 원해도 이 친구가 바쁘면 못 간다고 말할 자유가 있다. 물론 못 간다는 말을 친구에게 들으면 실망이 되겠지만 바빠서 같이 못 가는 그를 나쁜 사람이라고 생각할 수 없다.

하지만 시기심은 다르다. 내 마음에 시기심이 있다면 나는 친구가 못간다는 말을 듣는 순간 원망하고 화를 낼 것이다. 시기하는 사람은 자신이 원하는 것을 주지 않는 사람을 나쁜 사람으로 만들고 만다. '나와 함께 여행가지 않겠다고! 정말 화가 나네. 너는 나를 조금도 생각하지 않는 것이 분명해'라는 생각은 시기심을 갖게 한다. 시기심은 사람을 제 마음대로 움직이길 원하고 이 결과 시기심은 사랑을 파괴시키고 만다.

시기심은 당신이 사랑받을 수 있는 기회를 빼앗으면서 안전을 무너뜨린다. 사람을 시기하면 자신을 사랑하는 사람들을 원망한다. 그리고 만약 주변 사람들이 자신이 원하는 것을 주더라도 시기심을 가지고 있는 사람의 마음은 채워지지 않기 때문에 자신이 받은 것을 가볍게 여긴다. 그리고 더 줄 수도 있었는데 조금밖에 주지 않았다고 준 사람을 원망한다.

'가진' 사람은 나쁜 사람이고 '못 가진' 사람은 좋은 사람이라고 생각하는 당신의 경향에 대해 경계를 늦추지 말기 바란다. 자신이 가진 것에 대해 감사하고 다른 사람이 가진 것을 보며 기뻐하는 사람이 될 수 있도록 하나님의 도움을 구하라. 그러면 당신은 당신에게 기꺼이 도움을 주기 원하는 사람을 더 많이 얻게 될 것이다.

둘째, 사람들은 자신을 의지할 수 있다고 생각한다

하나님은 사람을 불완전하고 부족하게 만드셨다. 그 결과 사람이 스스로 얻을 수 없는 것들은 마치 긴 쇼핑 목록처럼 많다. 이 가운데에는 하나님의 사랑과 예비하심, 다른 사람에 대한 사랑, 그리고 육체적인 필요도 포함되어 있다. 하지만 사람들은 모든 것을 소유하기를 원한다. 사람들은 자신에게 없는 것을 다른 사람에게 구하고 하나님 앞에 무릎을 꿇어야 하는 것처럼 다른 사람이 필요하다는 사실을 내심 싫어한다. 뿐만 아니라 자신이 완벽하지 못하다는 사실과 자신이 혼자 힘으로 할 수 없는 일이 있다는 것을 인정하기를 싫어

한다. 사람들은 흔히 자신의 약점을 시인하는 것을 수치스럽다고 생각한다.

사탄은 "하나님의 뭇 별 위에 내 자리를 높이리라"사 14:13고 말했다. 그는 하나님을 의지하는 것을 싫어했다. 사람은 바벨탑을 세우며 교만해졌다.

> "성읍과 탑을 건설하여 그 탑 꼭대기를 하늘에 닿게 하여 우리 이름을 내고 온 지면에 흩어짐을 면하자 하였더니"창 11:4.

예수님은 부족한 것이 없다고 생각한 라오디게아 교회에게 권면의 말씀을 하셨다.

> "네가 말하기를 나는 부자라 부요하여 부족한 것이 없다 하나 네 곤고한 것과 가련한 것과 가난한 것과 눈 먼 것과 벌거벗은 것을 알지 못하는도다"계 3:17.

그런데 더 큰 문제는 사람들이 자신을 의지하는 것을 긍정적인 것으로 생각하는 것이다. 어느 기독교인이 절망과 근심, 부부의 문제나 가족의 문제 등 자신의 가슴 아픈 고민을 털어놓으면 대개 "너는 믿음이 없어서 그래" 혹은 "긍정적이지 못해서 그런 문제가 생기는 거야" 하는 말을 듣게 된다. 사람들은 문제가 전혀 없는 사람이거나 없는 척하는 사람만이 성숙함의 모델이 될 수 있다고 생각한다. 이것은 예수님이 바리새인과 세리의 비유를 통해 가르치신 것과 정반대이다. 비록 죄를 지었지만 자신의 죄를 고백하며 도움을 하나님께 청한 세리는 "의롭다 하심을 받고 집에 내려"갔다눅 18:14. 하지만 바리새인은 아무것도 얻지 못한 채 돌아갔다.

자신을 의지할 수 있다는 생각은 당신이 자신의 약함을 발견하지 못하도록 만들기 때문에 당신의 안전을 위협한다. 모든 것을 가진 사람은 배고프지도 않고 목마르지도 않으며 다른 사람이 필요하지도 않다. 이 사람은 홀로 있을 때나 어려울 때에도 부족함을 느끼지 않는다. 이 사람은 다른 사람이 필요하다는 생각을 하지 않기 때문에 다른 사람과 친밀한 관계를 갖지도 않는다.

당신의 주변 사람들에게 도움을 청하라. 이들의 도움을 기꺼이 받아들이기 바란다. 이들은 당신이 하나님과 안전한 사람들과 보다 친밀한 관계를 갖게 하기 위해 보낸 선물이다. 자신을 의지할 수 있다는 생각은 나도 다른 사람의 도움이 필요하다는 것을 깨달을 때 고쳐질 수 있다.

셋째, 사람들은 자신이 특별한 대접을 받아야 한다고 생각한다

사람들이 자신은 특별한 대접을 받아야 한다고 생각하는 것은 죄의 본성에서 비롯된 것이다. 사탄은 하나님의 선하심을 시기하고 하나님처럼 자신을 의존할 수 있게 되기를 바랄 뿐 아니라 "가장 높은 구름에 올라가"사 14:14라는 말에서 알 수 있듯이 특별한 대접을 받을 권리를 가지고 있다고 생각한다. 다른 말로 하면 "신성은 나의 권리요 특권이다"라고 사탄은 말한다.

앞에서 언급된 시기심처럼 특권 의식은 자신의 필요를 채우려는 마음과 다르다. 필요를 채우려는 마음은 "배가 고프고 목이 마르니 먹고 마실 것을 좀 주세요"라고 말한다. 하지만 특권 의식은 "내가 누군지 안다면 내가 먹고 마실 것을 주어야 할 것 아니야"라고 말한다. 특권 의식을 가지고 있는 사람은 이기적이며 자신에 대해 과대평가를 한다.

요나서는 특권 의식에 관한 책이라고 할 수 있다. 요나는 하나님의 선민 중 한 명이라는 특권을 좋아했다. 그래서 하나님이 니느웨 사람들에게 자비를 베풀자, 하나님께 화를 냈다. 다음은 요나의 기도이다.

> "여호와께 기도하여 이르되 여호와여 내가 고국에 있을 때에 이러하겠다고 말씀하지 아니하였나이까 그러므로 내가 빨리 다시스로 도망하였사오니 주께서는 은혜로우시며 자비로우시며 노하기를 더디하시며 인애가 크시사 뜻을 돌이켜 재앙을 내리지 아니하시는 하나님이신 줄을 내가 알았음이니이다 여호와여 원하건대 이제 내 생명을 거두어 가소서 사는 것보다 죽는 것이 내게 나음이니이다 하니"욘 4:2-3.

요나는 하나님의 은혜를 기뻐하기보다는 불끈 화를 냈다. 아마도 그는 니느웨를 사랑하시는 하나님을 바라보면서 마음속으로 그의 민족과 자신은 특권을 잃었다고 생각했을 것이다.

특권 의식은 특별한 대접을 요구하는 것이다. 자신에게 주어진 것에 만족하지 않고 최고를 요구하는 것이 특권 의식이다. 특권 의식은 자신이 현재 가지고 있는 것보다 훨씬 더 나은 것을 받을 권리가 있다고 하는 감정으로 다음과 같은 특징을 가지고 있다.

- 자신은 다른 사람의 악행에 대해 보상받을 권리가 있다는 마음
- 자신에게 상처를 준 사람들이 먼저 용서를 빌어야 한다고 하는 마음
- 자신이 늘 다른 사람의 관심의 초점이 되지 못하면 사랑받지 못 한다는 생각
- 자신은 다른 사람에게 소중하지 않다는 열등감
- 다른 사람들이 자신을 존중하지 않는다는 생각

평범한 사람은 다른 사람의 요구를 다 충족시켜 줄 수 없기 때문에 특권 의식은 대인관계의 안전을 해친다. 특권 의식을 가진 사람은 모든 관심이 자신에게 집중되지 않으면 마음에 상처를 입는다. 실수나 무관심 때문에 특권 의식을 가지고 있는 사람과의 관계는 멀어지기 쉬워 이런 사람을 사랑하는 것은 불가능하다. 그러므로 이런 특권 의식의 마지막은 고립이다.

특권 의식의 유일한 해결책은 서로 용서하는 것이다. 사람들은 서로 자신의 부족함을 인정하고 용서를 구해야 한다. 그리고 사람들은 너무 큰 자신의 기대에 미치지 못하는 다른 사람을 용서하는 법을 배워야 한다.

넷째, 사람들은 하나님의 법을 어긴다

마지막으로 죄의 본성은 하나님의 법을 어기는 태도에서 나타난다. 하나님의 말씀을 어길 때, 사람은 하나님이 만들어 놓은 경계선을 넘어 서게 된다. 어떤 제한도 거부하는 것이 인간이 가지고 있는 죄의 본성이다. 아담과 하와는 하나님에게 많은 자유와 선택권을 허락 받았다. 이들에게 금지된 것이라고는 선악을 알게 하는 나무의 열매를 먹지 말라는 단 한 가지뿐이었다. 그런데 이들은 하나님이 세운 유일한 경계선을 넘은 것이다.

하나님의 법을 어기려는 경향은 의도적이다. 하나님을 사랑하기보다는 자기 자신을 사랑하는 것을 선택하기 때문이다.

"또 주의 종에게 고의로 죄를 짓지 말게 하사 그 죄가 나를 주장하지 못하게 하소서 그리하면 내가 정직하여 큰 죄과에서 벗어나겠나이다"시 19:13.

친절해야 할 사람에게 친절하지 않거나 서로에게 거짓말을 하거나 폭력을 휘두른다면 하나님의 기준을 외면하면서 하나님의 법을 어기는 것이다. 하나님의 말씀을 어길 때, 당신은 관계의 안전을 무너뜨리는 것이다.

때로 사람들은 반항하는 것을 좋아해서 말씀을 거스르기도 한다. 예를 들면, 어느 청소년은 규칙을 깨뜨리는 것이 좋아 술을 마신다. 때로 사람들은 정서적 문제 때문에 법을 어긴다. 예를 들면, 어느 자녀를 가진 이혼녀는 이혼의 아픔을 잊기 위해서 술을 마신다. 물론 두 사람 모두 자신의 파괴적인 행동과 태도에 대해서 책임져야 한다. 하지만 당신은 이 사람들이 자신을 위해서 법을 어기고 있다는 것을 이해해야 한다.

시기심과 자신을 의지하는 마음과 특권 의식과 하나님의 법을 어기는 것은 모두 사람들을 고립으로 몰아넣는다. 고립의 결과는 붕괴로 나타난다. 자동차의 연료가 떨어지면 멈추는 것처럼 사람도 더 이상 정상적인 삶을 살지 못한다. 그러고는 무엇인가에 중독 되거나 우울증에 시달리거나 다른 사람과 형편없는 관계를 유지하게 된다. 하지만 '나쁜 행동'들은 단순히 뿌리 깊은 문제의 증상에 지나지 않다. 즉, 사람들은 시기심과 자신을 의지하는 마음과 특권 의식과 하나님의 법을 어긴 결과 다른 사람과의 친밀감을 잃게 된다.

종종 사람들은 행동의 문제를 단순히 '죄'라고 단정 짓고 기도를 더 하면 될 것이라고 생각한다. 하지만 대개의 경우 문제의 원인은 고립감이고 고립감의 원인은 지금까지 살펴본 죄의 본성의 네 가지 영역이다. 이것을 보다 분명하게 설명하면 이렇다.

- 인간이 가지고 있는 죄의 본성은 시기심과 자신을 의지하려는 마음과 특권 의식과 하나님의 법을 어기려는 마음을 낳았다.
- 시기심과 자신을 의지하려는 마음과 특권 의식과 하나님의 법을 어기려는 마음은 고립감을 낳았다.
- 고립감은 정서적, 행동적, 관계적인 삶의 문제를 낳았다.

앞에서 만났던 랜디를 기억하고 있는가? 그는 '진정한 남성의 모임'에서 자신의 성적인 죄를 고백했다. 그런데 성경을 충분히 읽지 않은 것은 문제의 일부분일 수는 있지만 전부는 아니었다. 하나님과의 친밀한 관계가 보다 중요한 문제였다.

한편, 랜디는 자신이 겪고 있던 어려움을 모임에서 다 털어놓지 않았다. 그는 직장에서 좌천되었던 것과 자녀와 아내와의 갈등에 대해선 말하지 않았다. 그리고 그가 나중에 발견한 것처럼 그의 행동에는 일정한 패턴이 있었다. 그는 어려움을 겪거나 스트레스를 받으면 친구에게 도움을 받기보다는 포르노 잡지를 보면서 도움을 구했다. 그의 친구들은 나중에 그의 고백을 듣고서야 랜디의 문제를 알게 되었다.

위로를 얻기 위해 포르노 잡지를 찾는 자신의 모습을 발견한 랜디는 외롭고 두려울 때마다 친구를 찾는 습관을 갖기 시작했다. 그러자 차츰 그는 포르노 잡지의 도움이 필요하다는 생각이 들지 않게 되었다. 이처럼 랜디가 하나님과 다른 사람과 친밀한 관계가 필요하다는 것을 알게 되자 그의 잘못된 습관은 사라졌다.

사람을 대상으로 한 죄

나쁜 소식은 앞에서 설명한 것이 전부이다. 그렇다고 해서 이제부터 하는 말이 덜 중요하다는 것은 아니다. 오히려 예수님의 말씀처럼 자신의 잘못을 먼저 살펴 아는 것이 낫다.

> "외식하는 자여 먼저 네 눈 속에서 들보를 빼어라 그 후에야 밝히 보고 형제의 눈 속에서 티를 빼리라"마 7:5.

타락을 통해 사람은 죄의 피해자가 되었고 이것은 사람이 안전을 잃게 된 두 번째 이유이다. 인간은 가해자인 동시에 피해자이다. 즉, 인간은 죄를 지었을 뿐 아니라 죄의 대상도 되었다. 성경에서 이것에 관한 많은 예를 찾아볼 수 있다. 하나님은 "나를 미워하는 자의 죄를 갚되 아버지로부터 아들에게로 삼사 대까지 이르게 하거니와"출 20:5라고 말씀하셨다.

아버지가 알코올 중독자였던 사람은 이 말을 이해할 것이다. 인류의 타락이 있은 후, 죄 없는 사람이 다른 사람의 죄의 피해자가 되었다. 왜 죄 없는 사람이 고통을 당해야 하는가? 사랑 때문이다. 하나님은 사랑이 자유의지의 기초가 되도록 계획하셨다. 하나님은 사람이 두려움이 아닌 감사함으로 사랑받길 원한다. 사랑에는 대가가 따른다. 사랑하는 것이 자유라면 사랑하지 않으려고 하는 것도 자유이다. 그렇지 않으면 사랑은 의무이다. 사랑하지 않으려고 하는 것도 자유이기 때문에 당신도 강압적인 사람과 이기적인 사람에게 고통 당해 본 경험이 있을 것이다.

사람을 대상으로 한 죄는 다른 사람과 친밀해질 수 있는 능력을 파괴한다. 이것은 발달 단계라고 할 수 있는 어린 시절에 시작되어 평생 동안 지속된다.

그러면 인간의 발달 단계에 영향을 미치는 사람을 대상으로 한 죄의 네 가지 모습을 살펴보자. 첫째, 긴밀한 유대를 가로막는다. 둘째, 개인의 울타리를 존중하지 않는다. 셋째,

장단점을 모두 가지고 있는 전인적인 사람으로 보지 않는다. 넷째, 성숙한 성인으로 생각하지 않는다.

이상의 사람을 대상으로 한 죄의 네 가지 모습은 안전한 사람과 성숙한 관계를 가지려는 사람에게 부정적인 영향을 미칠 수 있다.

첫째, 긴밀한 유대를 가로막는다

모든 사람이 다른 사람과 깊은 유대를 나누며 신뢰하며 서로에게 도움을 주기를 원한다. 마치 갓난아기가 엄마를 필요로 하고 엄마가 없으면 두려워 우는 것처럼 당신도 다른 사람이 필요하다. 긴밀한 유대감를 가지고 있는 사람이라면 누구나 위로를 주고받을 수 있다.

그런데 아래의 내용들은 종종 사람들 사이의 긴밀한 유대를 가로막는다.

- 분리감 : 어떤 사람이 당신과 마음을 나눌 수 없는 경우
- 거절감 : 어떤 사람이 당신과 친해진 후 갑자기 떠난 경우
- 불연속성 : 어떤 사람이 사랑의 대상으로 안정적이지 않은 경우
- 비판 : 어떤 사람이 당신의 부족한 것에 대해서 사랑 없이 공격하는 경우

• 폭력 : 당신의 신뢰를 무너뜨리는 행동을 하는 경우

위의 내용들은 하나님과 사람들을 신뢰하는 법을 배우는 사람들에게 큰 위협이 될 수 있다. 다른 사람과 긴밀한 유대감을 나누는 도중에 방해를 받은 사람은 마음의 빗장을 걸고 다른 사람을 멀리 하게 된다. 이런 사람은 더 이상 마음에 상처받는 것을 피하기 위해 자신의 필요를 의도적으로 외면한다. 그 결과 이런 사람은 자기에게 필요한 것이 무엇인지 모르게 되며 사랑을 바라지도 않는다.

이렇게 뒤로 물러서며 의도적으로 외면하는 것을 자기 방어적 과소평가라고 한다. 자기 방어적 과소평가는 사랑은 나쁜 것이고 믿음은 중요하지 않으며 사람들은 좋지 않다고 생각하게 만드는 자기 보호 수단이다. 다른 사람과의 관계에서 깊은 상처를 입었던 사람들은 종종 사랑을 과소평가해서 상처를 줄이려고 한다. 뿐만 아니라 이 사람들은 다시 사랑하는 것을 포기한다.

유대감을 느끼지 못하는 사람들은 다른 사람과의 관계 속에서 다음과 같이 이해하지 못할 행동을 한다.

- 이들은 안전한 사람을 찾지 않는다. 왜냐하면 바라는 마음이 없기 때문이다.
- 이들은 안전한 사람을 분별하지 못한다. 왜냐하면 어느 누구도 안전하지 않기 때문이다.
- 이들은 안전한 사람을 원하지 않는다. 왜냐하면 다시 상처 입을까 봐 두렵기 때문이다.

깊은 유대감이 없는 사람이라도 친구나 가족이 있지만 그럼에도 이들의 고립감이 깊어지면 심각한 문제를 만들 수 있다. 신학교 시절 같이 공부하던 친구들이 내게 한 말이 지금도 생각난다. 그들은 "우리를 도와줘서 정말 고마워요. 그런데 우리는 형제에 대해서 아직 잘 모르네요. 형제에 대해서 조금 더 알고 싶습니다"라고 말했다. 그런데 나는 그들에게 해 줄 말이 하나도 없었다. 마치 이들이 내게 핵물리학에 대해서 질문이라도 한 것처럼 말이다. 나는 말을 더듬거리며 얼버무렸다. 나는 그동안 같이 공부하던 친구들이 나를 위해 해 줄 수 있는 것에 대해 과소평가해 왔던 것이 분명했다.

당신은 다른 사람과 깊은 유대감을 가지고 있는가? 당신은 약점을 다른 사람에게 보여 줄 수 있는가? 도움을 요청할 수 있는가? 다른 사람이 당신의 믿음을 배반해도 괜찮은가?

당신은 안전한 사람을 과소평가하고 있지는 않은가? 만약 그렇다면 당신은 상한 심령을 치유 받을 수 있는 교회나 상처를 싸매 줄 수 있는 상담 사역자를 만나는 것이 필요하다.

둘째, 개인의 울타리를 존중하지 않는다

인간의 발달 단계에서 필요한 것은 개인의 울타리를 존중하는 것을 배우는 것이다. 개인의 울타리는 사람이 가지고 있는 정서와 영혼의 경계선이다. 울타리는 나에게 속한 것은 무엇이고 다른 사람에게 속한 것은 무엇인지를 알려 준다. 울타리는 좋은 것들은 계속 가지고 있고 나쁜 것은 버리도록 돕는다. 사람들은 자신의 것에 대해 책임을 지고 자신의 것이 아닌 것에 대해서는 책임질 필요가 없다. 자신의 울타리에 대해서 바로 알고 있으면 사람들은 자신의 문제를 책임질 수 있고 다른 사람을 언제 도와야 할지도 알 수 있다갈 6:1-5.

한편 죄의 결과는 '싫어'라고 말할 수 있는 능력에도 악영향을 미친다. 개인의 울타리를 정하고 다른 사람을 도울지 말지를 결정하는 능력에도 부정적인 영향을 끼칠 수 있다. 아래의 내용은 당신의 울타리가 어떻게 상처받을 수 있는지 보여 준다.

- 공격적인 지배 : 당신이 '싫어'라고 말하면 상처를 준다.
- 피동적인 지배 : 당신이 '싫어'라고 말하면 떠나간다.
- 역행적인 지배 : 당신이 '싫어'라고 말하면 죄책감을 갖게 한다.
- 경계가 없음 : 당신에게 '싫어'라고 절대로 말하지 않는다.

위의 내용은 많은 관계에서 흔히 찾아볼 수 있을 뿐만 아니라 책임 있는 삶을 살고자 하는 사람에게 해롭다. 그렇다면 당신의 울타리가 무너지는 것이 당신의 안전에 어떻게 해로울까?

첫째로, 마음의 울타리가 없는 사람은 다른 사람과 거리감을 느끼면 버림받았다고 생각하는 경향이 있다. 전에 버림받았던 경험을 가지고 있는 사람은 헤어지거나 혼자 있거나 갈등이 생기면 잘 이기지 못한다. 그래서 이런 사람이 쉽게 화를 내는 사람과 의견을 달리 하게 되면 겁을 먹게 되고 그 결과 화내는 사람의 말을 따르게 된다.

둘째로, 마음의 울타리가 없는 사람은 스스로를 고립시키는 경향이 있다. 마음의 울타리가 없는 사람은 무책임한 사람이나 이기적인 사람에게 많은 것들을 양보하기가 쉽다. 그러다가 갑자기 아무런 말도 없이 관계를 청산하고 훌쩍 떠난다. 이런 일은 마음의 울타리가 없는 사람이 다른 사람과 문제가 처음 생겼을 때 적당한 울타리를 세우고 지키지 않았기 때문에 생겨난다. 즉, 이런 사람은 적당한 때에 "사랑 안에서 참된 것을" 말할 줄을 모른다엡 4:15.

그리고 이것은 당신의 안전을 위협한다. 만약 당신의 마음의 울타리가 튼튼하지 않다면 당신은 다른 사람과 갈등 가운데 있을 때 자신도 모르는 사이에 마음의 빗장을 걸어 잠글 것이다. 그 결과 당신은 사랑을 경험할 수 없고 안전한 사람을 만나는데 큰 어려움을 겪게 된다.

마음의 울타리에 문제가 있는 사람은 다음과 같은 특징을 가지고 있다. 다른 사람에게 책임을 전가하며 우울해 한다. 혼자 있는 것을 싫어하고 생각이나 생활이 정돈되어 있지 않다. 목적 의식이 없고 지나치게 의존적이다. 다른 사람이 자신을 얕본다고 생각한다. 상대방에게 빚졌다는 생각을 한다. 두려움이 많고 정체성에 대해 혼란을 겪고 있다. 충동적이다. '싫어'라고 말하지 못한다. 스스로를 고립시킨다. 자기 학대적이고 과도한 책임감과 죄책감을 느낀다. 피동적이거나 공격적인 행동을 보인다. 미루거나 약속을 지키지 못한다. 용서하기보다는 원망한다. 약물 복용을 하거나 식생활에 문제가 있다. 편집증적이거나 충동적이다. 책임감이 부족하고 피해자라는 생각이 강하다.

셋째, 장단점을 모두 가지고 있는 전인적인 사람으로 보지 않는다

인간 발달 단계에서 필요한 것은 좋은 것과 나쁜 것을 분별할 수 있는 능력이다. 앞에서 우리는 누가 나를 사랑하는지와 내가 누구인지를 살펴보았다. 지금부터는 당신 자신이 과연 좋은 사람인가 나쁜 사람인가에 대해 알아보고자 한다.

사람들은 누구나 이것에 대해 문제를 가지고 있다. 스스로 나쁜 사람이 되려고 하는 사람은 없다. 하지만 여러 면에서 볼 때 많은 사람들이 나쁜 면을 가지고 있다. 사람들은 하나님과 깨어지지 않는 사랑을 나누던 에덴 동산으로 돌아가고 싶어한다. 나쁜 습성은 사람들에게 큰 상실과 갈등을 겪게 했다.

바울은 이것을 다음과 같이 말했다.

"내가 행하는 것을 내가 알지 못하노니 곧 내가 원하는 것은 행하지 아니하고 도리어 미워하는 것을 행함이라"롬 7:15.

바울은 기독교인들도 죄를 짓고 갈등을 겪고 실패한다는 것을 알고 있었다. 아무리 좋은 뜻을 가지고 있고 헌신을 하고 강한 마음을 먹었더라도 그리 쉬운 일은 아니다.

한편, 하나님은 이 문제를 가지고 갈등하지 않으신다. 왜냐하면 하나님에게는 악한 것이 없으시기 때문이다. 그리고 하나님은 타락한 인류를 위한 해결책을 준비하셨다. 이것이 바로 기독교가 다른 종교와 다른 점이다. 기독교의 하나님은 죄인을 위해 죽으시는 하나님이다.

더 놀라운 사실은 사랑받기 위해 죄인이 먼저 개과천선할 필요가 없다는 것이다. 누가복음 15장 11-32절에서 말하고 있는 탕자처럼 죄인도 사랑을 받을 수 있다. 하지만 많은 사람들이 경험적으로 나쁜 행동을 하면 사랑받지 못한다고 배웠다. 이 문제로 인한 상처는 다음의 네 가지 형태로 나타난다.

- 완전주의 : 다른 사람들이 내가 아무 실수도 하지 않는 완벽한 사람이라고 생각한다.
- 이상화 현상 : 다른 사람들이 내게 있는 불완전함을 받아들이지 않는다.
- 정죄주의 : 다른 사람들이 내게 있는 부족한 모습들을 정죄한다.
- 극단주의 : 다른 사람들이 나를 의인이 아니면 죄인이라고 극단적으로 생각한다.

완전주의는 자신에게 있는 부정적인 것을 모두 없앨 수 있다고 믿는 완벽주의자를 만들어 낸다. 그리고 이런 완벽주의자는 로마서 7장만 기억할 뿐 바로 뒤에 따라 나오는 메시지를 자신의 것으로 만들지 못한다.

> "그러므로 이제 그리스도 예수 안에 있는 자에게는 결코 정죄함이 없나니"롬 8:1.

이들은 용서를 경험할 만큼 충분한 은혜를 가지고 있지 않다.

장단점의 문제는 치명적일 수 있다. 자신이나 다른 사람의 잘못을 용서할 수 없는 사람은 장단점을 가지고 있는 세상의 모든 사람과 친밀한 교제를 할 수 없어 외롭게 된다. 무엇이 '꼭 되어야겠다'는 생각에 사로잡히기 때문이다.

완벽주의자들은 자신의 친구들도 완벽하기를 기대한다. 이들이 친구를 처음 사귀게 되면 잠시 동안은 서로의 비슷한 점과 닮은 점을 발견하면서 좋아하고 모든 것이 완벽한 것처럼 여긴다. 그러나 얼마 지나고 서로의 단점을 발견하게 되면서 이들 사이에는 갈등이 생기기 시작한다. 그리고 불평을 늘어놓는다. "이 친구는 항상 늦어." "이 친구는 내 말을 듣지 않아." "이 친구는 내게 요구하는 것이 너무 많아." 이들은 처음에 믿고 기대했던 사람들이 자신의 기대에 미치지 못하면 당황하고 실망한다. 그러고 나서 다시 아무 결점 없는 이상적인 사람을 찾기 시작한다. 하지만 안전한 사람은 완전한 사람이 아니기 때문에 완벽주의자들이 찾는 그런 사람은 아니다.

완벽주의자들이 다른 사람의 잘못을 용서할 때도 있다. 하지만 이들은 용서를 받을 줄 모른다. 많은 완벽주의자들은 상대방이 자신의 잘못을 알게 되었다는 이유만으로 좋은 관계를 포기하곤 한다. 이들은 다른 사람과 너무 가까워지는 것을 두려워한다.

왜냐하면 자신의 잘못을 다른 사람이 알게 될 때 느낄 부끄러움과 죄책감을 이길 수 없기 때문이다. 대개 완벽주의자들은 자신의 잘못을 드러내기보다는 차라리 혼자 있기 원한다. 안타깝게도 완벽주의자들은 자신의 부족한 점을 치유할 수 있는 유일한 치유 방법을 외면하는 것이다.

'대인 공포증'을 가진 사람이 이 범주에 속한다. 이런 사람은 다른 사람과 새로운 교제를 시작해 가까워졌다 싶으면

홀쩍 떠나가 버리고 만다. 아직 독신인 한 친구가 내게 이런 말을 했다.

"이 사람과 싸운 뒤에 떠나갔으면 차라리 내가 이해할 거야. 하지만 마지막으로 만났을 때 우리는 서로의 두려움과 약점에 대해 말했었단 말이야. 내가 멍청했지. 나는 서로의 약점을 알면 더 가까워질 줄 알았는데…."

하지만 내 친구의 남자 친구는 이것과 정반대로 생각했다. 이 남자는 내 친구를 믿기 시작했고 가지고 있던 방어 본능이 점점 없어져 가고 있었다. 고린도후서 2장 14절에서 바울이 말한 것처럼 이 남자의 이해 받고 싶고, 알려지고 싶고, 용서받고 싶고, 위로 받고 싶어하는 마음이 조금씩 드러나고 있었다. 하지만 이 남자는 자신의 '나쁜 면'이 자기 여자 친구에게 너무 나쁘게 비쳐지지 않을까 겁이 났던 것이다. 그래서 이 남자는 그동안 쭉 해왔던 것처럼 도망친 것이다.

누구나 장점은 물론이고 단점도 가지고 있다는 것을 믿지 않는 사람은 우울증이나 극단적인 생각, 두려움이나 죄책감, 폭식이나 약물 중독, 완벽주의나 분노, 잘못된 자화상이나 잘못된 성생활 등으로 고생할 수 있다.

넷째, 성숙한 성인으로 생각하지 않는다

인간 발달 단계에서 마지막으로 필요한 것은 성인의 역할을 감당하는 것이다. 성인의 역할을 감당한다는 말은 도움과 지시를 받던 어린이 같은 위치에서 다른 사람과 동등하고 상호 보완적인 관계를 가지고 독립된 성인으로 사는 것을 말한다.

누구나 어리고 아무것도 모르는 갓난아기의 과정을 지난다. 당신도 가치관과 재능과 은사와 감성과 잠재력이 미처 형성되지 않은 시기를 거쳤다. 그래서 부모는 자녀들이 혼자서도 결정을 내릴 수 있는 성인이 되기까지 돌보는 것이다.

성인이 되었다는 말은 자기 인생에 대해서 책임질 수 있다는 것이다. 자신의 직업과 전문 분야에서 실력을 갖출 뿐 아니라 남성이면 남성, 여성이면 여성으로서 할 일을 한다는 뜻이다. 그리고 인생과 대인관계와 하나님과 재정과 그밖에 여러 가지 복잡한 인생의 문제에 대해 나름대로의 시각을 갖는다는 뜻이다.

그런데 때로 사람들은 아래와 같은 이유로 이런 것을 할 수 없도록 방해를 받는다.

- 부모 같은 사람 : 다른 사람을 마치 아이처럼 생각하고 대한다.
- 아이 같은 사람 : 다른 사람을 마치 부모처럼 생각하고 의지한다.
- 황제 같은 사람 : 다른 사람의 삶을 제 마음대로 조종하고 싶어한다.
- 가시 같은 사람 : 다른 사람이 자신의 생각에 반대하면 공격한다.

상처 입은 성인 상을 가지고 있는 사람들은 부정적으로 반응하기 쉽다. 예를 들면, 어떤 사람은 권위에 대해 반발심을 가지고 자주 불평하고 집착하고 규칙만 따지는 사람이 된다. 어떤 사람은 오히려 다른 사람을 무시하고 제 마음대로 하려고 한다. 어떤 사람은 사춘기가 지나서도 기존의 권위에 대해 반항하고 거부하는 삶을 산다. 이들은 모두 자신의 인격 형성을 중요하게 생각하지 않는 사람들이다. 그러므로 앞의 어떤 방법도 진정한 성인이 되는데 도움이 되지 않는다.

그러면 왜 상처 입은 성인 상을 가지고 있는 사람들이 위험에 노출되어 있는가? 우선 이들이 안전한 사람과 가까이 하기가 힘들다는 것이 가장 큰 이유이다. 왜냐하면 안전한 사람들은 다른 사람들도 성인으로서 책임 있는 삶을 살도록 돕기 때문이다. 사랑은 "모든 것을 믿기" 때문에 안전한 사람은 다른 사람이 자신의 잠재력을 모두 발휘할 수 있도록 돕는다고전 13:7. 하지만 이것은 상처받은 성인에게는 위험하게 보일 수 있다.

왜냐하면 상처 입은 성인 상을 가지고 있는 사람은 권위적인 사람에게 억눌렸거나 비판당하는 것이 두려워 아이의 역할에서 벗어나길 싫어한다. 권위를 싫어하면서도 권위에 도전하는 것을 두려워한다. 안전한 관계는 권력의 이동이나 이에 따른 갈등을 만들어 낼 가능성도 가지고 있다.

내 친구 중에 한 사람인 브루스는 가족들과 사업을 함께 하고 있었다. 그의 아버지가 아주 오래전에 시작한 이 사업을 이제는 브루스와 그의 형제들이 물려받게 되었다. 가족들은 함께 일했고 사업도 점차 번창하고 있었다. 하지만 늘 브루스의 아버지는 브루스가 낸 제안들에 대해 공개적으로, 사적으로 무시했다. 그러다가 브루스가 좋은 아이디어를 내놓으면 이미 알고 있었다는 듯 미소를 지으며 그의 머리를 쓰다듬었다. 이것을 보는 사람은 누구든지 브루스의 아버지가 벌써 서른이나 된 아들을 마치 아이인 양 취급한다는 것을 알 수 있었다.

다른 사람에게 존중받고 싶었던 브루스는 가족과 멀어지기 시작했다. 얼마 후 그는 독립심이 강한 어느 사업가와 골프를 치면서 친해지게 되었다. 이 사람과 친해지면서 브루스는 처음으로 성인 대접을 받았다. 하지만 이것도 그다지 오래 가지 못했다. 어느 날 그의 아버지가 찾아와 쓸모 없는 친구와 어울리지 말고 예전처럼 다시 가족들에게로 돌아오라고 말했다. 그의 아버지는 자신의 말을 따르지 않을 경우 더 이상 가족의 일원으로 생각하지도 않을 뿐만 아니라 유산도 줄 수 없다고 말했다. 브루스가 성인처럼 행동하는 것을 발견한 그의 아버지는 그것을 막으려고 했던 것이다.

안타깝게도 브루스는 아버지의 말을 따랐다. 브루스가 아버지의 최후 통첩을 무시하기에는 아직 덜 성숙했던 것이다. 그래서 그는 자신의 생각을 포기했다. 그는 친구들 만나는 것을 그만두었을 뿐 아니라 사업에 대해 새로운 제안을 하지도 않았고 성인이 되는 것을 포기했다. 그런 뒤부터 그는 우울증으로 시달렸지만 치료를 받으려고도 하지 않았다. 브루스가 성인이 되려고 할 때 겪은 갈등들은 그가 안전한 사람들과 친밀한 교제를 나누지 못하도록 했다. 그 결과 그는 자신을 아이처럼 취급하는 사람들과만 대인관계를 맺을 수 있었다.

세상 속의 죄

앞에서 당신은 사람들이 자신과 다른 사람들의 죄나 잘

못으로 어떻게 안전한 사람과의 관계를 잃게 되는지를 살펴보았다. 그러면 이제 당신의 시각을 좀 더 넓혀 안전한 사람과의 관계를 무너뜨리는 세상 속의 죄에 대해 생각해 보기로 하자.

혹시 텔레비전을 통해서 전 세계의 환경 오염 문제와 아프리카의 기근과 의미 없는 전쟁 때문에 생겨난 고아들과 학교 안의 총기 난사 사건과 화산 폭발과 태풍과 지진 등으로 생겨난 재난을 접하면서 놀란 적은 없는가?

많은 재해들이 우리 자신과 다른 사람들의 죄의 직접적인 결과이다. 이유 없이 여객기가 추락하고 법 없이도 살 만한 사람들이 아기를 갖지 못한다. 지진과 태풍과 홍수가 사랑하는 사람의 귀한 생명을 앗아간다. 피조물들이 모두 탄식하며 고통받고 있다롬 8:22. 피조물이 썩어짐의 종 노릇을 하고 있는 것이다롬 8:21. 재앙과 질병과 죽음이 불쑥 찾아와 사람들의 안전을 위협하곤 한다.

그런데 이런 재앙의 구체적인 '가해자'는 없다. 이것은 우리가 타락의 영향을 받은 사회에 살고 있음을 단적으로 보여 준다. 심지어 사람의 유전자도 타락의 영향을 받았다. 어느 연구에 따르면 비만증과 알코올 중독과 동성 연애와 같은 문제는 습관적이고 체질적인 것이라고 말한다. 이런 문제들은 DNA를 통해 물려받은 것이다. 이런 문제들은 우리의 약함을 다시금 일깨워 준다.

> "내가 죄악 중에서 출생하였음이여 어머니가 죄 중에서 나를 잉태하였나이다" 시 51:5.

당신이 잘못해서 문제가 생긴 것은 아니지만 문제에 굴복하기보다 해결하는 것은 당신의 책임이다. 문제들 때문에 하나님과 멀어지기보다는 오히려 하나님과 믿는 사람들을 찾아가서 맡기는 것이다. 하나님은 당신이 서로 어려움과 문제를 나누고 격려하길 원하신다. 하나님은 최선을 다하는 사람을 축복하신다.

사탄의 책략

우리가 안전을 잃게 되는 이유를 생각해 보면 아직도 왕성하게 활동하고 있는 우리의 원수, 사탄을 가볍게 생각하기 때문이다. 사탄은 지금도 사람들에게 절대로 필요한 안전한 관계를 무너뜨리려고 애쓰고 있다. 사탄은 고소하고 유혹하고 갈라놓는 방법들을 통해 공격한다.

첫째, 고소

사탄은 하나님 앞에서 사람을 고소하려고 애쓴다. 실제로 사탄의 의미는 '고소하는 자'이다. 예를 들면, 사탄은 욥과 이스라엘이 하나님의 심판을 받게 하려고 고소했다욥 1:9-11 ; 슥 3:1.

사탄은 죄책감을 앞세워 사람을 하나님으로부터 멀어지게 하려고 끊임없이 노력한다. 하지만 하나님은 사람의 이런 마음을 알고 있으며 그리스도의 죽음을 통해 피할 길을 마련해 놓으셨다. 그래서 하나님은 사탄의 고소에 이렇게 대답하신다. "그래, 사람이 죄를 지었지. 하지만 죄의 값은 이미 치뤘어. 이제 이들을 자유케 하라."

사탄은 하나님에게 어떤 해도 끼칠 수 없다. 하지만 사람은 자신이 느끼는 죄책감 때문에 안전을 잃을 수 있다. 사람들이 잘못된 죄책감이나 부끄러운 감정 등을 갖게 되면 제일 먼저 하는 것이 다른 사람과의 관계를 피하는 것이다. 사랑과 용서를 찾기보다는 오히려 피한다. 그러면 우리의 원수인 사탄이 이기는 것이다. 당신이 부끄러운 행동과 감정과 생각을 감추려고 다른 사람을 피하면 피할수록 당신은 문제를 해결할 수 있도록 돕는 안전한 관계로부터 멀어지는 것이다.

둘째, 유혹

사람들은 종종 사탄이 나쁜 일을 하도록 자신에게 악한 영향을 끼친다고 생각한다. 물론 이것도 사실이지만 사탄의 전략은 사람들이 흔히 생각하는 것보다 훨씬 교묘하다. 사탄은 다른 사람과의 관계나 부끄러움을 겪지 않고 자신의 필요를 채우게 하려고 유혹한다. 그래서 예수님이 당하신 시험이 우리에게 좋은 모델이 된다. 사탄은 떡을 만들어 하나님의 공급하심을 시험하며 자신을 예배하라고 예수님을 유혹했다 마 4:1-11. 이 세 가지 유혹의 주제는 하나님을 의지하지 않고 자신의 힘으로 필요를 채우는 것이다.

최근에 앤이라는 아주 친한 친구가 밤늦게 집으로 전화를 걸었다. 그녀는 가정과 직장의 문제들 때문에 어려움을 겪고 있었다. 그런데 어느 문제도 새로운 것이 없었다. 그래서 나는 그녀에게 왜 빨리 전화 걸지 않았냐고 물었다.

"나 잘 알잖아. 다른 사람들을 귀찮게 하지 않고 혼자 해결하려고 하다가 보니까 일이 여기까지 왔어." 앤은 사탄이 예수님에게 했던 첫 번째 유혹에 넘어간 것이다. 그녀는 돌로 떡을 만들려고 했던 것이다. 그녀는 친구에게 도움을 청하지 않고 자기의 힘을 의지했다. 그리고 이것은 실패로 끝나고 말았다.

당신이 상처받고 있을 때 "왜 다른 사람을 귀찮게 해? 이것은 단순히 내 약점만 보이는 거지. 나 자신을 믿는 게 최고야" 하는 목소리를 조심하기 바란다. 이것은 안전한 사람들로부터 당신을 멀리 떨어뜨려 놓으려는 유혹하는 자의 전략이다.

셋째, 갈라놓기

사탄은 사람들 사이를 갈라 놓는 것을 좋아한다. 사탄은 대인관계 속에서 사랑의 힘이 얼마나 큰지를 알고 있다. 그래서 다른 사람들과 하나님과 당신의 사이를 갈라놓으려고 노력한다.

최후의 만찬 후에 예수님은 제자들에게 "사탄이 밀 까부르듯 하려고 청구했다"고 말씀하셨다눅 22:31. '까부르듯'이라는 말은 나누고 부수고 고른다는 뜻이다. 다시 말하면 사탄은 우리가 하나가 되길 원하시는 예수님과는 반대로 우리가 나뉘어지길 원한다요17:22. 사탄은 인간관계의 힘을 알고 있기에 사람들이 나뉘어지길 원하고 분할 통치를 원한다.

당신은 사탄이 이 전략을 교회에서 사용하는 것을 본 적이 있을 것이다. 마음에 상처를 입은 사람들이 기독교인들에게 도움을 청했다가 다음과 같은 어처구니없는 말을 듣곤 한다.

- 너부터 정신 차리면 되잖아.
- 네게 믿음만 있었으면 이런 문제는 없었을 텐데.
- 너는 도덕적으로 문제가 있어.
- 교회를 어지럽게 하지 마.

이런 태도는 도움이 필요한 사람을 '까불어' 내어 하나님의 도움을 받지 못하게 한다. 그리고 교회는 나뉘어지고 부서진다. 하지만 기독교인은 이것과 반대로 해야 한다. 우리는 잘못과 실패와 고민을 고백하고 누구에게나 이런 약점이 있음을 받아들여야 한다. 이렇게 함으로써 우리는 예수님께서 함께 하신다고 약속하신 "두세 명"이 되는 것이다마 18:20.

결론

"당신이 안전을 어떻게 잃게 되는가?"라는 질문에 대해 다음과 같이 간단하게 대답할 수 있다.

우리는 안전을,

- 사람이 죄를 범했고
- 사람이 죄의 대상이 되었으며
- 세상 속의 죄와
- 사탄의 책략들에 의해 잃게 되었다.

당신의 안전을 위협하는 이와 같은 이유들에 대해 알게 되면 보다 중요한 질문이 당신을 기다리고 있다. "어떻게 하면 안전을 잃지 않을 수 있을까?"

당신 자신을 알려고 노력하라. 어느 영역이 어떻게 당신에게 상처를 주는지 조심스럽게 생각해 보라. 당신을 다른 사람과 단절시켰던 문제들을 해결할 방법을 생각해 보라. 그리고 무엇보다도 하나님은 당신이 하나님과, 그리고 다른 사람들과 화해하기를 원하신다. 예수님의 '하나가 되길 원하는 기도'는 당신을 위한 것임을 기억하기 바란다.

PART 02

◊◊◊◊

나는 해로운 사람을
유인하는가

Do I Attract Unsafe People?

CHAPTER 05
나에게
'안전 결핍증'이 있는가?

대개 사람들은 자신이 하나님께 속해 있다고 느껴질 때가 바로 좋은 사람들과 좋은 인간관계를 맺고 있던 때라는 것을 발견하게 된다. 반대로 하나님과 관계가 안 좋았을 때에는 사람과의 관계도 안 좋았다. 이 두 가지 원칙은 긴밀한 관계를 갖고 있다. 당신의 영적인 삶을 알고 싶으면 당신의 대인관계를 돌이켜 보면 된다.

내가 열두 살이었을 때 우리 가족은 산속의 한 휴양지로 휴가를 떠났다. 그곳에 머물던 어느 날, 우리 가족은 주변 경치를 보다 잘 볼 수 있는 높은 언덕 꼭대기까지 올라갔다. 경사가 심하게 진 언덕을 내려오는데 여동생 린의 걸음 속도가 조금씩 빨라지더니 주체할 수 없을 정도로 빠른 속도로 뛰어내려 갔다. 언덕 아래에는 철조망 울타리가 경사면에 둘러쳐져 있었다. 그런데 린이 이 철조망을 향해 달려 내려가는 것이었다. 너무 무서웠던 동생은 멈추려고 여러 번 시도했지만 소용이 없어 보였다. 그 경사진 언덕을 팔랑개비 돌 듯 달려 내려가던 린의 하얀 다리가 지금도 생생히 기억난다.

"린, 방향을 바꿔. 방향을 바꾸라고!" 아버지는 방향을 조금만 바꾸면 속도를 줄여 멈출 수 있다는 기대를 갖고 소리쳤다. 그 소리를 들은 린은 간신히 옆쪽으로 방향을 바꾸었고, 곧 언덕에 있는 큰 나무기둥에 어깨가 부딪치며 멈출 수 있었다. 린이 얼마나 심하게 부딪쳤는지 그 충격 때문에 빙글빙글 돌며 내려가는 속도가 줄어들었다. 린은 긴 철조망이 있는 곳에서 3미터 정도 떨어진 곳에서 멈추었다. 우리가 가서 보니 나무에 부딪친 충격으로 이미 심하게 멍들어 있었다.

여동생은 너무나 아파서 울고 있었다. 하지만 불행 중 다행으로 철조망은 피했다. 만약 린이 달려가던 그 속도로 멈추지 않고 철조망을 그대로 뚫고 내려갔다면 그 철사에 심하게 찔렸을 것이다. 최악의 경우 신체의 일부가 짤렸을지도 모르는 일이었다. 이 일이 있은 후 우리 가족은 이 사고를 이야기할 때마다 "린이 그 나무를 들이받은 것이 얼마나 감사한지 몰라요"라며 끝을 맺곤 했다. 정말 감사한 일이었다.

당신의 삶 속에 안전한 사람이 충분히 있는가?

해로운 사람을 사귀는 사람은 내 동생처럼 종종 통제가 불가능하다. 설상가상으로 이들에게는 린처럼 자신을 멈추게 할 수 있는 나무조차 없다. 그들을 기다리는 것은 단지 날카롭고 가시가 박힌 철조망뿐이다. 어려움에 처한 사람들이 도움을 청하면 따뜻하게 맞아 주기는커녕 도리어 심하게 상처를 주는 해로운 친구들이 바로 철조망이다. 하지만 해로운 사람을 사귀는 사람에게 정말 필요한 사람은 안전한 나무처럼 재앙으로부터 그들을 지켜 줄 든든한 친구이다. 다윗은 시편에서 "의인이 나를 칠지라도 은혜로 여기며"시 141:5라고 말했다.

많은 사람들이 철조망에 둘러싸여 살고 있다. 그런데 더 슬픈 것은 내 여동생 린처럼 재앙을 만나서 언덕 아래로 떨어질 때 막아줄 나무도 없이 그냥 가시 달린 철사에 매여서 산다는 것이다.

당신은 안전하고, 진실한 친구와 배우자를 만나려고 노력한다. 하지만 그럴수록 실망하고 용기를 잃기 쉽다. 하나님은 당신을 사랑하시고 사랑받기를 원하도록 만드셨다. 왜냐하면 사랑은 살아가게 하는 삶의 연료이기 때문이다. 그리고 하나님은 당신을 편안하고 즐겁게 해 주시기 위해 사람을 들어 쓰신다. 만약 당신이 당신을 뒷받침해 주는 인간관계를 안정적으로 맺고 있지 못한다면, 당신은 정서적이며 영적인 문제에 빠지게 될 것이다. 그러나 당신은 안전한 사람과 인간관계를 맺지 못하는 것이 문제라는 사실도 깨닫지 못한다.

어느 연구에 따르면 운동할 때 많은 양의 물과 적당한 휴식이 필요하다고 한다. 그렇지 않으면 아주 심각한 탈수현상을 일으키기 때문이다. 하지만 문제는 운동하는 동안에는 많은 사람이 갈증을 느끼지 못한다는 것이다. 오히려 운동 단계가 최고조에 달할 때에는 물 먹고 싶다는 생각이 도리어 메스껍게 만든다. 한편 몸은 물 부족을 예민하게 감지하고 있다. 마찬가지로 '안전한 사람 결핍증'이 있어도 사람들은 그것을 알아채지 못하고 문제 상황에 있다는 것조차 모른다.

그러면 당신이 '안전한 사람 결핍증'에 있다는 것을 어떻게 하면 알 수 있을까? 또는 안전한 사람들 사이에 있다는 것을 어떻게 알 수 있을까? 당신 삶의 네 가지 영역에서 '과연 내가 안전한 사람들과 관계를 맺고 있는가'를 고려해 보기 바란다. 그 네 가지 영역이란 인간관계, 직업과 일, 육신의 건강, 영적인 삶을 말한다.

인간관계

당신이 관심이나 사랑을 많이 받고 있는가를 알려면 그것에 대해서 많은 정보를 제공해 줄 수 있는 당신의 교우 관계에 대해 알아보면 된다. 다음의 질문들에 답해 보기 바란다.

1. 사람들과 관계를 형성할 때, 당신은 서로 주고받는 관계이기보다는 '주는 사람'일 경우가 많은가?
2. 사람들이 단순히 당신과 시간을 함께 보내려 하기보다 당신에게서 무엇인가를 얻고 싶어서 당신에게 접근하는 것을 느낀 적이 있는가?
3. 자신의 느낌과 문제에 대해서 마음을 여는 것이 어려운가?
4. 당신은 다른 사람이 당신의 감정적, 영적 지지자가 되기에 어렵다고 생각하는가?
5. 문제가 생겼을 때 당신은 혼자서 해결하는 것을 택하는가?
6. 당신이 자신의 마음 문을 열지 않을 때 많은 일들이 아무 문제없이 순조롭게 돌아가는 것을 본 적이 있는가? 그러나 당신이 스스로에게 정직할 때 다른 사람들이 당신에게 마음의 문을 닫는 것을 본 적이 있는가?
7. 당신은 하나님만이 당신을 진정으로 알고 당신의 모든 것을 사랑할 수 있는 유일한 분이라고 생각하는가?
8. 항상 당신을 실망시키는 사람을 선택하지 않는가?

9. 사람들과 친하고, 상처받기 쉽고, 서로 인격적인 관계를 맺는 것이 늘 일어나는 일이라기보다는 가끔 있는 일인가?
10. 다른 사람들과 인격적인 관계를 맺는 것이 관계형성을 하기 위한 노력이 아니라 다른 활동을 통해 얻어지는 부수적인 경우가 더 많은가?

만약 당신이 위의 질문 중 여러 질문에 '그렇다'고 대답한다면 당신은 '안전한 사람 결핍증'에 걸려 있는 것이다. 사람들은 자신의 성격과 스타일에 따라 다양한 방법으로 '안전한 사람 결핍증'을 경험할 것이다.

직업과 일

당신의 직장에서의 삶은 어떤가? 일, 활동, 재미, 여가활동이 모두 직장과 일의 영역이다. 활동적이고 바쁘고 생산적인 일을 하는 많은 사람들은 체력이 아무 이유 없이 저하되는 것 때문에 놀란 적이 있을 것이다. 대개 이것은 인간관계와 관련이 있다고 할 수 있다.

'월요병'이 좋은 예이다. 주말이 지난 후에 월요일이면 일상의 업무로 돌아오는데, 일해 본 사람이면 누구나 알겠지만 두렵고, 잘 해낼 용기가 부족해지는 경험이 있을 것이다. 당신은 월요병이 주말에 편히 지내다가 월요일부터 시작될 일상의 단조롭고 힘든 일에 대해 긴장하기 때문에 발생하는 증상이라고 생각할 것이다.

때론 그럴 수 있다. 그러나 종종 사람들은 금요일부터 일요일까지 다른 사람들과 관계를 맺지 않고 지낸다. 물론 이 시간 동안에 교회에 갈 수도, 야구를 할 수도, 스키를 타면서 밖에서 놀 수도 있다. 하지만 그들에게는 영혼 대 영혼의 깊은 관계는 없다. 이런 현상은 당신을 창조하신 하나님의 뜻과 다르다. 사람이 서로 깊은 관계를 맺으며 사는 것은 정말 기본적인 일이다. 예수님이 안식일에 다른 사람들과 회당에서 예배를 드렸을 때처럼 이 관계는 실로 영적인 깊은 관계를 맺는 것이다.

즉, 월요병은 일이 아주 힘들고 하기 싫어서가 아니라 아마도 주말 동안 다른 사람과 친밀한 관계를 맺지 못했기 때문에 생기는 병일 수도 있다.

'안전한 사람 결핍증'의 또 다른 증세는 업무를 끝내는데 어려움을 느끼는 것이다. 책상 위나 집 주위에 밀리고 쌓인 일들을 보고 혹시 당신은 이러한 생각을 해 본 적은 없는가? "이것들을 다 태워 버리던가 해야지. 이 일들을 어떻게 다

해"라고 할 만큼 많은 업무량에 대해 짜증을 낸다. 일반적으로 업무 처리는 원칙을 세워 정리를 하는 것이 좋다. 먼저 계획을 세우고 시간표를 짜라. 그리고 이것을 철저히 지키라. 종종 이 원칙이 해결책이 될 수 있을 것이다. 하지만 당신이 안전한 사람과 관계를 맺지 못했다면 원칙을 세우고 다 지켜도 업무를 해결하지 못할 수도 있다.

왜 그럴까? 하나님께서 당신을 창조하신 방법 때문이다. 당신은 다른 사람과 관계를 맺지 않고 살 수 없다. 하나님이 당신에게 지구상에 있는 모든 것을 다스리고 번성하라고 하시기 전에 먼저 서로 관계를 맺으며 살라고 하신 것을 기억하기 바란다. 다른 사람과 인간관계를 맺는 것이 첫 번째이다.

안전한 사람과 관계를 맺지 못해서 생기는 기능의 비효율적인 문제들 중 몇 가지를 보면 다음과 같다.

- 정신을 집중하지 못한다.
- 창조적인 사고를 할 수 없다.
- 위험을 감수할 수 없다.
- 체력의 손실이 심하다.
- 동기가 충분하지 않는다.
- 목적을 이루지 못한다.

맡겨진 업무를 훌륭히 수행하기 위해선 막대한 양의 에너지와 동기부여가 필요하다. 그런데 만약에 당신이 이상한 사람들 사이에 둘러싸여 있다면 맡겨진 일을 제대로 수행해 내지 못할 것이다.

육신의 건강

지난 몇 년 동안 연구진들은 몸과 마음의 긴밀한 관계에 대한 연구에 초점을 맞추어 왔다. 그런데 이러한 연구는 사람이 육체를 '가지고' 있는 것이 아니라 사람의 몸이 '육체'라고 성경이 2천 년 동안 말해 왔던 것을 확증한 것에 불과하다. 다윗이 고통 가운데에서 하나님에게 부르짖을 때 그는 심적으로, 육체적으로 극심한 아픔 가운데 있었다.

> "여호와여 내가 수척하였사오니 내게 은혜를 베푸소서 여호와여 나의 뼈가 떨리오니 나를 고치소서 나의 영혼도 매우 떨리나이다 여호와여 어느 때까지니이까"시 6:2-3.

겟세마네 동산에서 예수님의 고통은 육체적으로 땀이 되어 흘러나왔고 그 땀은 단순한 땀이 아니라 핏방울 같은 것이었다눅 22:44.

다윗과 예수님처럼 육신의 건강은 영적, 정서적 건강을 진단할 수 있는 척도가 된다. 사실 많은 의사들은 육체적 질병의 대부분의 원인을 인간관계와 밀접한 관련이 있는 정신적 스트레스와 감정적인 문제에서 찾는다. 그런데 이것은 전혀 근거 없는 이야기가 아니다. 다음 사항들을 잘 살펴보기 바란다.

- 만성적 두통
- 위장병
- 편두통
- 바이러스에 쉽게 감염됨
- 체중이 자꾸 늘거나 줄어듬

펜실베니아에 있는 작은 마을인 로제토는 사람의 육체적 건강과 정신적 평안의 관계에 관해 아주 좋은 예를 보여 준다. 오래전에 로제토 마을은 이탈리아 이민자들로 구성된 곳이었다. 이탈리아 이민자들은 보기 드물게 끈끈하고 오래 지속되는 인간관계로 유명했다. 사람들은 몇 세대가 지나도록 좋은 친구로 지냈을 뿐 아니라 서로 진심으로 관심을 갖고 돌보았다.

그런데 이 마을은 이런 인간관계로 유명한 것만이 아니

라 장수 마을로도 널리 알려져 있었다. 이 마을 사람들의 평균 수명은 미국의 다른 어느 도시민들보다도 월등히 높았다. 연구가들은 이런 현상이 왜 이 마을에서만 나타나는지 연구하기 시작했다.

오래 지나지 않아 연구가들은 아주 중요한 요인을 찾아내었다. 그것은 바로 인간관계에 있었다. 이 마을 주민들 사이의 인간관계는 다른 지방에서 찾아볼 수 없을 정도로 깊었다. 그런데 좀 더 시간을 갖고 연구해 보니 중요한 사실이 두 가지 더 발견되었다.

첫째는 로제토 마을의 주민들은 자신들의 건강에 대해서는 그다지 신경쓰지 않는다는 사실이었다. 이들은 소고기와 지방이 많은 음식을 주로 먹었고, 여느 미국인들과 마찬가지로 담배도 많이 피우고 술도 많이 마셨다. 그럼에도 불구하고 이들은 다른 미국인들 보다 더 오래 살았다.

둘째는 90세 이상의 마을 노인들을 조사한 결과에서 발견되었다. 이 연구가 진행되고 있을 때 미국은 산업화가 한창 진행되고 있을 때였다. 그래서 이 마을 주민들은 일거리를 찾아 마을을 떠났고 새 사람들이 이 마을로 이주해 왔다. 이 마을에서 오래 살던 주민들은 새로 이사온 사람들이 그동안 친하게 지내던 사람들과 다르다는 것을 발견했다. 그 결과 그동안의 끈끈하고 깊었던 인간관계는 깨졌다.

과연 무슨 일이 일어났을까? 마을 사람들 사이의 관계가 허물어지면서 평균 수명이 크게 단축되기 시작했다. 당신 중에 만약 로제토 마을로 이사가야겠다고 마음먹은 사람이 있다면 다시 생각해 보기 바란다. 왜냐하면 이곳은 더 이상 장수 마을이 아니기 때문이다. 이 마을에 사나 다른 곳에 사나 이제 평균 수명은 동일하다.

이 예는 안전한 사람들과 좋은 인간관계를 맺으며 사는 것이 육신의 건강에 얼마나 큰 영향을 미치는지 명백하게 보여 준다고 하겠다.

영적인 삶

마지막으로 안전한 사람과의 인간관계가 없는 사람은 하나님과의 인격적인 관계를 맺는 데에도 큰 어려움이 있다는 것을 알아야 한다. '대인관계'와 '영적인 삶'은 서로 꼬여 있는 실타래처럼 밀접한 관계가 있다.

이것은 중요할 뿐 아니라 현실적인 문제이기도 한다. 사람들은 종종 영적이지 않은 일에서 영적인 일을 깨닫곤 한다. "만약 누군가, '나는 하나님을 사랑한다'라고 말하는데 그가 자신의 형제나 이웃을 아주 미워하고 있다면, 그는 거짓말을 하고 있다고 할 수 있다. 누구든지 바로 옆에 있는 자신의 이웃이나 형제를 사랑하지 않고는 보이지 않는 하나님을 사랑할 수 없다"요일 4:20. 해로운 사람은 하나님의 참된 속성을 왜곡한다.

사람들이 흔히 말하는 것과 달리 하나님과 동행하는 삶은 다른 사람들에 의해 영향받을 수 있다. 주변의 사람들은 당신이 하나님과 안전한 관계를 맺는데 큰 영향을 미친다. 기독교인들에게 상처를 입은 많은 사람들이 그리스도 예수와 친밀한 인격적인 관계를 맺는데 실패했다.

> "낙심한 자가 비록 전능자를 경외하기를 저버릴지라도 그의 친구로부터 동정을 받느니라"욥 6:14.

혹시 당신도 안 좋은 친구 때문에 전능하신 하나님으로부터 떠난 적이 있는가? 만약 그랬더라도 당신만 그런 경험이 있는 것은 아니다.

당신과 하나님과의 오랜 관계에 대해서 잠시 생각해 보

기 바란다. 당신은 포근하고 친밀했던 시간뿐 아니라 의심과 걱정의 시간들도 생각날 것이다. 심지어 하나님이 당신에게 비판적이고 위험하고 냉담하다고 느껴졌던 시간까지도 떠오를 것이다. 당신의 그동안의 영적인 여행의 시간표를 한 번 길게 그려 보기 바란다. 그리고 하나님과 동행했던 내용들도 짧게 적어 보기 바란다.

이 시간표 아래에 다른 시간 여행표도 그려 보라. 이 표는 바로 당신이 이 기간 동안 다른 사람들과 어떤 관계를 맺었는지를 보여 주는 것이다.

그 두 시간표 사이에 서로 평행적인 관계가 있는가? 대개 사람들은 자신이 하나님께 속해 있다고 느껴질 때가 바로 좋은 사람들과 좋은 인간관계를 맺고 있던 때라는 것을 발견하게 될 것이다. 반대로 하나님과 관계가 안 좋았을 때에는 사람과의 관계도 안 좋았던 것을 알게 될 것이다. 이 두 가지 원칙은 긴밀한 관계를 갖고 있다. 당신의 영적인 삶을 알고 싶으면 당신의 대인관계를 돌이켜 보면 된다.

요약하면 '안전한 사람 결핍증'은 당신이 하나님의 풍성한 은혜를 경험할 수 없도록 막을 수도 있다. 뿐만 아니라 이것은 당신을 하나님으로부터 멀어지게 할 수도 있다.

CHAPTER 06

왜 나는 해로운
인간관계를 선택하는가?

솔직히 털어놓을 수 없다는 것은 해로운 인간관계를 갖게 된다는 의미와 같다. 다른 사람과 대면할 수 없는 것은 마치 울타리 없는 농장과 같으며 살갗 없는 육체와 같다. 살갗이 없는 사람은 아무리 조심하더라도 보호막이 없기 때문에 독이 묻거나 감염되기가 아주 쉽다. 상처를 잘 주고 예의 바르지 못한 사람과 대면하여 그 불만에 대해서 이야기하지 못하는 사람은 자신에게서 취할 수 있는 이익은 다 갖고 가라고 손 내리고 가만히 있는 것과 다를 바 없다.

로저는 대인관계에 대해 환멸감을 가지고 있었다. "선생님도 아시다시피, 저는 다른 사람과도 '예수님과 나' 같은 인간관계를 맺을 수 있다고 생각했죠. 저는 나쁜 사람을 더 이상 견뎌낼 수가 없어요. 새로운 사람을 만날 때마다 이번에는 정말 괜찮은 사람을 만나는 것처럼 보였어요. 그럴수록 저는 더 용기가 생겼죠." "그래서요?" 내가 물었다. "제가 톰과 친구가 되었을 때에 그는 실의에 빠져 있었지요. 그의 아내가 그를 버리고 떠났을 뿐 아니라 직장에서 해고까지 당했어요. 그래서 전 도와주려고 했죠. 저는 톰을 우리 집에서 살도록 했는데 우리 집에 있으면서 그는 건강을 되찾았어요. 이 과정에서 우리는 꽤 좋은 친구가 되었지요. 아니, 적어도 제 생각엔 그랬죠. 저는 철석같이 그를 믿었거든요. 그래서 제 개인적인 문제, 그러니까 가족과 싸운 거 같은 문제도 그에게 말해 주었죠.

그런데 톰이 사정이 조금 나아지고 제가 그의 생각에 동의하지 않자, 그는 저에게 철저히 등을 돌리더군요. 전 단지 그가 하려는 사업에 관한 일이나, 전에 만났던 사업파트너가 안 좋다고 했을 뿐인데…. 저에게 등을 돌리더니, 동네방네 돌아다니며 제가 말했던 사소한 문제들까지도 떠벌리고 다니는 거 있죠.

선생님은 믿기 어려울 거예요. 저는 고민이 되어서 변호사 사무실에 찾아갔어요. 그런데 변호사는 오히려 제가 톰에게 한 일을 믿을 수 없다고 하더군요. 그도 저를 믿지 못하더군요. 저는 동네 망신만 당하고 말았어요. 톰을 도우려고 한 것 밖에는 없는데…. 지금 제 꼴 좀 보세요."

정말 그는 멍하니 얼이 빠져 있는 것처럼 보였다.

내가 그에게 더 물어보자 그는 친한 친구에게 배신 당한 것이 이번이 처음이 아니라고 했다. 사실 누구든지 자신의 친한 친구에게서 배신을 당하면 로저처럼 다음 질문을 하게 된다.

"왜 난 적어도 날 배신하지 않을 친구를 찾을 수 없었던 것일까?"

나는 왜 안전한 인간관계를 맺을 수 있는 사람을 찾지 못하는가?

감정적 치유와 영적인 성숙을 위해서 인간관계의 중요성을 강조할 때마다 사람들은 항상 "그런 안전한 인간관계를 맺을 수 있는 좋은 사람이 어디에 있나요?"라고 묻는다. 아마도 사람들은 좋은 인간관계를 맺을 수 있는 믿을 만한 사람들이 없다고 느끼는 것 같다. 그러나 정작 문제는 사람들이 그런 좋은 인간관계를 맺을 만한 사람들을 선택할 수 없다는 데 있다. 당신은 왜 관계 맺기에 좋은 사람과 아닌 사람을 구분할 수 없는 것일까? 왜 어떤 사람은 관계를 깨뜨리기를 잘하는 사람들을 선택하는데 은사를 받은 것처럼 보일까? 이 은사 아닌 은사를 받은 사람들은 자신들에게 상처를 줄 사람들과 항상 잘도 친해진다. 이들은 단순히 운이 없어서일까? 아니면 단순히 그들이 좋지 않은 인간관계를 맺는 것은 우연의 일치일 뿐 다른 인위적인 요인은 없는 것일까?

사실은 그렇지 않다. 아무리 순수하고 순진한 사람이 배신당한다고 하더라도 사람이 인간관계로 인해 상처를 받는 경향이 있는 이상 항상 우연 때문이라고 할 수 없을 것이다. 파괴적인 인간관계를 거듭해서 경험하는 사람이라면 자기 스스로가 '나쁜' 사람들을 연결하는 공통분모의 역할을 하고 있다는 사실을 깨달아야만 한다.

하지만 이런 사람은 나쁜 인간관계의 문제 요인을 깨닫기가 매우 힘들다. 이 사람은 나쁜 인간관계나 인간관계의 단절을 경험할 때마다 로저처럼 그동안 만난 사람들이 믿을 만하지 못했기 때문이라고 원인을 다른 사람들에게 돌려버리기 쉽다. 결국 이 사람은 인간관계에 대한 착각에서 깨어나게 되고 인간관계 자체를 포기하게 된다. 왜냐하면 이 사람은 내부에서가 아닌 외부에서 그 문제들을 바라보는 경향이 있으며 잘못되고 나쁜 것은 다 상대방의 것이라고 생각하기 때문이다.

그러나 "왜 너는 네 눈의 들보는 보지 못하고, 다른 사람의 눈에 있는 티끌은 보느냐? 네 눈에 들보가 있는데 어찌하여 이웃에게 '네 눈의 티끌을 빼주겠다'라고 하느냐 너희 위선적인 자들아, 네 눈의 들보를 빼고서야 네 이웃의 티끌을 바로 볼 수 있느니라"마 7:3-5고 예수님이 하신 말씀을 기억해야 한다.

예수님은 이 말씀에서 사람이 자신의 문제를 보기보다는 다른 사람의 잘못에 초점을 맞추는 것을 빗대어 이야기하고 계시다. 당신은 다른 사람을 판단하는데 방해되는 요소를 알아보지 못한다. 당신 자신과 당신의 성격이 문제이다. 당신이 겪는 많은 잘못된 인간관계의 문제는 당신의 잘못이다. 이 장에서는 바로 이 문제를 다루겠다. 당신의 성격적 결함은 당신이 잘못된 사람들을 선택하게 하는데 원인이 된다.

당신은 자신의 문제를 직접 부딪쳐 보지 않았기 때문에 안전하지 못한 사람을 선택하는 것이다. 제시는 이 원칙을 아주 멋있게 설명했다. 어느 날 그룹 치료시간에 그녀는 이렇게 말했다. "이번에는 꼭 더 잘할 거예요. 난 아홉 명의 남자들과 결혼했는데, 그들 모두는 참을 수 없을 정도로 이상한 사람들이었거든요."

그러자 그룹 어디선가 이런 소리가 들렸다. "아니에요. 그렇지 않아요. 당신은 아홉 개의 다른 이름을 가진 한 남자와 결혼한 것이 문제였죠." 물론 제시는 처음에 깜짝 놀랐지만 시간이 지나면서 깨달았다. 비록 그녀의 남편들이 모두 달랐지만 이들은 그녀에게 상처를 주려는 같은 경향을 가진 남자들이었다.

어떤 사람은 드러내놓고 폭력적이었고, 어떤 사람은 수동적으로 움츠러드는 사람이었을 수도 있고, 또 어떤 사람은 날카롭게 비판적이었을 수도 있다. 그러나 이들 모두는 그녀가 정말 갈망하던 사랑을 줄 만한 능력이 없었다.

제시가 이런 나쁜 선택을 피하고 정말로 원하는 사랑을 얻으려면 다른 것을 배워야만 했다.

> "모든 지킬 만한 것 중에 더욱 네 마음을 지키라 생명의 근원이 이에서 남이니라" 잠 4:23.

당신 자신을 돌이켜 보는 것을 가로막는 것은 당신 마음에서 나온다. 그러므로 상처받았던 대인관계의 악순환이 계속 된다면 마음속에 있는 어떤 것이 이런 일이 일어나게 하는지 먼저 알아야만 한다. 지금부터 무엇이 당신으로 하여금 해로운 사람을 선택하게 하는지 알아보자.

성격을 잘 파악하지 못한다

당신이 인간관계를 단절시키기 쉬운 사람을 자주 만나게 되는 이유는 우선 성격을 파악하는데 서투른 것을 들 수 있다. 사람들은 사람을 선택할 때 성격을 가장 중요한 요소로 생각하지 않는다. 사람들은 흔히 다른 사람의 매력이나 멋있어 보이는 점에 끌린다. 이런 선택은 다분히 주관적이다.

어떤 면에서 보면 마음은 대부분 주관적이고 무의식적이지만 이것이 무조건 나쁜 것이라고 말할 수는 없다. 영혼의 깊은 연관이 항상 이성적 판단 하에서 이루어지는 것은 아니다. 만약 그렇다면 삶 자체가 너무 지루해 질 수 있다. 사람의 무의식적인 부분도 나름대로 지혜를 가지고 있어서 어떤 면에서는 당신의 마음이 무엇을 원하는지 무엇을 필요로 하는지 알고 있다. 이것은 일리가 있는 말이다.

그런데 하나님은 사람을 창조하실 때 이성과 감성 두 가지 요소를 모두 주셨다. 이성과 감정이 서로 충돌할 때 사람은 문제에 봉착하게 된다. 당신은 사람을 선택하는데 이성과 감정 두 가지를 조화롭게 사용해야 한다. 당신이 어느 사람에게 감정적으로 끌리고 있는데 이성을 무시하면 결국 위험에 빠지기가 쉽다. 그러면 당신이 선택한 사람이 당신의 요구를 만족시킬 수 없을 뿐 아니라 선택한 그 사람의 성격이 당신의 성격과 끝내 문제를 일으키고 결국 결별을 선언하게 된다. 왜냐하면 당신의 마음은 내면의 아픔을 찾아내도록 프로그램 되어 있을 뿐 아니라 내면의 아픔을 치유할 수 있는 인간관계를 갈구하기 때문이다. 많은 기독교인 청년들이 사랑하지도 않고 서로 의견도 맞지 않는 사람과 감정에 이끌려 사랑에 빠지는 것이 좋은 예이다.

예수님은 사람들에게 삼가 자신을 돌이켜 보라고 말씀하셨다. 그런 뒤에야 관계를 맺기에 알맞은 사람을 정확하게 선택할 수 있기 때문이다. 하지만 사람들은 자신이 가지고 있는 문제들 때문에 다른 사람의 좋지 않은 모습을 간과하게 된다. 당신이 순진한 희생자가 되지 않기 위해서는 먼저 당신에게 올바르게 선택할 수 있는 능력이 부족함을 깨달아야 한다.

외로움과 버림받을 것에 대한 공포

친밀한 관계의 부재는 사람이 해로운 사람을 선택하는 큰 이유 중 하나이다. 만약 당신이 다른 사람과 친밀한 관계를 맺을 수 없다면 당신은 해로운 사람을 선택하기 쉽다. 만약 어떤 사람이 자신의 내면에서 고립되어 있다면 이 사람은 자신의 문제를 털어놓을 때까지 고립을 강요하는 관계만을 원할 것이다.

버림받는 것에 대해 공포가 있는 사람도 계속해서 고립된 인간관계를 형성한다. 오랫동안 힘든 인간관계에 있던 사람은 다른 사람과의 사이에 굳은 경계를 형성하던가, 아니면 모든 인간관계를 그냥 끊어 버린다. 하지만 이 사람은 동시에 고독도 두려워해서 완전히 끊지는 못한다. 이 사람은 다른 사람에게 접근하든지, 아니면 관계를 끊든지 둘 중 하나의 생각만 한다. 상실감과 고독감에 늘 압도되어 있어 다른 사람과 관계를 맺는 어려움을 피하든지, 아니면 다른 관계로 옮겨 가든지 한다. 애초에 안전하며 유익을 주는 관계를 경험했기 때문에 혼자 있기보다는 해로운 사람이라도 교제를 나누기 원한다. 이와 같이 '도' 아니면 '모'라는 식의 관계 형성은 고립이나 버림받는 상태를 지속시키게 된다.

하나가 되고 싶은 마음
수지가 사랑에 빠졌다. 그녀는 내 사무실에 앉아서 그녀의 삶 속에 들어온 새로운 남자에 대해서 황홀한 듯 이야기했다. 닐은 그녀가 가진 그 무엇보다도 소중했으며 그녀는 전에는 느껴보지 못했던 감정이라며 아주 행복해 했다. 닐은 경제적으로 넉넉했으며 자신의 업무에서도 능력을 인정받고 있었다. 또한 그는 그녀와 함께 다니는 교회의 청년부에서 리더로 활동하고 있었다.

그녀가 평소에 바라던 것들이 닐에게 많이 있어서 그는 그녀에게 더욱 멋져 보였다. 강하고 적극적인 닐은 어디서든 어느 상황이든 다 이겨내고 잘할 수 있는 것처럼 보였다.

그러나 내가 수지에게 그와의 관계에 대해서 물어보면 물어볼수록 그들의 관계가 구체적이지 않다는 것을 발견했다. 그녀에게 닐과 얼마나 친한지 물어봤을 때, 그녀는 내가 원하는 대답이 아닌 그가 얼마나 멋진 남자이고 얼마나 근사한 지에 대해 말하기 시작했다. "그는 이런 것도 하고요, 저런 것도 알고요, 그런 것 중에서 하나도 갖고 있어요"라는 식의 이야기를 그냥 계속 했다. 하지만 닐은 정작 그녀를 소중히 여기며 진정한 관심을 보이는 것 같지는 않았다. 그는 자신의 멋진 모습을 지지해 주는 사람으로 그녀를 이용하는 것으로 보였다(실제로 수지는 아주 매력적이다). 사실 그녀는 그를 지지하고 좋아해 주는 그런 사람 중에 하나에 불과했던 것이다.

내가 이러한 사실을 그녀에게 말하자 그녀는 받아들이려고 하지 않았다. 그녀는 그와 이렇다 할 관계나 내용이 없다는 사실을 받아들일 수 없었다. 수지는 모든 즐거움과 환상이 걷히고 나면 자신은 속이 텅 빈 껍데기뿐인 사람이었다는 것을 잘 알게 될 것이다.

그녀는 도대체 왜 그랬을까? 심리학자들은 '하나가 되고 싶은 마음' 때문이라고 진단한다. 그녀는 자신의 정체성과 닐의 것을 합침으로써 자신에게 결여되어 있던 것들을 자신의 것으로 만들려고 한 것이다. 수지의 가족은 가난했다. 그리고 그녀의 아버지는 수동적이고 그다지 성공한 인생이라고 말할 수 없었다. 그녀는 자신의 정체성을 닐과 동일시함으로써 자신의 열등감과 초라한 집안 배경을 만회할 수 있다고 생각했던 것이다. 닐의 성공적인 이미지와 경제적인 넉넉함, 교회에서든 직업의 분야에서든 앞서가는 능력들은 수지에게 없던 것들이었을 뿐 아니라 부러워하던 것들이었다. 그래서 수지는 닐을 통해서 자신이 원하던 것의 일부를 얻으려 했던 것이다.

이 요인 외에도 수지가 하나가 되고 싶은 마음을 가진 또 다른 이유가 있다. 닐은 적극적이고 강인했다. 그래서 다른 사람에게 자신을 주장하고 내세우는데도 서슴지 않았다. 하지만 수지는 강한 사람들 사이에서 자신의 의견을 주장하는 것을 무척이나 어려워했다. 강하게 주장하는 능력이 부족한 그녀는 대신에 동료를 사랑하고 그들에게 친절히 대해 주는 것으로 그 약점을 보완하고 있었다. 그녀는 자기 주장이 강해지고 강인한 사람들 사이에서 당당하게 행동하는 방법을 배운다는 것을 생각만 해도 아주 무서울 정도였다. 그녀는 다른 사람들과의 갈등을 무척 싫어했기 때문이다.

그래서 강인한 남자를 자기 옆에 두는 것만으로도 그녀의 문제는 모두 해결되었던 것이다. 그녀는 강인한 사람이 되는 법을 배울 필요가 없었다. 왜냐하면 강인한 남자를 옆에 두었기 때문이다. 그녀는 목적을 이루기 위해 이리저리 재지 않아도 되었고, 다른 사람들을 설득하지 않아도 되었다. 강인한 남자가 옆에 있기 때문이었다. 그와 함께 있는 것만으로도 그녀는 모든 것을 다 해낸 것이었고 더 할 필요도 없었다.

이렇게 '하나가 되고 싶은 마음'은 힘들여 어렵게 노력할 필요 없이 강한 사람과 자신이 하나가 됨으로써 자신이 원했던 정신적 성장과 성공을 거둘 수 있다는 생각에 기초를 두고 있다. 그러나 이것은 현실 속에서는 다른 사람들과의 관계에 금이 가게 하며 파괴적인 선택을 하게 한다.

대면하는 것의 두려움

안드레아도 해로운 사람을 친구로 선택하는 경향이 있었다. 그녀는 자신에게 좋은 것을 많이 해 주는 한편 상처도 많이 입히는 친한 친구가 한 명 있었다. 안드레아가 최근에 사귀고 있는 산드라는 안드레아를 위하는 마음도 있고 지적이고 믿을 만한 사람이었지만 비판을 잘하는 사람이었다.

안드레아는 종종 그녀에게 무엇이 가장 좋은지 알고 있기라도 하듯이 내뱉는 산드라의 말 때문에 상처를 받곤 했다. 그래서 산드라에게 자기 일이나 신경쓰라고 말하거나 산드라가 의례 그런가 보다 하고 무시할 수도 있었다.

하지만 안드레아는 그렇게 하지 않았다. 안드레아는 산드라로부터 잘했다는 칭찬을 받으려고 노력하면서도 칭찬을 받지 못하면 불평을 늘어놓았다. 마침내 안드레아는 상담을 받기 위해 나를 찾아왔다. 내가 안드레아에게 무엇을 하려고 노력하였는지를 물었더니, 그녀는 "실은 아무 노력도 하지 않았어요. 그러니까 난 산드라를 기쁘게 해 주려고만 했어요"라고 말했다.

"안드레아, 산드라가 당신에게 비판적일 때 기분이 안 좋다라든가, 아니면 듣고 싶지 않다라든가 그런 말을 한 적 조차 없나요?"

"선생님, 농담하시는 거죠? 전 산드라에게 그렇게 말할 수 없어요." 안드레아는 누구든지 산드라와 정면대결을 할 수도 있다는 생각에 아주 놀라는 것 같았다.

"안드레아, 산드라에게 '너를 정말 좋아하고 오래도록 좋은 친구로 남고 싶지만, 충고는 내가 원할 때 해 달라'고 왜 말을 못하나요?"라고 물었다.

안드레아는 내가 제시한 해결책을 할 만한 준비가 되어 있지 않았다. 대신 그렇게도 어려워 보이던 문제들이 이제는 쉬워 보인다는 것을 발견하기 시작하였다. 우리가 이 문제에 대해서 이야기하면 할수록 비판적인 사람들과 대면하는 것이 그녀에게는 항상 골칫거리였으며 과거에 비판적인 사람들에게 상처를 받은 경험도 있었음이 발견되었다. 그녀가 과거에 비판적이거나 상처를 잘 주는 사람과 사귈 때 그들과 대면하여 이 문제에 대하여 이야기하는 것이 힘들어 안드레아는 문제를 해결하지 못하고 반복했던 것이었다.

사람들과 문제가 생겼을 때 솔직히 털어놓지 못하는 이유는 상처 주는 사람들과의 관계가 끝이 나는 것을 두려워하기 때문이다. 그래서 비판적인 사람들에게 직접 권면을 못한다. 이것은 마치 물을 찾는 오리와 같다. 좋은 울타리를 가지고 있고 다른 사람에게 권면할 수도 있고 다른 사람과의 관계에서 발생하는 문제를 해결할 수 있는 사람이라면 안드레아가 계속 겪어 왔던 상처만 입히는 사람을 만나지는 않을 것이다. 이들은 성경적인 권면을 통해 상처만 입히는 해로운 사람들을 잘 다룰 수 있다. 하지만 이것을 두려워하거나 할 수 없는 사람들은 말 그대로 해로운 인간관계를 계속 맺을 뿐 아니라 결코 안전한 사람들과 좋은 인간관계를 맺지 못할 것이다.

솔직히 털어놓을 수 없다는 것은 해로운 인간관계를 갖게 된다는 의미와 같다. 다른 사람과 대면할 수 없는 것은 마치 울타리 없는 농장과 같으며 살갗 없는 육체와 같다.

살갗이 없는 사람은 아무리 조심하더라도 보호막이 없기 때문에 독이 묻거나 감염되기가 아주 쉽다. 상처를 잘 주고 예의 바르지 못한 사람과 대면하여 그 불만에 대해서 이야기하지 못하는 사람은 자신에게서 취할 수 있는 이익은 다 갖고 가라고 손 내리고 가만히 있는 것과 다를 바 없다. 그러므로 이런 사람은 계속해서 미덥지 못한 사람과 해로운 인간관계를 맺게 될 수밖에 없다.

낭만적인 공상

낭만적인 공상은 상황을 이상적으로 보는 방법이다. 그래서 대부분의 몽상가는 현실의 결점이나 실수는 생략한 채 좋은 부분만 본다. 이 사람은 다른 사람의 결점이나 실수는 보지 못하고 다른 사람을 낭만적으로만 보기 때문에 실제보다 더 좋게, 더 크게 본다. 심지어 몽상가는 예의 바르지 못한 사람의 힘이나 공격성을 이상화하거나 학대하는 사람이 사람들 사이에서 얼마나 능력 있게 잘 지낼 수 있는지를 찬양하고 그런 사람이 다른 사람에게 저지를 수 있는 상처 주는 말이나 행동은 잘 보지 못한다.

메리는 낭만적인 공상을 하는 사람 중 하나였다. 그녀는 아주 무책임한 남자와 데이트를 하고 있었다. 그녀는 그가 산만하고 창의성이 부족하고 그의 상사의 눈에 들지 못해 한 가지 직업을 계속 가지지 못한다는 것과 돈을 낭비하고 펑펑 쓴다는 등의 그의 부정적인 모습을 다 알고 있었다. 하지만 그녀는 남자 친구의 이런 문제들을 직시하지 못했다.

낭만적으로 생각하는 사람들은 해로운 사람들을 계속 만나게 된다. "고운 것도 거짓되다"라고 성경은 말한다. 진실된 인간관계는 낭만적인 생각과 관념을 넘어서 진실된 사랑과 친밀감을 느끼게 한다. 그러나 몽상가들은 현실을 원하지 않는다. 왜냐하면 과거에 경험했던 현실은 항상 그들에게 실망스러운 것이었기 때문이다. 낭만은 그들이 과거에 가져왔던 많은 실망들을 상쇄시켜 주었고 그들이 지난날 부인했던 슬픔을 보상하고 미래를 이상화 할 수 있게 해 주었다. 그러나 사람은 늘 자신이 부정했던 그 현실로 돌아오기 마련이다. 그리고 낭만에서 깨어나면 자신을 슬프게 했던 사실들과 직면하게 된다. 이 사람들은 고통스러운 현실을 피하고 싶지만 해로운 사람들과 다시 새로운 낭만적인 관계를 맺으며 새로운 고통의 현실을 만들게 된다.

도움이 필요한 경우

제리는 민디를 뭐라고 설명할 수 없을 정도로 좋아했다. "난 이제까지 어느 누구와도 그 정도로 깊은 관계를 느껴본 적이 없어요. 난 그녀를 잊을 수가 없어요."

지난 5년간 가슴 아프게 했던 관계를 잊을 수가 없었던 제리는 친구와 함께 도움을 구하려고 왔다. 그러나 그의 친구들은 더 이상 제리에게 뭐라고 말해야 할 지 알 수 없었다.

제리의 친구들은 모두 민디와 함께 있는 것이나 그녀를 즐겁게 해 주는 것이 얼마나 어렵고 힘든지, 그녀가 사소한 일에 얼마나 목숨 걸고 사는지 다 알고 있었다. 친구들은 기회 있을 때마다 제리에게 민디와 헤어져야 한다고 말했지만 제리는 항상 같은 대답만 했다.

"우리의 인연은 너무 질겨."

이런 제리가 그 인연에서 벗어나기 위해 상담을 받으러 찾아온 것이다. 그도 민디와의 교제를 지속하기가 너무 어려웠기 때문이다. 그는 자신이 느꼈던 강한 인연의 느낌을 모두 털어놓았다. 만약 헤어지면 우선 제리가 끊어진 관계를 잊지 못할 것이며 민디에게 슬프거나 나쁜 일들이 생기면 제리를 다시 찾게 될 것이므로 둘은 헤어질 수 없다는 것이었다. 사실 그들이 가졌던 가장 좋은 시간은 제리가 민디에게 위로나 도움이나 돈 등과 같은 것을 줄 때였다.

사실 그들은 성숙한 교제를 나누고 있지 않았다. 이들은 무엇인가로부터 탈출하기 위해 필요했던 관계였다. 그녀가 고통 가운데 있거나 도움이 필요할 때 이들은 가까웠지만 그렇지 않을 때에는 모든 것이 뒤죽박죽 엉망진창이었다.

우리가 함께 대화하고 문제를 해결해 나갈수록 제리는 자신이 그녀에게 구원자였다는 것을 알게 되었다. 그들은 서로가 필요했다. 민디는 자신의 필요를 채워 줄 수 있는 사람을 선택했다. 그리고 제리는 민디의 필요를 채워 주었다.

제리는 만족하지 않고 항상 무엇인가를 원하는 어머니 밑에서 구원하는 방법을 배웠다. 그의 아버지가 무엇을 하든지 어머니는 만족하지 못했다. 그리고 제리는 어머니를 보면서 가까워지려면 돌보아 주는 것이라고 배웠다. 이것이 제리와 어머니와의 관계였다. 그리고 제리는 이제 도움이 필요한 사람과 교제하고 있는 자신을 발견하게 된 것이다. 그래서 그는 그녀를 떠날 수 없었던 것이다.

구제가 필요한 사람들은 자신의 삶에 대해 책임감을 느끼지 않는다. 그리고 자신의 삶에 책임을 느끼지 않는 사람들은 안전한 사람들이 아니다. 비록 아주 친절할지라도 안전한 사람들이 아니다. 즉, 이들은 성숙하지 않고 자신을 구제해 줄 사람들 사이에서도 성숙하고자 하는 마음을 갖지 않는다. 이들은 성숙한 사랑을 하기 어렵다. 왜냐하면 도와주는 사람은 도움이 필요한 해로운 사람이 필요하고, 도움은 해로운 사람에게로 항상 돌아가기 마련이기 때문이다.

익숙함

태미는 "난 어디에 무엇이 있는지 뻔히 알기에 지옥에서 나오기 싫어"라고 농담으로 말했다. 그녀는 마음에 상처받았던 경험이 여러 번 있었지만 자신의 습관을 고치기 힘들 것이라는 사실 또한 알고 있었다. "그냥 이대로 살면 안 되나, 뭐?" 그녀는 때때로 이렇게 말하곤 했다. 그럴 때마다 내 대답도 항상 똑같았다. "그럼 그렇게 사는 것이 쉬웠어?" 그러면 그녀는 다시 습관을 바꾸어야겠다고 마음을 고쳐먹곤 했다.

태미는 상처받는 관계를 맺는데 아주 익숙한 사람들 중에 하나였다. 그녀는 매번 자신에게 상처를 주는 사람을 만나곤 했다. 그녀는 자기중심적인 남자들만 만났다. 겉으로 보기에는 모두 달라 보였지만 이들은 모두 비슷한 방법으로 그녀와 가까워졌다. 그녀는 남자 친구를 즐겁게 하려는 책임감으로 사는 듯 보였다. 그리고 그녀의 남자 친구들의 내면은 하나같이 어린아이 같았다. 그들은 자기를 건장한 남자로 느껴줄 누군가가 필요한 사람들이었다. 그리고 태미는 그것을 너무 잘했다. 그녀는 그들을 이상화하기도 하고 숭배하기고 하고 그들이 항상 옳고 사람들이 모두 그들을 무서워하는 듯이 행동하였다.

우리는 이 관계에 대해서 깊이 생각해 보면서 태미가 사귄 모든 남자가 그녀의 아버지와 닮았다는 사실을 발견하게 되었다. 그녀의 아버지는 온 가족이 그를 대단한 사람으로 여기는 것을 좋아하는 자기애에 빠진 사람이었다. 그리고 태미는 그런 가족을 더 부추기는 리더의 역할을 아주 잘 소화해 낸 딸이었다. 그녀는 아버지에게 한 번도 반대한 적이 없었으며 아버지가 특별하다고 느끼도록 행동하였다. 아버지가 자신의 성취를 과장할 때나 자신의 결점을 인정하지 않으려 할 때 다른 가족은 잠자코 듣고 있었다. 그러면 어머니는 더 듣기 좋게 아버지를 추켜 세우곤 했다.

그래서 태미는 이미 잘 알고 있는 것을 했던 것뿐이다. 그녀는 이런 행동양식을 아버지에게서 배웠으며 어머니를 통해 형성했고 세 번의 결혼 생활 동안 지속시킨 것뿐이었다. 그녀는 이것을 문제로 생각해 본 적이 없었다. 이것들은 모두 그냥 자연스럽게 일어난 일, 아무런 의지 없이 그냥 일어나는 일이었다.

하나님은 사람들이 가정 안에서 배우도록 창조하셨다. 하나님의 계획 가운데에는 가정에서 정직과 책임감과 사랑을 배워야 하는 것이 포함되어 있다. 그러나 가족 간에 이것 아닌 '다른 것'들이 이미 형성되어 있다면 자녀들은 그것을 배우게 된다. 태미는 '다른 것'을 배운 것뿐이다. 그녀는 인간관계를 맺는 잘못된 방법을 배운 것이다. 가족에게 너무 익숙해져 있던 것을 그녀는 그저 따랐을 뿐이다.

태미처럼 당신은 다른 새로운 것에 익숙해지기 전까지 이미 당신에게 익숙한 것을 배우는 것이다.

죄책감

죄책감 또한 해로운 사람과 관계를 맺게 한다. 죄책감을 가지고 있는 사람은 자신의 삶에서 죄책감을 유발할 사람을 찾기 마련이다. 죄책감을 유발하는 사람은 자신의 불행이 죄책감을 느끼는 사람의 잘못 때문인 것처럼 만든다. 그리고 죄책감을 느끼는 사람은 다른 사람의 격정과 분노와 실망과 고통에 대해 책임을 지려고 한다. 그는 다른 사람에게 곧잘 조종 당하고 다른 사람과의 관계에서 자유를 느끼지 못한다.

하지만 사실 선택권은 죄책감 유발자를 선택하는 사람에게 있다. 이 사람은 누가 자기에게 죄책감을 느끼게 한다고 말하며 누구 누구 때문에 '죄책감을 느낀다'고 말한다.

하지만 누군가가 당신에게 죄책감을 느끼게 하기 위해서는 당신에게 그 사람이 그렇게 하도록 놔두기 때문이다. 이것이 자유롭게 될 수 있는 힘이 당신에게 있는 이유이다. 당신이 죄책감을 다루기 시작하면 당신을 조종하려는 죄책감 유발자와 이어진 끈으로부터 자유로워질 것이다.

다른 사람에게 사랑을 받고 자신의 자유를 이해하고 주의 이름으로 죄에서 해방된 사람은롬8:1 다른 사람이 진짜로 잘못을 했건 안 했건 사랑의 이름으로 저들을 용서한다.

> "노하기를 맹렬히 하는 자는 벌을 받을 것이라 네가 그를 건져 주면 다시 그런 일이 생기리라"잠 19:19.

만약 죄책감이 해로운 관계의 중심적인 요소라면 내면에서 변화하라고 외치는 소리와 자신의 인격 내에서 죄책감의 요인을 찾는 것이 필요하다. 그러면 범죄유도자는 그 사람 근처에 얼씬도 못하게 될 것이다.

완벽주의

톰은 완벽주의자였다. 그는 자신이 작은 일에 대해 심하게 따지는 사람이 아니고 대부분의 완벽주의자들처럼 자질구레한 것을 신경 쓰는 사람이 아니라고 생각했다. 하지만 그는 다른 사람이 자신에 대해서 항상 좋게 생각하기 바라는 완벽주의자였다. 만약 다른 사람이 그가 어느 상황에 있든 그를 잘 봐주지 않으면 그는 걱정하기 시작했고 자신이 생각하던 이상적인 모습에 맞추려고 행동했다.

톰의 완벽주의는 다른 사람에게 완벽함을 요구하는 사람을 찾게 했다. 이런 가운데 그는 자신에게 있는 완벽주의와 일치하지 않는 것이 있다는 것을 발견했다. 그는 직장에서 결코 만족할 줄 모르는 상사를 기쁘게 하기 위해 노력하는 자신의 모습이 싫었다. 때로 그는 이것 때문에 혼란스럽기도 했고 이상적인 자신의 모습과 달라 고민하기도 했다. 그는 종종 다른 사람들의 호감을 사기 위해서 돈을 낭비하곤 했다.

마침내 톰은 자신의 완벽주의에 지치고 말았다. 그는 자신에게 완벽한 모습을 기대해서 상처를 주었던 인간관계를 볼 수 있도록 도와준 사람들과 친해졌다. 그가 진실된 자기의 모습을 사랑하고 받아들일 수 있도록 사람들에게 자신을 열어 보일 수 있게 되자 그러한 그의 모습을 받아들이지 않으려는 사람들의 움직임은 찾아볼 수 없었다. 그는 완벽한 것을 요구하는 사람들과 더 이상 친해지지 않아도 되었다. 그리고 더 이상 완벽한 것을 요구하는 기대에 부합하여 살지 않아도 되었다. 뿐만 아니라 그는 결혼 생활에서 발생하는 모든 문제를 책임지는 대신에 자신이 일으킨 문제에 초점을 맞추기 시작했다. 그가 변하자 아내도 변했다. 그녀가 완벽한 것을 요구하는 해로운 습관을 버리자 변하기 시작한 것이다.

반복

우리는 앞에서 제시에 관해 이야기했다. 제시는 아홉 명의 남자들과 결혼한 여자였다. 그녀가 이렇게 여러 번 결혼한 데에는 여러 가지 이유가 있지만 이 중 하나가 '반복'이다. 그녀는 어렸을 때 해로운 인간관계를 습관적으로 갖는 법을 배웠고 그것을 반복해서 했던 것이다. 비록 이런 인간관계들이 해로웠고 성장 발달면에서도 도움이 되지 못했지만 제시는 그녀의 실수로부터 배우지 못한 채 계속 파괴적인 인간관계를 반복했던 것이다. 그녀는 변화하지 않았기 때문에 항상 똑같은 결과를 얻었다.

우리가 어렸을 때 습득하게 되는 인간관계의 법칙은 우리 성격처럼 우리 내면에 내재화되어서 좀처럼 바뀌지 않는다. 이런 관계를 변화시키기 전까지는 어떤 특정한 동기와 유형을 반복해서 하게 되는데, 제시가 가지고 있던 유형은 다음과 같다.

1. 감정적으로 친해지기 힘든 남자에게 매력을 느끼고 관심이 간다.
2. 그와 밀고 당기는 행위가 그녀에게는 사랑에 빠진 느낌을 준다.
3. 그의 상처 주는 행위가 그녀를 더욱 더 사랑하기 때문이라고 생각한다.
4. 불평을 해서 그를 '이기려고' 시도한다.
5. 그녀가 불평을 하면 할수록 그는 더 자기중심적이 된다.
6. 너무 고통스러워서 더 이상 참을 수 없게 된다.
7. 관계를 그만두고자 시도한다.
8. 그러나 인간관계에서 단절되어 혼자 살 수는 없으므로 다시 예전의 인간관계 유형을 반복한다.
9. 위의 유형을 계속적으로 반복한다.

제시가 자신의 인간관계 맺는 유형을 살펴보면서 이것이 옛날 어머니에게 배운 유형과 비슷하다는 것을 알게 되었다. 그녀의 어머니는 쉽게 흥분해서 다른 사람과 관계를 맺기가 어려웠고 이것은 그녀로 더 많은 것을 바라게 했다. 그러면 제시는 위로하고 달래주곤 하였다. 그러나 이것으로 충분하지는 않았다. 그녀는 자신의 어려움을 해결하려고 하지 않고 다른 사람에게 분을 품으면서 자신의 힘든 상황을 극복하려고 했다. 그러다가 이것은 그만 그녀의 습관이 되고 말았다. 그 후 이 습관은 제시가 다른 사람과 관계를 맺을 때마다 나타났다. 이것 외에 다른 것은 없었다. 마치 쥐가 미로에서 탈출구를 찾지 못한 채 계속 헤매는 것과 같은 이치로 그녀는 다른 해결책 없이 자신의 잘못된 습관을 가지고 사람들을 사귀어 온 것이다.

제시는 자신의 습관에 대해 바로 알아야 할 필요가 있었다. 어머니에 대해 풀리지 않는 감정도 해결해야 했고 안전한 사람들과 관계를 맺는 방법도 배워야 했으며 새로운 행동양식과 의사결정 방법도 알아야 했다. 이러한 일을 하는 가운데 그녀의 반복적인 행동은 그치게 되었고 인간관계를 맺는 다른 방법을 찾을 수 있었다.

흔히 여자가 남자들과 문제가 있으면, 그 원인은 그 여자와 아버지와의 관계에 문제가 있기 때문이고, 남자가 여자와의 관계에서 어려움을 겪고 있다면 그것은 어머니와의 관계에서 발생된 문제라고 말한다. 그런데 이것은 사실이 아니다. 인간관계를 맺는 양식은 그 자체로 인간관계를 맺는 양식이지 성에 관계된 것은 아니다. 동성이나 이성 간에 특정한 방법을 가지고 인간관계를 맺어야 하는 법칙이 있다손 치더라도, 인간관계의 문제는 동성, 이성의 차원을 넘어서서 발생한다. 예를 들어, 아직 어머니와 해결되지 않은 문제가 있는 여성은 문제가 해결되지 않는 한 남자와도 같은 문제로 고생할 수 있다. 즉, 인간관계에 문제가 있는 사람은 아버지와의 관계 때문에 남자들이랑 잘 지내지 못하고 어머니와의 관계 때문에 여성과의 불편함이 유지되는 것이 아니다. 어머니와 관계가 안 좋든 아버지와 관계가 안 좋든 인간관계의 문제는 성의 차원을 넘어서서 '인간'과의 관계에 문제가 생긴다는 것이다. 정작 중요한 것은 인간관계에서 반복되는 동기와 행동의 결과와 느낌인 것이다.

인지와 고통의 부정

히브리서 5장 14절은 "단단한 음식은 장성한 자의 것이니 그들은 지각을 사용함으로 연단을 받아 선악을 분별하는 자들이니라"고 말하고 있다. 이 구절에서 '연단을 받아'의 어원은 영어로 '습관화하다'이고 이 단어는 '되풀이하다'의 단어에서 비롯된 것이다. 다시 말하면 당신은 계속해서 배운 것들을 연습해야 한다는 것이다.

그러나 게으르고 지각이 무디어진 사람들은 연습으로부터 배우지 않는다. 그들은 자신들의 학대가 진실된 사랑이며, "난 단지 너에게 가장 좋은 것을 해 줄 뿐이다"라고 완벽한 척하는 부모로부터 학대를 받은 사람일 경우가 많다. 이러한 방법으로 학대하는 부모 밑에서 자란 아이들은 자신의 고통을 제대로 인식하지 못하며, 하나님이 주신 현실 분별 능력도 떨어진다.

현실을 제대로 분별하지 못해서 지각이 무디어진 사람들은 파괴적인 인간관계를 맺기 쉽다. 그들은 하나님이 주신 진실된 지각 능력, 예를 들면 누군가 자신을 해치고 있다는 느낌을 알아차리지 못하며, 때때로 그런 생각을 강하게 부인하기도 하는데, 하여튼 누군가가 자신에게 상처를 주고 있다는 것에 주의를 기울이지 못한다. 그들은 악으로부터 선을 분별할 수 없다. 그래서 그들은 악의 구렁텅이에 빠진 자신을 발견하게 되는 것이며 파괴적인 인간관계를 쉼 없이 맺는 것이다.

당신의 느낌, 직관, 지각은 모두 중요하다. 다른 사람이 당신에게 말해 주는 것을 액면 그대로 믿는 것보다 당신의 느낌을 통해서 사태를 파악하는 것이 무엇보다 중요하다. 특별히 그것을 말해 주는 사람이 믿지 못할 사람이라면 더욱 그렇다. 대신에 당신은 당신의 감정을 안정적인 사람들과의 관계를 통해서, 또는 성경 말씀이나 우리를 지탱해 주는 집단, 치료자를 통해서 시험해 보고 발전시켜야 한다. 그들의 도움을 통해서 당신은 인간관계의 열매를 구분해야 한다. 그래서 당신은 잘못을 반복하지 않고 성숙해 질 것이고 경험으로부터 배울 수 있을 것이다. 데살로니가전서 5장 21-22절에서는 "범사에 헤아려 좋은 것을 취하고 악은 어떤 모양이라도 버리라"고 경고하고 있다.

성화聖化가 필요한 부분

당신이 해로운 사람과 인간관계를 맺는 데에는 여러 가지 이유가 있고 그 이유를 살펴보는 것이 중요하다. 왜냐하면 성경에서도 말하듯이 어떤 사람과 만나고 친구가 되었는가는 영적인 삶에서 중요한 문제이기 때문이다. 다음에 나열된 사항들을 다시 보기 바란다.

> 성격을 바르게 판단하지 못하는 능력, 고립, 타인과 나를 합치시키려는 소망, 대면의 두려움, 낭만적으로만 생각하기, 구제하기, 친근감, 죄책감, 완벽주의, 반복, 부정.

지금까지 당신은 이상의 사항들을 다루었다. 성경은 아주 직접적으로 이 문제들을 다루고 있으며 이것을 당신이 성화하는 과정에서 직면해야 하는 부분이라고 말한다.

그렇기 때문에 자신에게 안전한 사람을 찾는 것은 결코 사치스러운 일이 아니다. 도리어 영적으로 성숙하는데 꼭 필요한 일이다. 하나님은 당신이 좋은 관계를 맺으며 악한 것과 싸워 이길 만한 사람과 교제하기를 원하신다. 만약 당신이 좋은 인간관계 대신에 나쁜 인간관계를 맺는데 더 익숙하다면, 그것은 다른 사람의 잘못이 아니라 당신의 영적 삶의 미성숙이 그 이유일 수 있다.

앞에서 나열한 여러 가지 문제 상황들을 살펴보고 자신과 어떤 것이 관련이 있는지 생각해 보기 바란다. 당신의 인간관계 유형을 찾았다면 그것을 고치기 바란다. 그러면 당신은 주님이 주시는 지혜와 은총 안에서 성장하게 될 것이다. 당신이 변화함에 따라서 주위의 사람들도 변화할 것이다. 그러면 당신이 묶여 있던 해로운 사람들과의 관계에서 자유롭게 될 것이며 그동안 해로운 관계를 맺었던 패턴으로부터도 탈피하게 될 것이다.

그러나 당신의 인간관계 유형이 변화하는 동안에 그로 인해서 발생하는 좋지 않은 해결법을 조심하기 바란다. 다음 장의 주제는 바람직하지 않은 해결법에 관한 것이다.

CHAPTER 07
잘못된 해결 방법들

다른 사람과 교제하지 않는다고 해서 갑자기 무례하거나 까다로운 사람이 되는 것은 아니다. 다만 다른 사람과 교제하지 않는 사람은 굶주림에 시달리다가 서서히 죽어 가는 아기처럼 조용히 생명을 잃을 수 있다. 시간이 얼마 지나면 이 사람은 다른 사람과 관계가 단절되어 있다는 아픔조차 느끼지 못할 것이다. 이렇게 되면, 고통은 덜하겠지만 피해는 심각할 것이다.

나는 컴퓨터에 대해 잘 모르는데 얼마 전에 소프트웨어 하나를 샀다. 그런데 그 소프트웨어를 컴퓨터에 설치하다가 전체 시스템을 날려 버리고 말았다. 그래서 컴퓨터에 대해 잘 알고 있는 친구의 도움을 받아 간신히 시스템을 복구했다. 컴퓨터가 다시 작동하자 친구는 내게 "모르는 것이 있으면 설명서를 읽어. 괜히 컴퓨터 망가뜨리지 말고 말이야"라고 말했다.

바로 이것이 이 장의 의도이다. 우리는 당신의 인간관계의 문제가 무엇인지 찾는 것을 도울 것이다. 그래서 다시는 같은 실수를 하지 않도록 당신을 인도할 것이다.

누가 적임자인가?

누구나 인간관계의 문제 때문에 골치를 썩곤 한다. 이 책을 읽는 사람 중에 이제까지 마음에 상처를 입지 않은 사람이 없으리라고는 생각하지 않는다. 이 장에서도 당신은 자신의 해로운 인간관계를 발견할 것이다. 안전한 관계를 찾지 못하는 '잘못된 해결책'을 통해 배우길 바란다.

잘못된 해결책 때문에 사람들은 다른 사람과 친해지고 사랑하는 것을 포기하곤 한다. 사람들은 사랑하고 친해지려고 많이 노력하지만 결국 실패하고 '관계에 관한 일은 관계를 잘 맺는 사람에게나 중요할 거야'라고 생각하고 만다. 그러나 모든 사람은 사람과 관계를 맺으면서 살도록 창조되었다. 그러므로 이제부터 잘못된 관계를 벗어나는 방법을 배워 보도록 하자.

일곱 가지의 '하기'

일곱 가지의 '하기'로 잘못된 해결책을 정리해 볼 수 있다. 일곱 가지의 '하기'들은 다른 사람들과의 관계를 개선하길 바라며 실천해 보지만 분쟁만 일으키는 잘못된 해결책이다.

① 똑같이 하기

안전한 사람을 찾는데서 실패하는 이유는 그동안 해 왔던 일을 계속 똑같이 하기 때문이다. 어떤 사람들은 실패와 고통을 겪은 후에도 하나님의 의도를 깨닫지 못한 채 늘 똑같이 행동한다.

랍과 루안은 결혼을 앞두고 상담을 받으러 왔다. 그들은 가능하다면 불필요한 모든 문제들을 결혼하기 전에 해결하고 싶어했다. 이 커플은 특별히 신경이 쓰였는데 왜냐하면 둘 다 이혼한 경험이 있었기 때문이다. 이혼으로 이들의 마음이 지쳐 있어서 더 생각해 보지 않을 수 없었다. 그들은 같은 20대 또래의 미혼자들보다 결혼에 대해서 현실적이고 냉정했다.

"첫 번째 결혼에서 당신은 무엇을 배웠나요?" 이것은 내가 이들에게 물어본 질문 중에 하나였다. 이 질문은 이들의 성격 유형을 스스로 생각하게 도왔고 이들 사이의 관계에서 일어날 수 있는 잘못들을 정확하게 바라볼 수 있게 해 주었다.

내가 이 질문을 하자 랍과 루안은 다소 놀라는 눈치였다. 한 번도 첫 번째 결혼에 대해서 생각해 본 적이 없었기 때문이다. 둘은 "배운 게 없는데요"라고 답했다. 그 후 우리가 이 문제에 대해 깊이 이야기할수록, 난 왜 이들이 배운 게 없다고 말했는지 알 수 있었다. 이들은 첫 번째 결혼은 안 좋은 사람들과 결혼해서 깨진 것이고, 두 번째 결혼은 좋은 사람과 하는 것이니 문제없다고 생각한 것이다. 그래서 이들은 배운 게 없다고 대답한 것이다.

우리는 이 문제에 대해서 다시 생각해 보았다. 얼마 안 있어 랍과 루안은 이전 배우자와의 관계에서 있었던 해로운 역할을 계속하고 있다는 것을 발견했다. 서로 새로 만났음에도 불구하고 말이다.

예를 들어, 랍은 조금 미성숙한 부분이 있었고 무언가를 '해 주고 책임지는' 타입의 여자에게 매력을 느꼈다. 그는 전 부인과 현재 애인이 모두 안정적이고 모든 것을 규모 있게 한다는 사실을 좋아했다. 그의 첫 번째 부인은 상당히 안정적이었을 뿐 아니라 다른 사람을 좌지우지할 정도로 자신의 의사 표현도 분명했다. 그런데 이 극단전인 태도가 랍을 힘들게 했고 결국 둘은 이혼하고 말았다.

루안의 경우도 랍과 비슷했다. 더 사랑할수록 루안은 효율과 안정 속에 자신을 감추고 있었다. 그리고 다른 사람을 자신의 생각대로 조종하려는 경향이 있었다. 루안은 마음을 나눌 수 있고 사랑이 많은 남자와 결혼했다. 하지만 그녀의 첫 남편은 마음을 나눌 수 있었는지는 몰라도 신뢰할 수 없는 남자였다. 그는 한 가지 일을 꾸준히 못했고 경제적인 능력도 없었으며 약속을 지킬 줄도 몰랐다. 그리고 랍은 루안의 전 남편과 비슷한 구석이 많았다.

루안과 랍이 새로 만난 배우자가 지난번에 헤어진 배우자와 비슷한 것을 기억하기 바란다. 이들이 얼마나 놀랐을까! 지금 이들은 이 사실을 조금씩 더 알아가고 있다. 그리고 곧 결혼할 이들은 이 문제 때문에 힘들어 하고 있다.

이것이 바로 똑같은 일을 '하기'의 전형적인 예이다. 당신이 인간관계에서 실패한 뒤에 깊이 돌이켜 보는 시간을 갖지 않는다면 똑같은 실패만 반복하게 될 뿐이다.

당신은 자신도 모르게 잘못된 일을 계속 반복해서 하는 사람들 중 하나일지도 모른다. 예를 들어, 어느 여자는 폭력

적이고 지배하기를 좋아하는 남자에게 매력을 느낀다. 어느 남자는 어머니와 같이 모성애가 풍부한 여자를 사랑한다. 어느 노동자는 비판적인 상사를 더 좋아한다. 어떤 사람들은 형식에 구애받는 교회를 더 선호한다. 이런 잘못된 만남의 예는 끝이 없다.

증상들을 살펴보기 바란다. 증상들은 당신 자신을 준비시키기 위해 도움을 주는 좋은 정보가 될 수 있다. 자신이 가지고 있을지도 모르는 증상들을 알아내는데 아래의 예가 도움이 될 것이다. 당신 스스로에게 한번 질문해 보기 바란다.

- 듣는 사람을 상관하지 않고 늘 같은 내용의 대화만 하고 있는가?
- 버림받음, 지배, 범죄, 불신, 분노와 같은 문제들이 같은 양상을 띄는가?
- 내게 문제가 있다고 주위의 친구들이 조언을 하는가?
- 관계가 단절될 것을 예상할 수 있는가?

당신에게 이러한 증상들은 해결의 실마리를 줄 수 있다. 과거를 쉽게 잊는 사람은 그것을 반복할 가능성이 많다는 것을 기억하기 바란다.

② 반대로 하기

현재 일흔이 넘은 사람들이 대학에 다니던 시기를 '반발의 시기'라고 부른다. 베트남 전쟁, 워터게이트 사건, 우드스탁60년대 월남전 반대운동과 평화운동의 결과이고, 히피문화의 꽃이라고 할 수 있는 미국청년음악축제, 예수 운동 때문에 이들은 공부를 제대로 할 수 없을 만큼 바빴다. 그들의 이상이 도전을 받았으며 이것에 대해 비판하는 지성인들도 많았다.

내 대학 친구인 토비는 이것들을 다 해 보았다. 이 모든 활동을 다 하고 다녔던 그는 정말 흥미로운 친구였다. 나는 7년 이상 토비의 이념적 갈등을 주의 깊게 지켜 보았다. 그래서 나는 몇 달을 보지 않아도 그에게 일어난 변화를 잘 알 수 있었다.

그는 목사였던 아버지의 기대를 저버리지 않기 위해 많은 노력을 기울였다. 한편 아버지가 화를 낼까 봐 아버지와 남자 대 남자로서 솔직한 대화를 나눌 수 없었다. 그래서 토비는 자신이 남자로서, 성인으로서 무엇을 할까를 거의 혼자 결정해야 했다.

토비의 방황을 짧게 적어 보면 이렇다.

- 대학에 입학하고 여자들을 죽어라고 쫓아다녔다. 매일 밤 다른 여자와 데이트를 즐겼다.
- 다음 해에 마약을 하기 시작했다.
- 다음 해에 마약거래로 체포되었지만 유죄선고를 받지는 않았다.
- 다음 해에 하나님의 살아 계심을 다시 깨달았다.
- 다음 해에 목사님의 딸과 결혼했다.
- 다음 해에 그의 모든 친구를 전도하고 목사가 될 준비를 했다.
- 다음 해에 은행 계좌를 말끔히 정리하고 아내의 차를 몰고 어디론가 떠났다.

그 후로 나는 그에 대해 들어 본 적이 없다. 그러나 유형을 통해 알 수 있는 것은 토비가 성장하지 않았다는 것이다. 그는 단지 몸부림치고 있었던 것 뿐이었다. 사랑과 책임감과 실패에 대해 문제를 잘 풀어 나가려고 시도하던 중에 그는 자신의 삶 속에서 이리저리 좌충우돌했던 것이다. 그리고 명백히 그 과정에서 다른 사람에게 큰 고통을 안겨 주었다.

'반대로 하기'는 안전한 사람을 찾으며 할 수 있는 두 번째 잘못된 해결책이다. 종종 사람들은 자신의 고통과 혼란 속에서 극단적인 행동을 하려는 경향을 보인다. 그럴수록 사태는 점점 악화되기 마련이다.

당신이 상처를 받았을 때 무의식적 반사행동을 하기 쉽다. 당신이 부딪칠 수 있는 반대되는 행동을 간략하게 살펴보자.

- 반대 성향을 가진 사람을 사랑하는 행동
- 내성적인 사람이 제멋대로인 사람을 사랑하기
- 외로운 사람이 인기 있는 사람을 사랑하기
- 무책임한 사람이 독재자 같은 사람을 사랑하기
- 자신의 가족과 반대 성향인 사람을 친구로 삼는 행동
- 통제적인 가족 – 충동적인 성격의 친구
- 혼란스러운 가족 – 엄격한 친구
- 가학적인 가족 – 너그러운 친구
- 반대로 하는 경향이 신앙에서 나타난 행동
- 자유로운 신앙 생활 대 율법주의적인 신앙 생활
- 극단적인 보수주의 대 반 교리주의
- 지성주의 신학 대 경험주의 신학

문제는 당신 스스로 문제를 해결하지 못한다는 데 있다. 당신은 문제를 바꿀 따름이다. 그리고 종종 한 번도 직면하지 못한 문제를 만나곤 한다.

왜 중요한 인간관계를 이런 식으로 반응하게 되는 것일까? 그것은 '나누기'라고 불리는 동기 때문이다. 당신은 관계

를 좋은 것과 나쁜 것으로 양분한다. 이것은 사람과의 관계를 흑백논리로 양분하는 발상이다.

이렇게 '나누기'는 당신에게 좋은 일을 한 사람의 장점을 발견하지 못하게 한다. 뿐만 아니라 당신의 성장을 방해한다. 그리고 이것은 당신의 잘못된 관계가 계속되게 하고, 당신이 이 문제에서 저 문제로 옮겨 다니도록 한다. 당신은 누군가를 이상화 했다가 실망하고 그러고는 다시 이들의 극단의 모습을 이상화 한다. 같이 있으면 '재미있을지 모르지만 믿을 수 없는 사람'을 '지루할지 모르지만 꾸준한 사람'과 바꾸고 만다.

예를 들면, 당신에게 심한 상처를 준 사람을 피하는 것은 당연하다. 하지만 어떤 사람은 그러면서도 다른 사람이 주었던 상처를 잊지 않기를 바라기도 한다. 그러고는 당신이 좋아했던 요소들을 새로운 사람과의 관계에서 찾는 것을 잊곤 한다.

사람은 해로운 특징만 가지고 있지 않다. 연쇄 살인범도 할머니가 길 건너는 것을 진심에서 우러나와 도울 수 있다. 사랑이 넘치고 따뜻한 사람도 분노에 가득 찬 채 공격적으로 변할 수 있다. 어떤 사람이 해롭기만 하다고 단정짓지 말기 바란다. 오히려 무엇이 당신에게 상처를 주는지 분별하기를 바란다. 사람의 부정적인 면이 전부라고 생각하지 말기를 바란다. 당신은 그렇게 생각하지 않을지 몰라도 나쁜 사람에게도 좋은 점이 있다. 하나님은 당신이 지혜롭게 이런 것들을 분별하게 되기를 원하신다.

> "내가 주의 계명들을 믿었사오니 좋은 명철과 지식을 내게 가르치소서" 시 119:66.

성격을 올바르게 분별할 수 있는 능력을 기르도록 노력하라.

③ 너무 많이 하기

린다는 낙심하고 혼란스러워 하며 내 사무실에 앉아 있었다. 그녀는 이전에 안전하지 않은 교제를 많이 했던 경험이 있었다. 이성적이든지 플라토닉한 것이었다. 린다는 나름대로 이 문제를 해결하려고 노력했다.

"나는 이제 아예 사람을 사귀지 않을까 봐요. 말씀하신 것을 모두 해 보았지만 사람들과 더 가까워지지는 않더군요."

이 말을 듣는 나도 혼란스러워졌다. 왜냐하면 린다에게 많은 이야기를 해 주었는데, 내가 말한 어느 '모든' 것에 낙심이 되었는지 몰랐기 때문이다. 그래서 물었다. " 무슨 말씀인가요?"

"사람들과 가까워지는데 있어서, 백지 상태에서 친밀함을 배울 수 없다고 하셨잖아요."

내가 대답했다. "예, 뭐가 잘 안 되던가요?"

그러자 그녀는 자신의 핸드백에서 긴 목록이 적힌 종이를 꺼내며 말했다. "이것은 지난 몇 개월 동안 제가 했던 모든 활동을 모아 적은 것인데, 아무런 변화도 없더군요."

내가 그 목록을 읽어 보았는데, 대충 이랬다.

- 댄스 강좌 : 볼룸 댄스, 디스코, 라인 댄스
- 운동 : 요트, 인라인 스케이트, 골프, 테니스
- 음악 : 오페라, 현대 음악, 피아노 강좌
- 자기 계발 : 전문 강좌들, 야간 경영대학원

"왜 웃으시는 거예요?" 린다가 물었다. 나는 미처 내가 웃고 있는지도 몰랐다.

린다에게 말했다. "이 시간이 내게 정말 영광의 순간이네요. 나는 이렇게 활발한, 그래서 르네상스 여인이라고 부르고 싶은 사람의 얼굴을 마주 대하기는 처음입니다."

"정말 무슨 말씀을 하시는지 모르겠네요." 린다가 답했다.

내가 이렇게 설명했다. "린다 자매님, 나는 이제까지 이토록 균형 잡히고 종합적이고 세밀한 목록은 본 적이 없습니다. 이것들을 다 하고도 아침에 일어날 힘이 있었는지 모르겠네요. 하지만 린다 자매님의 문제를 이런 식으로 해결할 수는 없어요. 이 활동들은 린다 자매님을 계발하고 생활하는 데 도움을 주는 유용하고 좋은 것들입니다. 하지만 이것들 하나 하나가 관계적이라기보다는 기능적인데 초점이 맞추어져 있네요. 이 활동들의 목표는 기술이나 여가 활동이나 하나님의 창조물에 대해 이해를 높이는 것이지, 대인관계 계발이 아닙니다. 이 목록의 활동들은 그저 뭔가를 '하는' 것이지 다른 사람들과 '친밀하게' 만드는 것은 아니네요."

린다가 이해하기 시작했다. "있잖아요. 내가 사람들에게 이 활동들에 대해 말하고 있다고 느꼈어요. 말하는 내용이라 봤자 테니스나 경영 이론 같은 것이었지요. 그러면서도 나는 언제 친구가 나의 정서나 영적인 생활에 대해 물어 올까 궁금해 했었지요."

"숨 쉬면서 말씀하세요." 내가 말했다.

안전은 있어도 되고 없어도 되는 것이 아니다. 당신도 린다처럼 더 많은 활동을 하면 할수록 더 많은 사람을 만날 것이라고 생각했을지 모르겠다. 더 많은 사람을 만날수록, 보다 넓은 대인관계를 형성할 수 있을 것으로 말이다.

사실, 이것은 어느 정도 사실이다. 우리는 하나님과 다른 사람들과의 교제를 적극적으로 시도해야 한다. 많은 사람이 왈츠댄스를 배우거나 골프를 배우며 건강한 우정을 쌓기도 한다.

하지만 관계는 린다의 접근법처럼 목적에 의해서 보다는 우연적일 경우가 많다. 많은 사람들이 자신의 돈과 정력과 시간을 기술에 기초하거나 기능적인 것에 투자한다. 그래서 이들에게 친밀함은 우선적인 것이 아니라 우연한 것이다. 심지어 친밀함은 회피하고 싶은 것이 될 수도 있다.

그리고 여기에 보다 큰 문제가 있다. 많은 사람들이 관계를 두려워하기 때문에 기능적인 영역에 머문다. 또한 상처받아 조심스럽고 회피적인 나머지 타인과 가까워지기를 원하면서도 너무 가까워지는 것은 바라지 않는다. 집중할 수 있는 프로젝트를 가지고 있으며 이것에 대해 다른 사람과 대화를 나누면, 이것이 겉으로는 대인관계를 형성하는 것처럼 보이면서도 위험에는 노출되지 않는다. 이것을 린다는 자신에게서 발견했다. 그녀의 진짜 의도는 사람들과 친밀해지지 않고 거리를 두는 것이었다. 이 르네상스 여인 안에는 두려움 많은 작은 소녀가 있었던 것이다.

이것이 바로 예수님께서 마르다에게 그녀의 동생 마리아가 "좋은 편을 택하였다"눅 10:42라고 말씀하신 이유이다. 예수님을 가까이하는 것이 최우선 순위였다. 할 일을 마무리하는 것도 좋지만, 하나님과 이웃들과 가까이 하는 것이 언제나 우선되어야 한다.

친밀함을 증진시키는 대인관계 상황이나 활동을 의도하고 계획할 수 있다. 예를 들면, 많은 교회들이 구역 모임이나 관계 중심적인 성경 공부반을 운영한다. 이 경우, 성도들 사이에 친교를 증진하기 위한 것이란 목표가 구체적으로 언급된다. 관심을 가지고 이러한 것에 대한 사람들의 의견을 묻고 참여해 보라.

한편, 린다는 친밀함에 대한 자신의 두려움을 넘어서기 시작했고 좋은 구역 모임의 일원이 되었다. 그러자 그녀의 할 일 목록이 놀라울 정도로 얼마나 단순해졌는지 모른다.

④ 아무것도 안 하기

노스캐롤라이나 주에 있는 고향을 방문하면 옛 친구들을 꼭 만나 보곤 한다. 한번은 수십 년간 우리 가족과 친하게 지낸 알버타 씨 댁을 찾아 갔다. 그녀는 벌써 몇 년 전에 퇴직해서 여생을 즐기고 있었다.

남은 시간에는 무엇을 하는지 궁금해서 그녀에게 물었다. "요즘에는 무엇을 하며 지내셨어요?" "지금 보고 있는 그대로일세." 알버타 부인은 흔들의자에 앉아 이렇게 대답했다.

물론 이것은 사실이 아니었다. 알버타는 여전히 많은 단체에서 활동 중이었고, 교회에서도 여러 가지 일을 하고 있었다. 그러나 그녀는 무엇을 한다고 말하는 것을 좋아하지 않았다. 그래서 그녀는 아무것도 안 하고 있는 것처럼 흔들의자에 앉아 "보고 있는 대로일세"라고 대답한 것이었다.

당신이 일주일에 60시간씩 40년을 일하며 가족을 부양했다면 그 후에는 좀 천천히 하고 싶은 마음도 생길 것이다. 알버타는 이 세상에서 그녀에게 지워진 많은 사명들을 다 완수했다.

"나는 선한 싸움을 싸우고 나의 달려갈 길을 마치고 믿음을 지켰으니"딤후 4:7.

말씀처럼 이제는 의자에 편히 앉아서 낮잠을 자도 될 그런 시간이 된 것이다. 하지만 안전한 인간관계를 찾고 있다면 그럴 수 없다.

'아무것도 하지 않음'의 해결책은 좋은 인간관계를 맺고 싶어하는 당신을 괴롭힌다. 어쩌면 당신은 좋은 관계를 얻기 위해 아무 노력도 하지 않으면서 좋은 사람과 인간관계를 맺고 싶어하는 사람일지 모른다. 다음은 안전한 사람을 찾기 위한 '아무것도 안 하기' 방법의 예이다.

- 주간 계획 짜기 – 사람들을 만나도 일정은 만들지 않기
- 누군가가 전화해 주지 않는다고 실망하기 – 그리고 자신은 전화받을 줄만 알지 걸 줄은 모른다고 생각하기
- 너무 지치고 피곤해서 다른 사람과 접촉할 수 없게 되기
- 외롭지 않다고 생각하기 – 그래서 다른 사람을 찾게 되지도 않기 (이것은 병이 깊어지기 전까지 정기적인 진단을 받지 않고 내버려 두는 것과 같다).

당신이 '아무것도 하지 않는 사람'이라고 가정해 보자. 왜 아무것도 하지 않을까? 여기에는 몇 가지 이유가 있을 수 있다.

일부 사람들은 어떤 것을 처음 할 때 무력감을 느낀다. 이들은 자신이 원하는 것이 무엇인지 알지만 성취하지 못한다. 이러한 상태를 '적극적인 갈등'이라고 부른다. 적극적인 갈등은 한마디로 내적 전쟁이라고 할 수 있다. 이 전쟁은 위험을 감수하고 행동을 취하고 변화를 일으키는 일을 반복하면서 뜻한 바를 이루어내는 것이다. 당신의 마음 한 구석은 "한번 해 봐!"라고 말한다. 그러나 한편으로는 "혹시라도 잘못되면 어떻게 하지?"라고 걱정한다.

이 갈등은 여러 가지 요인을 가지고 있다. 그러나 이 갈등의 밑바탕에는 이 사람이 첫째, 버려졌었거나 둘째, 억지로 시켜서 하는 것일 경우가 많다. 그들이 진실을 말하려고 한다거나 맞대결하려고 하거나 새로운 것을 추구하려고 할 때 주변 사람들이 이것을 말리거나 비웃는다. 그래서 내적 전쟁은 계속된다.

아무것도 하지 않는 또 다른 이유는 수동성에 기인한다. 수동성은 공격적 투쟁과는 매우 다르다. 수동적인 사람은 다른 내면의 전쟁을 치른다. 사실 이 내적인 전쟁은 '전쟁'이라기보다 '기다리기'에 더 가깝다. 적극적인 갈등을 하는 사람은 어느 스포츠 카처럼 가만히 앉아서 동력을 5,000rpm으로 높일 수 있다. 한편 수동적인 사람은 구식 소련제 차처럼 거의 아무것도 하지 않는다. 이들은 관계를 맺기 위해 아무것도 하지 않는다. 이것이 이들의 공통점이다.

수동성은 다음과 같은 다양한 원인에서 비롯된다.

- 다른 사람이 시키기 전에는 아무것도 하지 않도록 훈련된 경우
- 책임감을 가르쳐 주기보다는 자식을 대신해서 모든 것을 해 준 부모를 둔 경우
- 자신의 문제를 자신이 해결하기보다는 다른 사람에 의해 그 상황에서 구출되는 환상적인 경험을 가진 경우
- 자신은 무능력하므로 포기하는 게 낫다고 믿는 경우

만약 당신의 내면에서 수동적으로 기대고 싶은 마음이 든다면, 이것이 당신에게 얼마나 많은 대가를 요구할 것인지 생각해 보기 바란다. 사람들이 당신의 의지와 상관없이 당신을 다른 곳에 가도록 해서 당신의 기회를 상실한 경우를 생각해 보라. 이런 것은 고통스러울 수 있지만 당신이 그냥 '놓여 있는 위치'에서 자신을 구할 수 있도록 도울 것이다.

⑤ 다른 사람을 위해 일하기

너무 영적이어서 거의 알아채지 못하고 지나가 버리고 마는 실수가 있다. 당신은 어느 착한 사람이 싸움꾼에게 도움을 주려고 이런 말을 하는 것을 들어 본 적이 있는가?

"사랑받고 싶거든 사랑하라. 당신 자신보다도 더 불행한 사람을 찾아가서 그가 필요로 하는 도움을 주어라. 그러면 당신의 필요도 채워질 것이다." 만약 이런 이야기를 들어 본 적이 없다면, 신앙 생활을 좀 더 열심히 해야 할 사람이거나 별천지에서 살다 온 사람일 것이다.

이 이야기의 주제는 다른 사람을 섬기면 당신은 축복을 받게 된다는 것이다. 다른 사람에게 주기를 좋아하면 받는다는 것이다. 그리고 다른 사람을 도우면 당신도 보살핌을 받게 된다는 말이다. 생각을 좀 더 넓히면, 이러한 원리는 안전한 사람을 찾는 데에도 적용된다. 안전한 사람과 좋은 인간관계를 맺고 싶으면 먼저 그런 사람이 되는 것이 성경의 법칙이다.

> "주린 자에게 네 심정이 동하며 괴로워하는 자의 심정을 만족하게 하면 네 빛이 흑암 중에서 떠올라 네 어둠이 낮과 같

이 될 것이며"사 58:10.

하나님은 축복하는 사람을 축복하신다. 하나님은 하나님의 교회가 아픈 자를 위로해 주는 것을 기뻐하신다.

그러나 여기에서 문제가 되는 것은 당신의 동기이다. 동기는 하나님에게 아주 중요하다. 동기는 당신의 행동이 구체적으로 나타나도록 돕는다. 하나님은 당신이 자율적이고 희생적으로 주고 섬기기를 원하신다. 그러나 공허한 마음으로 혹은 외로움에서 사랑받고 싶어서 그런 행동을 하는 것을 원하지 않으신다.

"내가 내게 있는 모든 것으로 구제하고 또 내 몸을 불사르게 내줄지라도 사랑이 없으면 내게 아무 유익이 없느니라"고전 13:3.

당신은 마음에서 넘쳐나는 감사하는 마음에서 주어야 한다.

"각각 그 마음에 정한 대로 할 것이요 인색함으로나 억지로 하지 말지니 하나님은 즐겨 내는 자를 사랑하시느니라"고후 9:7.

우리는 거저 받았으므로 기쁘게 거저 주어야 한다. 요점을 말하면 이렇다. 안전한 사람을 찾는 것은 영적 생존의 문제이다. 이것은 쓸 만한 도로를 찾아다니는 것이 아니라 성장에 필수불가결한 성분을 찾는 것이다. 그런데 이 두 가지는 혼돈하기가 아주 쉽다.

설교 같은 이야기는 그만두고 한번 생각해 보자. 당신은 '다른 사람을 위해서 행하기'를 왜 그렇게 많이 하는가? 이것은 안전한 관계를 찾는 그릇된 해결책인데도 말이다. 사람들은 초라하게 되는 것을 바라지 않는다. '주는 자'가 되는 것은 다음과 같은 모습을 감출 수 있어 그럴싸하게 보인다.

- 스스로의 고독
- 다른 사람에게 평안을 구하지 못하는 무능력
- 우리의 무력감
- 가치 없는 사람이 된 것 같은 느낌

예수님은 주는 것이 받는 것보다 더 복되다고 말씀하셨다행 20:35. 그러나 대부분의 사람들은 받는 것이 더 쉽고 덜 아프다. 그러나 주는 행동을 통해 자신을 보호한다면 이것은 이기적인 것이다. 그러면 주는 자나 받는 자나 모두 실패한 것이다. 그러므로 하나님에게 자신이 주고받는 것을 잘하도록 간구하기 바란다.

⑥ 겉으로만 행동하기

안전한 사람을 찾기 위해서 사람들이 하는 일반적이지만 잘못된 해결책은 진심으로가 아니라 겉으로만 자신의 모습을 바꾸는 것이다. 이 시도는 종종 내가 지금 잘 변화되고 있다는 착각을 갖게 한다. 그러나 이 착각은 나중에 가서는 크게 실망을 주기 마련이다.

내 친구 키이스는 사람들 사이에 있는 것을 너무나 두려워했다. 그는 친구를 좋아했지만 친구들 사이에서 소외될까 봐 걱정했다. 나는 그가 파티에서 우물쭈물하며 어색해 하는 모습을 본 적도 있다. 주위의 권유에 따라 키이스는 사교 기술을 배우게 되었다. 필요한 것을 배우는 것이므로 나쁜 것이라고 말할 수는 없다. 하지만 이것은 단지 사람을 사귀는 방법을 배우는 것이다.

키이스가 배운 사교 기술이란 "다른 사람들이 잘 지내고 있는지 물어보는 것"이었다. 이 기술에 깔려 있는 전제는 사람들은 자신에 관해 말하고 싶어하므로 상대방에게 그것을 물어보면 사람들은 아주 좋아할 것이고 그 결과 나를 좋아하게 될 것이라는 추측이었다.

몇 주 후, 나는 그와 저녁을 같이 먹게 될 기회가 있었다. 그런데 이상한 일이 일어났다. 대개 그와 대화할 때면 내가 먼저 이야기를 시작하는데, 그날 밤은 키이스가 "그래, 요새 어떻게 지내?" 하고 먼저 물어오는 것이 아닌가?

난 너무 놀랐고 정말 반가웠다. 그리고 내 마음의 문을 열고 그에게 내가 겪은 어려움에 대해 털어놓았다. '야, 키이스가 이제 정말 나랑 친해지고 싶은가 봐, 정말 나에게 관심을 갖네. 아마도 우리 사이에는 진정한 우정이 싹트고 있을 거야'라고 나는 생각했다.

내가 이야기를 모두 마치자, 잠시 침묵이 흘렀다. 그러자 키이스가 다시 물어 왔다. "그래, 요새 어떻게 지내?" 하고 똑같은 질문을 십 분도 안되어 한 것이다.

나는 그가 억지로 만들어 낸 질문에 더 이상 하고 싶은 말이 없었다. 그러자 그의 걱정은 더해졌다. 너무 걱정한 나머지 그는 내가 하는 어떤 말도 들을 수 없었다. 그는 겉모습이 아닌 친해지는 것을 두려워하는 마음을 먼저 바꾸어야 했다. 이밖에 겉으로만 성격이 바뀐 것처럼 하는 행동이 또 있다.

- 관심에도 없는 문화행사에 참석하기
- 좋아하지도 않는 운동하기
- 영적으로 아무런 영감도 받지 않으면서 단지 사람을 사귀려고 교회에 가기
- 다른 사람을 만나는데 도움을 줄 것 같아서 좋아하지도 않는 사람과 붙어 다니기

이런 잘못된 해결책은 오히려 진정한 성장을 방해한다. 즉, 자신의 진정한 모습을 내면에서 잃어버리게 되는 것이다. 하나님은 당신이 합력하여 선을 이루기를 원하신다는 것을 기억하기 바란다. 하나님이 의도하신 대로 당신을 개성 있는 진실한 사람으로 만들어 달라고 기도하라. 진실한 사람은 겉으로 하는 척하는 사람보다 안전한 사람을 만나 좋은 관계를 맺게 될 가능성이 더 크다.

⑦ 인간관계를 맺지 않기

이것은 잘못된 해결책의 마지막 이유이다. 사람들은 앞의 여섯 가지의 잘못된 해결책을 시도해 보다가 마지막으로 이

방법을 택한다. 관계를 맺지 않고 지내는 것은 관계를 맺을 수 있다는 희망을 버린 사람들이 선택하는 것이다. 즉, 아주 절망적인 상태라고 할 수 있다.

사람들은 '똑같은 행동하기'와 '반대로 행동하기', '다른 사람을 위해 행동하기'와 '겉으로만 행동하기' 같은 잘못된 해결책을 사용하고도 외로운 자기 자신을 본다. 이 외로움의 딜레마는 당신 자신에 관해 이렇게 말한다.

- 나는 안전한 사람을 만날 수 없다.
- 나는 적합하지 못하다.
- 나는 나에 대한 기대가 너무 크다.
- 나는 그것을 바르게 할 수 없다.
- 나는 너무 상처 입어서 관계를 다시 맺을 수 없다.
- 나는 영적이지 못하다.

대개 마지막 잘못된 해결책을 시도하는 사람은 조용한 삶을 살고 있을 때가 많다. 이들의 삶에는 어려움이 없어 보인다. 이들은 일이나 서비스, 다른 가치 있는 일에 파묻혀 살고 있기 쉽다. 그러면서 이들은 자신이 인간관계를 맺지 않고 살아간다는 사실을 생각하지 않으려고 애쓴다.

다른 사람과 교제하지 않는다고 해서 갑자기 무례하거나 까다로운 사람이 되는 것은 아니다. 다만 다른 사람과 교제하지 않는 사람은 굶주림에 시달리다가 서서히 죽어 가는 아기처럼 조용히 생명을 잃을 수 있다. 시간이 얼마 지나면 이 사람은 다른 사람과 관계가 단절되어 있다는 아픔조차 느끼지 못할 것이다. 이렇게 되면, 고통은 덜하겠지만 피해는 심각할 것이다.

당신의 상황은 조금이라도 살아 있으니 소망이 있다. 지금 당신이 아무리 지쳤고 비판적이고 희망이 없다 하더라도 이 책을 읽고 있다는 자체가 나아지기 위해 힘겨운 한 발짝을 앞으로 내딛고 있는 것이기 때문이다.

마지막으로 소개된 이 잘못된 해결책은 만연되어 있고 상처가 깊기 때문에 다음 장에서 조금 더 생각해 보고자 한다. 왜 당신은 혼자 있는 것을 좋아하는지에 대해서 말이다.

하나님은 당신이 외로이 혼자 있는 것을 보며 아파하신다. 하나님은 당신이 어떻게 살고 있는지 체휼하고 계신다. 뿐만 아니라 당신이 앞에서 소개된 일곱 가지 잘못된 해결책을 던져 버리고 새 길을 택하길 원하신다.

"주께서 생명의 길을 내게 보이시리니 주의 앞에는 충만한 기쁨이 있고 주의 오른쪽에는 영원한 즐거움이 있나이다"시 16:11.

안전함으로 인도하는 길이 주님의 길이다. 주님은 당신과 함께 걷기를 원하신다.

CHAPTER 08

왜 난 스스로를
외톨이로 만들까?

영적인 면에서나 관계적인 면에서 어떤 사람은 다른 사람과 친하게 살고 싶다는 욕구를 느끼지 못한다. 이들은 다른 사람과 친하게 지내며 인간관계를 맺어야 할 때에도 그러지 못하고 가만히 있다. 입맛이 없어서 음식을 먹지 못하는 것처럼 자신의 욕구를 느끼지 못하기 때문이다. 그들은 자신의 공허감에 너무 무감각하다.

우울증에 걸려 있던 테드는 도움을 얻고자 나를 찾아왔다. 그는 결혼했고 기독교인이었으며 자녀를 둔 아버지이기도 했다. 그는 전문직에 종사하고 있었고 신앙 생활도 열심히 했을 뿐 아니라 가족에게도 헌신적이었다. 그런데 그는 몇 년 동안 우울증에 걸려 있었고 영성 훈련이나 믿음, 조깅이나 휴가도 그의 상태가 나아지도록 도울 수 없었다.

그는 비슷한 문제로 어려움을 겪고 있는 그룹에 참석하

기 시작했다. 그룹의 다른 사람들도 모두 그를 좋아했다. 그런데 어느 날 밤, 한 사람이 갑자기 그에게 이런 말을 했다. "테드, 난 당신이 무엇 때문에 상처를 입었는지 모르겠어요. 그래서인지 당신을 전혀 모르는 것같이 느껴져요."

이것은 다른 사람들이 자신이 감정을 느끼지 못하고 있다는 것을 몰랐던 테드에게 실패감을 안겨 주었다. 그는 자신의 모든 것을 이 모임에서 털어놓았고, 다들 자신을 이해하고 있다고 생각하고 있었다. 실제로 그는 이 사람들과 잘 지냈다. 그러나 테드에게 말한 사람의 생각이 옳았다. 그는 "아마 오래전에 내가 마음을 닫은 것 같아요"라고 말했다.

과거를 돌이켜 생각하는 것은 힘든 일이었지만 그에게 꼭 필요한 일이었다. 그는 한 번도 생각해 본 적 없는 아주 어렸을 때를 기억하기 시작했다. 아무 때나 기억나는 것이 아니라 누군가의 도움을 받을 때에 기억하게 되는 일이었다.

그는 부모가 자신을 오랫동안 혼자 내버려두었던 때를 기억했다. 그때 그는 너무 어려서 걸을 수 없었고, 그냥 울기만 했다. 누군가 와서 그를 안아 주고 달래 주기를 바라면서 말이다. 그러나 아무도 오지 않았다.

"아마 그때였던 것 같아요. 난 사랑받기를 포기했죠. 그래요, 이제 생각나요. 나는 아주 어렸을 때 사랑을 받고 싶은 나머지 계속 울어댔었죠. 하지만 엄마가 있어야 할 곳은 텅 비어 있었어요. 나는 자라면서 나 자신에게 이렇게 말했죠. '사람을 기다리는 일은 그만두자.' 그리고 난 정말 그것을 그만두었어요."

많은 사람들이 좋은 사람과 좋은 관계를 맺으려고 여러 번 시도해 보았을 것이다. 그러나 결과는 거의 고통 가운데 실패로 끝났을 것이다. 그래서 어떤 사람은 포기했을지도 모른다. 좋은 사람과 관계를 맺으려는 시도를 그만두고 더 이상 좋은 사람을 찾으려 하지 않을지도 모른다. 하지만 그래서는 안 된다. 나에게 상담을 받았던 사람이 이렇게 설명했다. "난 진짜로 나 혼자서도 잘 살 수 있어요. 다른 사람과 친해져서 또 상처받는 위험을 가지고 살아가느니 혼자 사는 것이 덜 성가신 걸요." 하지만 난 이 말에 동의할 수 없다.

이 장에서는 사람들이 왜 홀로 지내려고 하는지를 알아보고자 한다. 여기서 우리는 당신이 좋은 친구와 교회와 사랑하는 사람을 찾는 것을 그만두는 이유에 대해 살펴 볼 것이다. 그리고 당신에게 도움이 될 만한 성경적인 해결책도 제시할 것이다.

상처받은 마음

앞의 이야기에 소개된 테드는 상처받은 마음 때문에 괴로워했다. 그는 도움이 필요하기 전까지는 남은 생애 동안 관계를 맺으려고 하지 않을 것이다. 그는 관계를 맺지 않고 사람들과 친해지고 싶은 마음을 꾹꾹 누르며 상처받은 마음으로 살아갈 수 있는 방법을 배웠다.

테드의 우울증은 바로 여기에서 기인했다. "나는 나를 잘 알아요. 어쩌면 영원히 외롭게 있을지도 몰라요. 뭐 그다지 어려운 것이 아니었으니까요."

그는 상담자와 상의해 보는 것이 좋겠다고 제안에 상담을 받기 시작했다.

마음은 생각보다 강하지 않다. 하나님은 사람에게 필요한 것과 절제해야 할 것을 준비해 놓으셨다. 가장 기본적인 필요는 하나님과 사람에게 사랑받는 것이다. 사람은 이 필요를 제거하거나 미친 듯이 그 요구를 채울 수 있다. 아니면 그 요구를 느끼지 못 할 수도 있다. 하지만 이것은 영적인 문제이다. "눈이 손더러 내가 너를 쓸 데가 없다 하거나 또한 머리가 발더러 내가 너를 쓸 데가 없다 하지 못하리라"고전 12:21고 바울은 성경에서 말했다.

다른 사람들과 친해지고 싶은데 그렇게 되지 못하면 상처를 받는다. 마음 한 구석 채워지지 못한 공허감으로 허기지게 된다. 음식을 충분히 섭취하지 못했을 때 어느 부분이 제대로 작동하지 못하는 것과 마찬가지로 마음도 충분한 사랑을 받지 못하면 제대로 작동하지 못하게 된다.

> "여호와는 마음이 상한 자를 가까이 하시고 충심으로 통회하는 자를 구원하시는도다" 시 34:18.

'마음이 상하다'의 히브리어는 말 그대로 '우는 마음'이라는 뜻이다. 이런 상태의 사람은 신뢰할 만한 능력이나 애정을 요구하고 획득할 능력을 모두 상실했다. 전에 여러 번 큰 사랑을 받거나 인간관계를 맺을 수도 있었지만, 번번히 실패로 돌아갔고 상실감이 너무 큰 나머지 더 이상의 인간관계를 맺을 수가 없었다. 인간관계의 실패는 버림받거나 지속적이지 않은 친밀감이나 공격 등 여러 모습을 통해서 일어난다.

버림받음

테드처럼 어떤 사람은 자신이 소중히 여기던 사람에 의

해서 버림받는다. 소중한 사람이라면 부모나 배우자, 친구가 될 수 있다. 그런데 버림받기 위해서는 먼저 사랑을 받아야 한다. 즉, 소중한 사람이 당신의 마음을 사로잡고 있으며 당신의 삶에서 중요한 의미를 갖고 있어야 한다. 하지만 이 사람이 무슨 이유 때문에 당신 곁을 떠난다.

죽음과 같은 어쩔 수 없는 경우도 이유가 될 수 있다. 또는 낙담하거나 슬픔에 압도당하거나 술에 중독된 부모의 경우도 이유가 될 수 있고, 단순히 그 사람을 더 이상 사랑하게 되지 않아 떠나는 배우자도 이유가 될 수 있다.

상황이 무엇이든지 간에 그 관계가 당신에게 아주 소중했다면, 당신은 얼마 동안 잊어버린 그 사람과 다시 시작해 보려는 시도를 할 것이다. 그러나 결과적으로 보면 당신은 늪에 대책 없이 빨려들어 가는 것처럼 마음 한 편으로 희망을 잃으며 낙담하게 된다. 당신은 사랑을 기대하지도 않고 사랑을 필요로 하는 마음까지도 잃어버리게 된다.

> "비방이 나의 마음을 상하게 하여 근심이 충만하니 불쌍히 여길 자를 바라나 없고 긍휼히 여길 자를 바라나 찾지 못하였나이다" 시 69:20.

이 말씀은 마음이 상한 자의 상태를 말하고 있다. 마음이 상한 사람은 마음의 문을 닫는다.

지속적이지 않은 친밀감

마음이 상처받게 되는 두 번째 이유는 예측하지 못할 방법으로 사랑받기 때문이다. 당신은 롤러코스터처럼 종잡을 수 없는 사람을 만난 적이 있는가? 이런 사람은 기분이 하늘을 날 것처럼 좋다가도 폭풍우처럼 화를 내기도 해서 주위의 사람을 당혹스럽게 만들기도 한다. 아주 친하다가도 갑자기 화를 내곤 한다. 예측이 불가능한 사람은 다른 사람을 불안하게 만든다.

예측 불가능한 것은 버림받는 것과는 조금 다르게 당신의 마음을 아프게 한다. 예측하기 힘든 사람을 사귀는 사람은 잃어버린 사랑을 바라기보다는 이번에는 또 무슨 일일까 하는 마음을 갖게 된다. '지금은 나에게 잘 해 주는 데 그게 또 언제 바뀌려나?' 하는 생각을 하게 한다. 예측 불가능한 사람 주변에 있는 사람은 상대방이 자신을 지금은 사랑하지만 언제 식을지 몰라 걱정을 한다. 변함없이 영원히 부어 주시는 하나님의 사랑에 비해 인간의 변덕스런 사랑은 얼마나 대조적인가?

> "그들을 주신 내 아버지는 만물보다 크시매 아무도 아버지 손에서 빼앗을 수 없느니라"요 10:29.

공격

사람들은 인간관계를 형성하고 싶을 때 가장 연약해 진다. 사랑은 사랑하는 사람에게 자신을 온전히 줄 뿐 아니라 그 사람에게 자신을 상처 입힐 수 있는 기회를 주는 것이다. 사랑에는 늘 위험이 상존한다.

하지만 일부러 상처받은 사람에게 더 큰 상처를 주는 사람이 있다. 당신도 사랑받고 싶어 하는 당신을 학대하거나 더 비판했던 사람을 만난 적이 있을 것이다. 자신을 증오하는 마음을 다른 사람에게 투영하는 사람은 사랑의 필요를 굉장히 경멸하는 마음을 갖고 있다. 어떤 사람은 자기중심적이다. 또 어떤 사람은 가학적이라서 고통을 줌으로써 기쁨을 느낀다.

> "그가 인자를 베풀 일을 생각하지 아니하고 가난하고 궁핍한 자와 마음이 상한 자를 핍박하여 죽이려 하였기 때문이니이다"시 109:16.

만약 당신의 사랑받기 원하는 마음이 공격 당했다면, 당신은 이것을 회피하고 잊기 위해 다른 일을 찾아내는 방법을 빨리 배웠을 것이다. 쓰다듬어 주길 바랬던 주인에게 맞고 도망가는 개처럼, 상한 마음을 가진 사람은 관계가 지속될 것 같지 않은 느낌만 받아도 크게 놀란다.

만약 당신이 이 세 개의 영역 중에서 단 한 영역에서라도 상처를 받은 적이 있다면, 하나님의 치유하심을 기대하라.

"상심한 자들을 고치시며 그들의 상처를 싸매시는도다"시 147:3.

상처를 받았다고 스스로를 고립시키는 것은 결코 도움이 되지 않음을 기억하고, 당신의 상처를 이해할 수 있을 정도로 풍성하고 안전한 사랑을 가지고 있는 사람을 찾기 바란다. 안전한 사람은 반드시 있고, 당신은 그 사람을 꼭 찾아야 한다.

바라는 것이 무엇인지 느끼지 못하는 경우

나는 이것을 '정신적인 식욕부진'이라고 부른다. 당신도 신경성 식욕부진에 대해서 들어 봤을 것이다. 이것은 정신적인 이유로 음식을 먹지 못하고 굶주리는 병이다. 식욕부진이라는 말은 실제로 '입맛이 없는 것'을 뜻한다. 만약 당신이 식욕부진을 겪고 있는 환자에게 왜 먹지 못하느냐고 묻는다면, 그는 "단지 배고프지 않아서요"라고 대답하며 그것을 대수롭지 않게 생각할 것이다. 하지만 이 병은 정말 위험할 수 있다. 이 병에는 몇 가지 원인이 있다.

마찬가지로 영적인 면에서나 인간관계적인 면에서 어떤 사람은 누군가와 친하게 지내고 싶다는 욕구를 느끼지 못한다. 이들은 다른 사람과 친하게 지내며 인간관계를 맺어야 할 때에도 그러지 못하고 가만히 있는다. 입맛이 없어서 음식을 먹지 못하는 것처럼 자신의 욕구를 느끼지 못하기 때문이다. 그들은 자신의 공허감에 너무 무감각하다.

그러나 하나님은 당신이 사랑받고, 알려지고 싶은 욕구를 느끼도록 창조하셨다. 배고픈 욕구가 있는 것처럼 사람을 필요로 하는 마음도 창조하신 것이다. 사람을 원하는 마음은 하나의 신호와 같아서 배가 고픈 것을 느끼는 것처럼 알게 마련이다. "일어나, 일어나서 사람들과 관계를 맺으며 사람들이랑 친해져 봐. 사랑이 필요해." 갈급해 하는 마음은 당신이 사람을 필요하다는 것을 알려 준다. 그러면 하나님은 이렇게 답하신다.

> "하나님이 고독한 자들은 가족과 함께 살게 하시며…" 시 68:6.

일반적으로 이런 무딘 감각은 자신을 보호하기 위해 오랜 시간 동안 형성된 것이다. 앞에서 말했던 테드는 바로 이 상태에 있었다. 정신적인 식욕부진은 마음이 낙담되고 실망하게 되거나 너무 많이 상처받아서 사람이 필요하다는 것을 느끼는 '신경'이 멈추었을 때 나타나는 현상이다.

'왜 다른 사람을 필요로 하지? 그래봐야 아무도 없어'라고 당신의 마음 한 구석에서 생각할 것이다. 그래서 다른 사람이 필요하다는 느낌을 끊어 버린다. 이런 증상이 당신에게 있다면 당신은 정신적인 '식욕부진' 상태에 있는 것이다. 다음의 사항들을 가지고 자신을 진단해 보라.

- 나는 사람과 함께 있으면 불편하고 혼자 있으면 편하다.
- 무슨 뜻인지는 몰라도 나는 '외롭지' 않다.
- 나는 사람들과 책임감이나 일 때문에 만난다.
- 나에게 휴가란 혼자 좋아하는 것을 하며 보내는 것이라고 생각한다.

물론 하나님은 당신에게 홀로 있는 시간이 중요하다는 것을 알고 계신다. 그래서 당신은 다른 사람과 떨어져 있을 필요도 있다. 그러나 영적 식욕부진은 당신의 감각을 너무 무디게 해서 문제를 야기할 수도 있다. '누군가에게 연락을 취하고 싶다'는 생각은 영적인 식욕부진의 상태에서는 떠오르지도 않는다. 인간관계에 대한 갈망도 느낄 수 없다. 인간관계란 불필요한 선택이라고 생각하게 만든다. 만약 당신이 이 병에 걸려 있다면 하나님은 당신의 그 부분을 치유하길 원하신다.

"의에 주리고 목마른 자는 복이 있나니"마 5:6.

하나님은 당신이 인간관계를 맺고 싶어 하고, 의에 주리고, 사람들을 사랑하기를 원하신다. 이제부터라도 사람들과 교제하기 원하는 욕구에 충실하라.

과소평가

앨리스는 얼마 전에 헤어진 남자 때문에 괴로워하고 있었다. 하지만 이들이 헤어진 것은 잘된 일이었다. 앨리스가 사귀던 남자는 거짓말을 자주 했고 그녀를 사랑하지도 않았다. 하지만 그녀는 여전히 그를 그리워하고 있어서 다른 사람들과 의논했다. 앨리스 옆에 앉아 있던 피터는 답답해서 거의 죽을 지경이었다.

"앨리스, 그건 미친 짓이야. 그를 아직도 그리워하다니. 그는 네게 거짓말을 하고 상처를 주었어. 그는 네게 또 상처를 줄 거야. 그런 사람은 그리워할 필요도 없어!"라고 피터가 말했다.

앨리스는 잠시 생각하더니 말했다. "피터, 그 말이 내게 도움이 되지 않는 것 알잖아." 앨리스는 지혜롭게 대답했다. 도대체 그녀는 무슨 의도로 이런 말을 한 것일까?

나쁜 감정과 좋은 감정이 공존한다는 것을 이해하면 당신은 그녀의 의도를 이해할 수 있을 것이다. 상반되는 감정이 공존한다는 말은 미움과 용서가 함께 있는 상태를 말한다. 앨리스는 자신에게 상처를 준 옛 남자친구의 나쁜 점을 미워하는 한편 그의 좋은 면을 그리워하고 있었던 것이다.

앨리스는 피터가 자신의 옛 남자친구를 과소평가하는 것을 들으면서 그를 보호해 주고 싶은 마음이 들었다. 피터는 앨리스의 옛 남자친구를 실제보다 과소평가했다. 왜 그랬을까? 피터가 상실감에 대해 그런 식으로 다루는 것을 사람들이 좋아했기 때문이다. 사람들은 '만약 내가 다른 사람들의 나쁜 점에 대해 생각하면, 난 더 이상 상처받지 않을 것이고 더 이상 사람들을 필요로 하지도 않겠지'라고 생각한다.

이것은 아무도 선택하지 않는 과소평가의 원칙이다. 과소평가는 당신에게 꼭 필요한 사랑을 파괴하고 만다. 그리고 당신이 다른 사람과 만나려고 애쓰는 고통으로부터 보호해 준다. 즉, '신포도'의 효과라고 할 수 있겠다.

"내가 먹고 싶었던 저 포도들은 사실은 맛이 없을 거야." 이 말을 다시 생각하면 이렇다. "난 정말 저 포도가 먹고 싶어. 하지만 저 포도를 먹을 방법이 없어. 어쩌면 저 포도는 속으로 썩고 있을지 몰라. 그렇다면 난 썩은 건 싫어. 차라리 포도를 안 먹는게 낫겠어." 만약 당신이 다음과 같은 생각을 한다면 과소평가하고 있는 것이다.

- 누군가와 헤어졌을 때, 나는 빨리 그 사람이 중요하지 않다고 생각되는 이유를 찾는다.
- 누군가와 헤어졌을 때, 그 사람의 단점을 생각하면 마음의 상실감을 잊는데 도움이 될 것이라고 생각한다.
- 새 집을 갖고 싶다거나, 영화를 보고 싶다거나 사람들과 친해지고 싶다는 등의 사람들의 바람을 들으면 그 말에 공연한 트집을 잡는다.

- 기대감이 들 때, "아마 그것은 잘 작동하지 않을 거야", "난 승진을 못 할 거야", "그는 나랑 잘 지낸 적이 없어"라고 그것을 과소평가하면서 기대를 없애버린다.

과소평가는 당신의 기대감과 필요와 소망과 열정을 빼앗아 간다. 이것은 당신의 마음을 차갑게 만들어 자신을 보호한다. 과소평가는 당신이 갖고 있지 않은 것을 원하지도 않게 만드는 것이다.

그러면 왜 과소평가 할까? 과소평가는 당신이 잘 준비되어 있지 않을 때 사용하는 대처 방법이다. 인간관계를 맺는 것은 힘이 드는 일이다. 비록 안전한 사람을 사귀더라도 인간관계를 맺는다는 것은 위험천만하고 자신을 초라하게 만들 수도 있다. 만약 당신이 반응 없는 사람 주위를 맴돌며 친해지려고 한다면 이것은 몇 배 더 힘이 드는 일이다. 차라리 고문이라고 할 수 있다.

사랑을 구하는데 응답해 주는 사람이 없는 것보다 더 고통스러운 일은 없다. 당신의 신체에 노출된 신경처럼 당신의 바람은 보호되지 않은 채 사람에 대한 그리움을 느끼며 그저 기다린다.

이런 감정적인 고통을 완화하기 위해서 당신은 자신이 바라는 것을 과소평가한다. 왜 그 사람을 원하지 않는지 여러 이유들을 생각하는 것은 당신이 깊은 실망의 고통으로 빠지지 않도록 도와준다. 욥은 짝사랑의 위험을 이해하고 있었다.

"낙심한 자가 비록 전능자를 경외하기를 저버릴지라도 그의 친구로부터 동정을 받느니라"욥 6:14.

다시 말해 만약 인간관계에서 사랑이 없다면 하나님과의 관계도 무관심해지기 쉽다. 그렇다면 어떻게 해야 할까? 당신은 좋은 사람을 부정적으로 보는 경향이 있는가? 과소평가를 통해 위험을 모면하지는 않는가? 만약 그렇다면 과소평가를 하지 않도록 도와주는 방법이 여기 있다.

1. 당신은 사람들과의 관계를 바라도록 창조되었음을 기억하기 바란다. 심지어 하나님도 사람을 원하신다는 것을 기억하라. 예수님도 회개하지 않는 백성들을 보며 한탄하셨다. "예루살렘아 예루살렘아 선지자들을 죽이고 네게 파송된 자들을 돌로 치는 자여 암탉이 그 새끼를 날개 아래 모음 같이 내가 네 자녀를 모으려 한 일이 몇 번이냐 그러나 너희가 원치 아니하였도다"마 23:37. 사람을 바라는

것은 당신에게 좋은 일이다.
2. 당신이 무엇을 과소평가하는지 잘 살펴보기 바란다. 그리고 친구에게 당신이 과소평가한 것에 대해서 어떻게 생각하는지 물어보라. 아마 당신은 놀랄 것이다.
3. 패턴을 찾기 바란다. 당신은 정말 원하는 것을 오히려 더 과소평가하고 있지 않은가? 내 친구 중에 한 명은 최근에 교회 연극에 출연하기 위해서 오디션을 받을 일이 있었다. 그는 연기를 정말 사랑했고 그 작품에 출연하기를 진정 원했다. 그런데 그는 내게 "고작 교회 연극에 불과한데, 뭘"이라고 말했다. 과소평가를 많이 할수록 그것은 정말 기대하고 있다는 증거가 되기도 한다.
4. 자신이 원하는 것을 알리기를 포기하지 말라. 대부분의 과소평가는 인간관계를 맺지 못할 것에 대한 깊은 두려움일 수가 있다. 상처를 주지 않으면서 당신과 친해질 수 있는 안전한 친구를 찾으라.

완벽주의

마크는 이해하기 힘든 사람 중에 하나였다. 그는 미혼이고 기독교인이었으며 약물 중독이나 성병 또는 다른 중독증 같은 것과는 관계없는 전문직에 종사하는 사람이었다. 그는 지적이고 운동도 잘하고 외모도 수려했다. 그리고 신뢰할 만했고 하나님을 사랑했다. 그런데 마흔 다섯 살인 마크는 친구가 없었고 외로워했다. 이런 일이 어떻게 있을 수 있을까? 겉으로 보기에는 그다지 심각해 보이지 않는다.

　마크 같은 사람은 풍부하고 역동적인 인간관계를 갖는 것이 당연할 것 같다. 하지만 완벽주의가 무엇인지 알게 되면 왜 마크 같은 사람이 친구가 없는지 '완벽히' 알 수 있을 것이다. 마크는 완벽주의자였기에 지금의 이런 황폐한 인간관계의 결과를 갖게 된 것이다.

　때때로 당신은 당신의 완벽주의에 대해 농담을 하기도 한다. "거울을 보고 내가 2킬로그램이나 늘어 얼마나 실망했는지 몰라." 그러나 실제로는 이 말보다 더 많이 실망했을 수 있다. 완벽주의는 낙담과 파괴적인 행동, 이혼의 결정적 이유가 될 수 있다. 완벽주의란 간단히 말해서 결점이 있는 것을 용납하지 못하는 것이다. 완벽주의는 세상에나 다른 사람에게나 자신에게 있는 불완전함과 결점에 대한 공포증과 같다. 완벽주의자는 엄청나게 많은 시간을 범죄나 노화, 상실 등에서 벗어난 완벽한 세상을 만들기 위해 노력한다.

　완벽주의자는 이상의 세계에서 살기 위해 노력하며 이상적인 시각으로 세상을 보지만 이상과 현실의 엄청난 괴리를 발견한다. 그래서 더 이상 자신의 기대에 맞추어 살 수 없고, 자신이 소중하게 생각하는 사람에게 상처를 받기도

한다. 완벽주의자는 자기가 살고 있는 현실을 받아들이지 못해 굉장히 힘들어 한다. 그래서 자기가 살고 있는 세상을 자신의 이상에 맞게 다시 변화시키려고 애쓴다.

더 깊이 생각해 보면, 완벽주의자는 율법의 지배하에 산다. 그는 "네가 바르게 행동한다면, 사랑을 받을 것이다"라는 요구에 속박되어 있다. 바로 다음의 성경 말씀은 율법이 무엇인지 말해 준다.

> "누구든지 온 율법을 지키다가 그 하나를 범하면 모두 범한 자가 되나니"약 2:10.

다 잘하다가 한 번 잘못하면 비난을 받고 스스로를 미워하기 때문에 율법의 지배하에 사는 것은 두려운 일이다. 이상과 목적은 좋지만 자신의 목적이 완벽히 이루어지길 원한다면 당신은 이상주의자가 되는 것이다.

완벽주의로 인해서 당신의 안정적인 인간관계에 단절이 오는 방법은 두 가지가 있다. 첫째로 완벽주의는 당신이 다른 사람과 친해지는 것이 부적격하다고 막는다. 나 스스로에게 부여한 '이러한 사람이 되어야 한다'는 불가능한 기준 때문에 사람들과 친해지지 못한다. 그리고 계속해서 너무 예민하게 자신의 실패, 범죄, 연약한 모습을 떠올린다. 그리고 자신의 나쁜 점만 보게 된다.

그리고 율법적으로 자신을 비난한다. 자신이 악해서 사랑받지 못할 사람이며 혼자라고 생각한다. 이렇게 되면 완벽주의자는 자신의 실패를 지나치게 크게 보고 하나님의 사랑은 아주 작게 생각하는 것이다. 이쯤 되면 완벽주의자는 '아무도 날 사랑하려 들지 않을 거야. 난 너무 부정적이고 추하고 나빠'라고 생각한다. 그리고 그는 다른 사람이 자신의 모습을 보면 모두가 멀어질 것이라고 믿으며 스스로 고립을 자청한다.

둘째로 다른 사람을 자신과 관계 맺기에 부적합하다고 생각한다. 완벽주의자는 다른 사람의 결점만 보고 그 사람이 갖고 있는 좋은 점이라든가 긍정적인 면은 보지 못한다. 그는 다른 사람을 올바르게 고쳐야 한다는 망상에 사로잡혀 있거나 그 관계를 그만두어야겠다고 쉽게 결정내리곤 한다.

완벽주의자는 무의식적으로 다른 사람들에게 자기 비판과 자기 혐오를 투영하고 자신의 고통을 조금이라도 경감시키려 하기도 한다. 종종 완벽주의자는 다른 사람과는 다른 특별한 대접을 받고 싶어하며 그렇게 되면 다른 사람은 자기보다 열등하다고 생각해서 다른 사람과 친해지려고 하지 않는다.

다음의 사항들 중에서 당신에게 해당되는 것이 있다면 당신은 완벽주의자의 성향을 가지고 있는 것이다.

- 그 사람을 알기도 전에 친구로서 부적격하다고 생각해 버린다.
- 누군가 당신을 실망시키고 떠나면 굉장히 상처를 받고 실망한다.
- 사람을 만나는데 충족시키기 불가능한 기준을 가지고 있다.
- 스스로를 너무 비난해서 사람들과 친해질 수 없다.
- 우정에서 실패한 경험이 꽤 있고 그 실패가 두려워서 인간관계 맺기를 포기한다.

만약 당신이 조금이라도 변화되길 원한다면 아래의 제안을 따라해 보라.

① 이상적인 목표를 바람으로 바꾸어라.
② 십자가의 은혜를 묵상하라. 우리는 동시에 사랑받을 수도 있고 결점으로 괴로워할 수도 있다.
③ 어떻게 완벽주의자가 되는 것을 배웠는지 찾으라. 이것은 조건을 걸고 만난 인간관계일 수도 있고, 완벽주의적인 부모일 수도 있고, 형식에 구애받는 종교집단일 수도 있다.

④ 당신의 결점을 고백할 수 있는 사람을 찾아라. 단, 그들 자신의 결점을 받아들일 수 있고 당신을 판단하지 않을 수 있는 사람이어야 한다.

⑤ 다른 사람들이 당신을 사랑하고 알 수 있게 허락하라. 대부분의 완벽주의자들은 이 두 가지를 동시에 못한다. 이들은 사랑은 받지만 주지를 못하거나 주지만 받지를 못한다. 완벽주의자에게 있어서 해결책은 좋게 보이는 것이 아니라 사랑을 받는 것이다.

⑥ 특별한 대우를 받으려고 하지 마라.

⑦ 하나님께서 하신 일을 시작하라. 당신의 바람과 완벽주의적 성향과 외로움을 모두 십자가에 맡기라.

수동성

나는 친구인 케빈이 자신이 가진 모든 것을 잃고 인생이 산산조각나는 것을 본 적이 있다. 케빈은 내가 만난 사람 중 가장 느긋한 사람이었다. 그가 직접 행동에 나설 만큼 중요한 것이 하나도 없어 보일 정도였다.

해가 지는 것을 함께 보는데 케빈만큼 좋은 친구는 없었다. 그와 걸으며 이야기하는 것이나 빈들빈들 함께 돌아다니는 것은 참 즐거웠다. 하지만 사실 그는 겉으로는 '편안한 사람'으로 보였지만 '수동적인 사람'이었다. 그리고 이것이 그에게 해로웠다.

다른 사람들은 '죽기 살기'식으로 승진하려고 애쓰는데 케빈은 느긋하게 있다가 결국 승진의 기회를 놓치는 것을 보았다. 적극적인 생각을 하는 사람들이 그의 '느긋하게 기다리자'라는 모습에 지쳐 그를 떠나는 것도 보았다.

그의 아내 로이스와 아이들이 조금씩 그의 곁을 떠나는 것을 보는 것은 마음이 아픈 일이었다. 가족은 그를 자극해서 어떤 종류의 일이라도 시작하게 하도록 노력했지만, 그는 아랑곳하지 않고 그저 웃으며 느긋하게 신문을 펴들곤 했다. 마침내 로이스가 아이들을 데리고 떠날 때에도 그는 결코 싸우지 않았다. 케빈은 세상에서 제일 좋은 사람인 듯 싶었다. 그는 자기주장을 한 적도, 다른 의견을 낸 적도, 반대한 적도, 무엇인가 얻으려고 노력한 적도 없었다.

난 그의 그런 행동을 보고만 있을 수 없어 한마디 했다. "난 자네가 로이스와 아이들과 함께 있지 않거나 그들이 해달라는 것을 계속 듣지 않을 때 자네에게 무슨 일이 일어날지 아주 걱정이 된다네." 그때 그는 미소를 지으며 고개를 끄덕이고는 "괜찮아, 그것에 대해서 생각할 필요가 있다는 것쯤은 나도 알아" 하고는 끝이었다. 혹시나 했지만 역시 그에게 달라진 것은 아무것도 없었다.

수동적인 사람은 여러 가지 이유를 대며 행동으로 옮기는 것을 피한다. 수동적인 사람은 일종의 환자이다. 이들은 기다리는 것을 대수롭지 않게 여긴다. 이들은 "좋은 일은 기다리는 사람에게 일어난다"고 믿는다. 그래서 누구보다 잘 기다린다.

수동적인 사람이 되는 이유는 다음과 같다.

- 누군가 돌보아 주는 사람에 의해서 자신의 문제가 해결되기를 바라는 소망
- 다른 사람에게 다가갔을 때 거절당할지 모른다는 불안감
- 행동했을 때 그에 따르는 벌이 가해질지 모른다는 불안감
- 실패의 불안감
- 성공의 불안감

어떤 사람은 자신의 수동성을 영적인 것으로 치장한다. 하지만 하나님은 사람이 수동적이 되라고 강요하신 적이 없다. 하나님은 항상 우리가 그분과 동행하며 성장하기를 원하신다. 하나님이 하시는 일과 당신이 할 일이 있기 마련이다.

"두렵고 떨림으로 너희 구원을 이루라" 빌 2:12.

책임감을 회피하는 것은 결코 영적인 행동이 아니다.

또 알아 두어야 할 것은 수동성은 건강에 좋지 않다는 것이다. 만약 당신이 수동적이면 인간관계를 맺을 때 먼저 다가서기 어렵고 지속하기도 어려울 것이다. 당신이 먼저 전화를 걸지 않고 전화가 오기만을 기다릴 것이다. 먼저 친구가 되어주는 것이 아니라 누군가가 다가오기만을 기다릴 것이다. 교회에 가도 먼저 인사하는 것이 아니라 누군가 와서 반갑게 인사해 주기만을 기다릴 것이다. 물론 기다리는 것이 잘못은 아니다. 하지만 당신이 먼저 할 수도 있다는 것을 잊어서는 안 된다.

"또한 뒤로 물러가면 내 마음이 그를 기뻐하지 아니하리라 하셨느니라" 히 10:38.

인생을 포기해서는 안 된다. 지나치게 수동적이어서 당신의 삶이 마치 미이라와 같아지거나 단순히 생존을 위해 살지 않기를 바란다. 당신이 삶에 뛰어들 수 있도록 도와주는 사람, 행동하도록 용기를 북돋우어 주는 사람, 삶을 잘 조절하면서 다시 무엇인가 시도할 수 있도록 도와주는 사람, 관계를 회복할 수 있도록 도와주는 사람을 찾기 바란다.

결론

앞의 두 장에서 우리는 당신이 해로운 인간관계를 맺게 되는 이유를 살펴보았고, 그것을 통해 당신은 자신의 모습을 발견할 수 있었을 것이다. 우리가 설명한 것 가운데 당신이 인간관계를 더 발전시키지 못하고 피하는 이유가 있었다.

이제는 해결 방법을 모색할 때이다. 지금까지는 해로운 인간관계를 치유하기 위해서 안전한 사람들과 좋은 인간관계를 맺어야 한다고 강조하였다. 이제 제 3부 '안전한 사람들'에서는 누가 안전한 사람인지, 왜 그들이 필요한지, 그런 사람을 어디서 만날 수 있는지, 그리고 더 중요한 것은 어떻게 하면 당신이 그런 안전한 사람이 될 수 있는지를 설명할 것이다. 그리고 마지막으로 당신의 완전하지 못한 인간관계를 살펴보고 그것을 어떻게 해결해야 할지를 동시에 생각해 볼 것이다.

PART 03

안전한 사람
Safe People

CHAPTER 09
안전한 사람이란?

당신에게는 당신의 잘못된 점을 지적해서 바꾸도록 인도해 주는 정직한 사람이 꼭 필요하다. 하나님의 말씀에 순종하며 진실을 말해 주는 친구가 있어야 한다. 이들이 당신의 잘못된 점을 지적하는 것은 당신의 못난 모습을 비난하는 게 아니다. 오히려 그 모습을 비난 없이 받아들이는 것이다.

마크는 기회 있을 때마다 내게 건강의 중요성에 대해 말하곤 했다. 좋은 친구였지만 도대체 건강 외에 다른 것에는 관심이 없어 보였다.

하루는 마크와 함께 아침식사를 했다. 그런데 뜻밖에도 그는 내게 아내와 다투었던 이야기를 하며 고민을 털어놓았다. 마크는 사사건건 아내와 충돌하며 속으로 적지 않은 고생을 하고 있었던 것이다. 나는 충고를 해 주기보다 그의 이야기를 들어주는게 낫겠다 싶어 가만히 들어주었고, 그의 고민들을 이해하려고 노력했다.

처음에는 모든 것이 슬픔과 좌절과 염려뿐인 것처럼 말하던 그가 대화를 끝마쳤을 때쯤에는 편안해 하며 미소를 짓고 심지어 농담까지 할 정도였다.

"기분이 훨씬 좋아 보이는데."

"그래, 진짜 위로가 많이 됐어. 너와 함께 아침을 먹으며 이야기를 했더니 마치 내가 새 사람이 된 기분이야. 네게 속마음을 털어놓는 것만으로도 큰 위로가 되었어." 마크가 웃으며 말했다.

비록 마크는 다른 사람에게 고민을 털어놓는 것만으로도 위로가 된다는 사실을 몰랐지만 나는 알았다. 아침식사를 같이 하던 나는 마크가 자신의 이야기를 믿고 털어놓을 수 있을 정도로 안전한 사람이었다. 힘을 얻어 일을 하려면 음식을 먹어야 하는 것처럼 건강한 생각을 하기 위해서는 다른 사람과 대화하는 것이 필요하다. 그날 아침 마크와 나는 안전한 교제를 나눈 것이다.

안전한 관계란 무엇인가?

안전한 인간관계는 다음의 세 가지 요소를 포함한다.

1. 하나님에게 더 가까이 다가갈 수 있도록 이끈다.
2. 사람들과 친해지도록 이끈다.
3. 하나님께서 창조하신 자신의 모습을 사랑하도록 도와준다.

성경은 이 세 가지 요소를 통한 영적 성숙에 대해 말하고 있다. 우선 하나님을 사랑하라는 첫 번째 계명을 지켜야 하고마 22:37-38, 서로 사랑하라는 두 번째 계명을 명심해야 한다마 22:39. 그리고 하나님께서 선한 일을 위하여 우리를 만드셨으므로 그 지으신 바 대로 살아야 함을 잊지 말아야 한다엡 2:10.

사람들에게 '안전한 사람'에 대해서 아는 대로 말하라고 했더니 이렇게 말했다.

- 내 모습 그대로를 받아들이는 사람
- 내가 무엇을 하든지 어떠하든지 개의치 않고 날 사랑하는 사람
- 내가 사랑하고 믿을 만한 사람이 되도록 도와주는 사람
- 내 안에 사랑과 선한 일을 창조하는 사람
- 내가 성장할 수 있는 기회를 주는 사람
- 내 안에 사랑을 만드는 사람
- 나 스스로를 일깨우는 사람

- 나의 한계를 넘어설 수 있게 해 주는 사람
- 이웃과 하나님을 위해서 나를 희생할 수 있게 하는 사람
- 하나님께서 원하시는 모습이 되도록 도와주는 사람
- 나를 감동시켜서 더 나은 삶을 살게 하는 사람
- 나를 감동시켜서 하나님께서 원하시는 삶에 가까이 다가갈 수 있게 하는 사람
- 내가 예수님 닮은 삶을 살게 도와주는 사람
- 내가 다른 사람을 더 사랑할 수 있도록 도와주는 사람

당신은 주위에 이런 안전한 사람이 있길 바랄 것이다. 그러나 문제는 '어떻게 안전한 사람을 찾는가'에 있다. 정말 어떻게 찾을까?

'안전한 사람'에 대한 정의는 사람마다 다양한다. 심지어 어느 극단적인 사람은 인간관계를 맺을 필요가 없다고까지 한다. 하나님 한 분만 믿는 것으로 충분하다고 생각하기 때문이다. 또 어떤 사람은 자신만 의지한다. 한편, 성경에서 말하는 대로 인간관계의 중요성을 알고 실천하는 사람이 있다. 하지만 이들도 사람들과의 관계 속에서 끊임없이 상처를 받는다. 그들은 상처를 주는 친구, 배우자, 교회, 직장 동료, 영적 지도자, 애인을 만난다. 해로운 사람을 만나는 것이다. 이

들에게는 안전한 사람을 고를 능력이 없어 보일 정도이다. 도리어 상처 줄 사람만 잘도 찾아내는 은사를 받은 것 같이 보인다. 성경의 가르침을 따랐지만 결국 해로운 사람을 만나서 낙담하게 된다.

따라서 안전한 인간관계를 맺기 위해서는 우선 안전한 사람은 누구이며 왜 그런 안전성이 필요한지 알아보자. 안전한 사람의 가장 좋은 예는 예수님이다. 예수님에게는 안전한 사람의 세 가지 요소가 모두 있다. 거함, 은혜, 진실이 그것이다.

요한복음은 "말씀이 육신이 되어 우리 가운데 거하시매 우리가 그의 영광을 보니 아버지의 독생자의 영광이요 은혜와 진리가 충만하더라"요 1:14고 말한다.

거함

거함의 의미는 다른 사람이 당신의 마음과 연결되어 있다는 것이다. 거한다는 단어의 헬라어 뜻인 '진을 치다' 또는 '존재하다'라는 어원은 영이 사람의 몸안에 거하는 것에서 유래되었다. 사전에 따르면 이 단어의 기원은 영혼이 거하는 장소인 사람의 육체와 깊은 관련이 있다. 다시 말해서 안전한 관계는 육체 안에 거하시면서 사람으로 사셨던 예수님의 성육신의 의미를 가지고 있다. 안전한 사람은 '함께 할' 수 있는 사람이다. 당신은 예수님이 항상 우리와 함께 하심을 알 수 있다.

부부들 중 대부분이 안전함의 결핍을 겪으며, "상대방이 나와 함께 있는 것 같지 않아. 전에 보았던 그의 모습을 더 이상 느낄 수 없어"라든지 혹은 "그녀가 그렇게 멀게 느껴질 수가 없어"라고 불평하는 것은 서로가 상대방에게 거하지 않기 때문이다.

은혜

예수님이 보여 주신 안전함의 두 번째 조건은 '은혜'이다. 은혜는 '대가 없이 준다'는 것을 뜻하며 누군가 내 편이 되어서 "나와 함께" 있어 주는 것도 의미한다. 조건 없이 사랑하기 때문에 비난하지 않고 있는 모습 그대로를 받아들일 수 있다롬 8:1 ; 엡 4:32.

그런데 부끄러워하거나 비난하는 태도로 당신을 받아들이는 사람은 결국에 상처를 주고 성장하도록 도와주지도 못한다. 그래서 너무 소중한 사랑도 할 수 없게 된다. 그러나 은혜는 반대이다. 은혜란 있는 그대로의 모습을 화내거나 부끄러워하지 않고 받아들이는 마음을 말한다.

진실

마지막으로 예수님께 있는 안전함의 세 번째 요소는 '진실'이다. 진실의 뜻은 많지만 인간관계에서는 정직, 서로에게 솔직할 것, 하나님께 솔직할 것을 강조한다. 많은 사람이 안전한 관계는 사실을 말해 주지 않고 은혜만 주면 된다고 생각하지만 그러면 인간관계는 파괴된다.

당신에게는 잘못된 점을 지적해서 바꾸도록 인도하는 정직한 사람이 꼭 필요하다. 하나님의 말씀에 순종하며 진실을 말해 주는 친구가 있어야 한다. 이들이 당신의 잘못된 점을 지적하는 것은 당신의 못난 모습을 비난하는 게 아니다. 오히려 그 모습을 비난 없이 받아들이는 것이다.

"형제들아 사람이 만일 무슨 범죄한 일이 드러나거든 신령한 너희는 온유한 심령으로 그러한 자를 바로잡고 너 자신을 살펴보아 너도 시험을 받을까 두려워하라" 갈 6:1.

안전한 관계는 꼭 필요하면 서로에게 아프더라도 잘못을 솔직하게 말할 수 있는 관계이다. 비난하지 않는 관계보다 비난하면서 그 모습을 받아들이는 사이가 더 안전하다.

이제부터 거함과 은혜, 진실의 다른 면도 살펴볼 것이다. 성경은 예수님이 당신과 함께 하셨듯이 당신도 은혜와 진실로 서로의 안에 거하는 사람이 되라고 권면한다.

CHAPTER 10
왜 안전한 사람이 필요한가?

안전은 다른 사람들로부터 얻을 수 있다. 하나님은 당신을 안전한 사람으로 지으셨고 안전한 사람과 함께 살게 만드셨을 뿐 아니라 예수님처럼 안전한 사람의 형상에 맞게 창조하셨다.

시편 기자의 이런 아픔을 느껴 본 적이 있는가?

"여호와께 피하는 것이 사람을 신뢰하는 것보다 나으며"시 118:8.

함께 일하던 목사님이 우울증에 너무 시달린 나머지 목사직도 그만두려고 했다. 나는 목사님이 털어놓은 말을 통해 그가 오랫동안 외로워했다는 것을 알게 되었다. 친구는 많았지만 마음을 털어놓을 수 있는 사람은 아무도 없었던 것이다. 목사님은 어려서 형들에게 받은 깊은 상처 때문에 마음의 문을 걸어 잠그었다.

형들은 동생이 작고 어리다고 해서 자주 놀리거나 떼어 놓고 자기들끼리 놀러가곤 했다. 형들에게 놀림을 받고 창피를 당하던 어느 날, 그는 자신에게 다짐했다. "이제 아무도 믿지 않을 거야." 그러고는 자신과 한 약속을 철저히 지켰다. 그래서 목사인 그를 섬겼던 사람도 많고 항상 주위에 사람이 끊이지 않았지만 정작 그의 공허감을 채워줄 사람은 만나지 못했다.

예수님은 그 벽을 허무는 방법을 보여 주셨다. 예수님과 열두 제자들은 하나님이 삶을 변화시키고 치유하기 위해 사용하시는 좋은 인간관계의 중요성을 가르치고 있다벧전 4:10.

교회

현대인들이 교회에 대해 오해하고 있는 것이 있다. 사람들은 상처를 입으면 기도를 들어주고 치료하고 성장하도록 도울 수 있는 하나님의 대리인 격인 교회에 도움을 청하지 않는다. 대신 하나님이 기적같이 나타나셔서 주변 상황들을 바꾸어 주길 바란다. 다시 말해서 예수님이 흰 옷 입고 나타나셔서 자신의 우울증이나 상한 마음을 만져 주고 치료해 주기를 바란다.

그런데 문제는 이런 바람을 가지고 있는 사람들이 예수님께서 이미 나타나셨다는 사실을 간과하는 것이다. 요한일서에서 말했듯이 예수님은 육신의 몸을 입고 이 땅에 이미 오셨다. 이 땅에 오신 예수님은 사랑의 모델이 되셨고, 예수님 자신과 사람과의 연합을 통해 예수님이 함께 하심을 경험할 수 있는 교회와 사람이 되라고 말씀하셨다. 오늘날 예수님의 손길을 온전히 알 수 있는 곳은 교회이다.

문제는 예수님이 당신을 버렸고 신비적인 연합을 통해서만 그분의 손길을 느낄 수 있다고 생각하는 데 있다. 물론 하나님과 직접적으로 신비적인 영적 관계를 맺는 것이 최선이고 중요하지만, 성경은 사람 사이의 관계를 분리하지 않는다. 도리어 사람과 잘 지내지 못하면 하나님과도 좋은 관계를 맺지 못한다고 말한다요일 4:20. 많은 기독교인들은 서로 관계를 맺는 것이 영적인 활동이라는 것을 이해하지 못한다.

하나님과 함께 하는 것만이 영적인 삶이 아니라 사람들과 서로 사랑하는 것도 영적인 삶이다마 22:37-40. 다음과 같은 질문을 스스로에게 하면서 영적인 삶을 살고 있는지 평가해 보기 바란다. "다른 사람과 어떻게 지내고 있는가? 내가 맺고 있는 인간관계는 어떠한가?" 만약 인간관계가 영적인 삶의 중요 지표 중 하나라면, 섬김을 잘하는가 못하는가를 통해서 판단해야 할 것이다.

예수님은 당신의 영혼을 구원하러 이 땅에 오셨을 뿐만 아니라 하나님과 사람을 사랑하는 방법을 보여 주기 위해서도 오셨다. 교회는 하나님과의 관계는 중요시하면서 사람과의 관계는 그다지 신경을 안 쓰는 경향이 있는데 성경에서는 둘 다 중요하다고 말한다. 사실 하나님만 사랑할 수도 없고 사람과의 관계만 중시할 수도 없다.

성경은 하나님이 지으신 모습대로 성장하기 위해서는 다른 사람과의 인간관계가 꼭 필요하다고 가르친다. 이 장에서는 우리가 성장하는데 왜 사람이 필요한지에 대해 살펴볼 것이다.

연료

제인은 아무것도 하고 싶지 않았다. 시간이 가면 갈수록 더 우울해지고 지쳐만 갈 뿐이었다. 그녀는 '다시 일어나 달려갈' 힘이 없었다. 무엇을 해야 할 동기를 잃어버렸고, 집에만 틀어박혀 있고 싶었다. 그녀는 우울증이 심해지자 드디어 병원에 찾아왔다. 의사는 그녀의 만성적인 피로를 마음에서 연유한 병이라고 진단했다. 우리는 제인과 이야기하면서 의사의 판단이 옳았음을 알게 되었다.

제인은 어려서 맺었던 인간관계에서 상처를 많이 받았던 것이다. 그 후로는 다른 사람과 갈등을 겪거나 누군가가 자신의 의견에 동의하지 않으면 자기는 쓸모없고 사랑받지 못한다고 생각하기 시작했다. 이 생각이 계속될수록 다른 사람은 물론 가족과도 함께 있고 싶지 않았다. 사람들과 거리가 멀어질수록 점점 더 지치고 일할 의욕도 상실하였다.

하지만 정작 그녀는 자신의 의욕 상실이 사람들을 멀리했기 때문에 생긴 것을 모르고 있었다. 사람들과 단절되었기 때문에 그들이 줄 수 있는 '연료'를 얻지 못했는데도 말이다.

"머리를 붙들지 아니하는지라 온 몸이 머리로 말미암아 마디와 힘줄로 공급함을 받고 연합하여 하나님이 자라게 하시므로 자라느니라"골 2:19.

이 만고불변의 진리는 인생 가운데서 만날 수 있는 시련과 낙담을 정면대결할 수 있는 '연료'를 얻게 한다.

위로

바울이 낙심하고 용기를 잃었을 때, 하나님은 친구를 보내주셔서 그의 마음을 위로했다.

> "그러나 낙심한 자들을 위로하시는 하나님이 디도가 옴으로 우리를 위로하셨으니"고후 7:6.

성경은 다른 사람과 함께 있어 주며 도와주고 위로해 주라고 한다. 로마서 12장 15절은 "슬퍼하는 자와 함께 울라"고 말한다. 슬픔 가운데 있는 사람은 하나님의 함께 하심과 사람들이 주는 위로가 자신들을 평안하게 한다고 말한다. 이렇듯 사람은 혼자서만 살 수 있는 존재가 아니다. 위로는 스스로가 줄 수 없기 때문에 다른 사람으로부터 받아야 하는 것이다.

"난 결코 남편의 죽음을 극복할 수 없으리라 생각했어요. 밤에 잠도 잘 수 없었고, 내 가슴은 고통으로 갈기갈기 찢기는 것 같았죠. 그러나 그렇게 슬플 때 곁에 있어 준 친구의 도움으로 난 이겨낼 수 있었어요. 친구들이 해 준 무슨 말이 도움이 된 게 아니에요. 단지 옆에 있어 주었던 것이 큰 힘이 된 것이죠."

'No'라고 할 수 있는 힘

정서적으로, 영적으로 강건하기 위해 가장 필요한 것은 적당한 경계선을 그을 줄 아는 것이다. 악한 일에 유혹이 있다면, 그것에 대해 'No'라고 말할 수 있어야 한다. 때로 당신에게 상처를 주는 사람이 주는 악한 일이라면 더욱 그러하다. 하지만 슬프게도 어떤 사람에게는 'No'라고 말할 수 있는 힘이 없다.

메리는 사람을 사랑하려고 노력했다. 그러나 인간관계에서 '사랑' 이상의 다른 것을 요구할 때마다 그녀는 상실감에 빠졌다. 마태복음 18장 15절에서 말하듯이 죄를 범한 이웃이 있거든 그에게 권고해야 한다. 그런데 인간관계 속에서 사랑을 주는 것 이외에 다른 일을 하게 되면 메리는 용감하게 그 상황에 대처하지 못했다. 예를 들어, 나쁜 짓을 하는 친구에게 강하게 권고하는 일에 서툴렀다. 그저 다른 사람이 화를 낸다거나 자신을 지배하려고 할 때 팔짱을 끼고 멀찍감치 물러서서 남의 일처럼 바라볼 뿐이었다.

마침내 그녀는 자신의 문제를 해결하기 위해 그룹 상담을 받기 시작했다. 그룹의 멤버들은 갈등이 생기거나 다른 사람과 문제가 생겼을 때 어떻게 할지를 가르쳐 주었다.

이것을 배운 그녀는 잘못된 일이 발생할 경우, 그 사람에게 어떻게 권고해야 하는지를 알게 되었다. 새로 사귄 친구들이 자신을 지지해 줄 것을 알기 때문에 더 이상 무조건 물러나지 않아도 되었다. 이들은 성경이 가르쳐 준 대로 한 것이다.

> "그러므로 피곤한 손과 연약한 무릎을 일으켜 세우고 너희 발을 위하여 곧은 길을 만들어 저는 다리로 하여금 어그러지지 않고 고침을 받게 하라"히 12:12-13.

당신은 아주 나쁜 상황에서도 경계를 긋고 규칙을 세우고 힘을 북돋우어 줄 다른 사람이 필요하다. 그래야 견고해질 수 있다.

살아오면서 자신을 지지해 줄 사람을 잘 만난 어떤 사람의 삶이 놀랍게 변화한 경우를 본 적이 있을 것이다. 이들이 저항할 수 있는 힘을 갖게 된 것은 결코 혼자서 가질 수 없는 것이다. 이들을 도와줄 사람들이 없다면 수년 동안 노력해도 이런 힘은 가질 수 없다. 그러나 자신을 지지해 줄 든든한 후원자를 만났기 때문에 이들은 변화를 가져올 수 있는 힘을 내부에서 찾아내었던 것이다.

공격성의 형성

사람들은 공격은 나쁜 것이라고 생각하는 경향이 있다. 하지만 공격이 긍정적인 것이 될 수도 있다. 왜냐하면 삶에서 원하는 목표를 얻도록 도와주기 때문이다. 수동적인 사람들은 하나님께서 주신 공격성을 이용해서 그들 앞에 놓아주신 삶의 목표를 얻는 방법을 모른다.

패트릭이 바로 그런 사람이었다. 그는 수동적인 아버지와 순종적인 어머니 아래서 자랐기 때문에 '수동적인 사람' 신드롬에 길들여져 있었다. 그의 꿈은 대부분 이루어지지 않았고 책임감도 별로 없었다. 패트릭과 그의 아내는 절망적이었다. 이들은 강한 성격을 가진 사람을 본 적이 없어서 자신에게 필요한 공격성과 강인한 성격을 내재화 할 수 없었기 때문이다. 패트릭은 아버지처럼 뒤로 물러나서 팔짱을 끼고 우물쭈물할 줄만 알았다.

하지만 패트릭이 강하고 공격적인 사람과 안전한 인간관계를 맺게 되자 아버지가 물려준 수동성에서 탈피하여 삶에 직면하는 강한 사람으로 변하였다. 사람들은 자신이 보지 못한 것을 흉내내거나 내재화 할 수 없다. 패트릭이 사귄 강한 사람들은 그와 부인이 너무나 닮고 싶어하는 모델을 제시해 주었고, 그래서 패트릭은 강한 사람이 될 수 있었다. 새로운 사람과 좋은 인간관계는 하나님과의 관계에서도 마찬가지지만 당신이 경험해 보지 못한 새로운 것에 대해 모델을 제시해 줄 수 있다.

격려와 지지

"선한 싸움을 싸우는 것"은 힘들고, 그래서 당신은 종종 하나님과 그분의 말씀이 직접 주시는 용기가 필요하다롬 15:4 ; 빌 2:1. 성경은 당신이 사람들로 인하여 용기를 얻는 것이 필요하다고 자주 강조한다.

> "나의 사정 곧 내가 무엇을 하는지 너희에게도 알리려 하노니 사랑을 받은 형제요 주 안에서 진실한 일꾼인 두기고가 모

든 일을 너희에게 알리리라 우리 사정을 알리고 또 너희 마음을 위로하기 위하여 내가 특별히 그를 너희에게 보내었노라" 엡 6:21-22.

우리는 바울이 영적 거인이므로 다른 사람의 도움이 필요 없을 것이라고 생각하기 쉽다. 그러나 바울은 어려운 상황들을 극복하는데 다른 사람의 관심과 사랑과 용기가 얼마나 많은 도움을 주었는지 여러 차례 말하고 있다. 우리는 바울 정도의 '영적인' 사람들이 아니기 때문에 하나님이 다른 사람을 통해서 주시는 용기가 꼭 필요하다.

"두 사람이 한 사람보다 나음은 그들이 수고함으로 좋은 상을 얻을 것임이라 혹시 그들이 넘어지면 하나가 그 동무를 붙들어 일으키려니와 홀로 있어 넘어지고 붙들어 일으킬 자가 없는 자에게는 화가 있으리라 또 두 사람이 함께 누우면 따뜻하거니와 한 사람이면 어찌 따뜻하랴 한 사람이면 패하겠거니와 두 사람이면 맞설 수 있나니 세 겹 줄은 쉽게 끊어지지 아니하느니라" 전 4:9-12.

모델화

많은 사람들이 가정에서 하나님의 말씀과 뜻을 배우며 자라지 않는다신 6:7 ; 잠 22:6. 그 결과 이 사람들은 행복하고 성공적인 삶을 위해 무엇이 필요한지 잘 모른다.

> "누가 너를 남달리 구별하였느냐 네게 있는 것 중에 받지 아니한 것이 무엇이냐 네가 받았은즉 어찌하여 받지 아니한 것 같이 자랑하느냐"고전 4:7.

사람은 배운 것은 잘 알고 배우지 못한 것은 못하기 마련이다. 심지어 어떤 사람은 무엇이 부족한지도 모르고 그냥 사는 경우도 있다. 예를 들면, 어떤 사람들은 동정, 감정이입, 사랑, 결혼, 업무 능력 향상, 재능과 은사, 관계성, 용서, 성 역할 등을 모른 채 그냥 산다.

사람은 역기능적 가정에서 태어났다. 왜냐하면 인류의 조상은 아담이기 때문이다. 이런 가정에서 자랐으므로 충분히 성장되지 않은 채 어른이 되었다. 하나님은 당신을 보며 말씀하신다. "너희들은 도움 이상의 것이 필요하구나. 모든 것을 다시 시작해야 할 것 같은데." 사람은 자신이 어디서 태어날지 누구를 부모로 두게 될지 고를 수 없다. 그렇기 때문에 반드시 '거듭나야' 하고 아이들처럼 되어야 한다. 하나님 아버지께서 말씀하셨듯이 다시 가족과 사람들과 함께 사는 법을 배워야 한다.

그래서 하나님은 우리를 양육하기 위해 그리스도의 몸인 교회를 주셨고 가르치기 위해 이웃을 옆에 두셨다. 바울은 여러 방면에서 이것을 강조하고 다른 사람에게 자신과 같은 일을 행하고 자신의 길을 따르라고 격려한다고전 4:16-17 ; 딛 2:3-8. 바울은 디모데를 주 안에서 아들이라고 불렀고 어떻게 살지에 대해 몸소 실천해 보였다. 그리고 훗날 디모데도 다른 기독교인들에게 어떻게 살지에 대해 본을 보였다.

치유

정서적인 치유에는 여러 방법이 있으나 그 중에서 가장 좋은 방법은 슬픔이다. 고통스러운 상황, 뼈아픈 손실, 결코 이루어질 수 없는 사랑, 산산조각 난 꿈, 그리고 살아가면서 어쩔 수 없이 겪게 되는 수많은 아픔들… 이런 모든 것에 대해 슬퍼할 줄 알아야 한다. 궁극적으로 모든 아픔은 슬픔의 과정을 통해 치유된다. 그래서 예수님은 "애통하는 자는 복이 있나니 그들이 위로를 받을 것임이요"마 5:4라고 말씀하셨다. 또한 예수님은 성장하기 위해서 낡은 삶들을 "버릴 줄" 알아야 하며 바로 이것이 슬픔의 과정 가운데 있는 것이라고 말씀하셨다마 16:25.

빈 마음을 채울 수 있는 새로운 것이 없다면 사람은 진정으로 슬퍼하거나 잊을 수 없다. 그래서 많은 사람들이 어려서 받은 마음의 상처를 이기지 못하거나 사랑을 줄 수 없는 부모에게 사랑을 계속해서 얻으려고 한다. 그들은 새로운 대상을 찾지 못해서 옛 것에 집착하는 것이다.

새로운 교제가 없이는 애통해 할 수 없다. 당신은 잃어버린 것에 집착하지 않기 위해서 새롭게 만날 다른 사람과 하나님이 필요하다. 바울이 고린도교회에 말한 대로 만약 고린도교인들이 바울과 깊은 교제를 나누고 있었다면, 이들은 자신들을 억누르고 있던 집착들을 버릴 수 있었을 것이다.

"고린도인들이여 너희를 향하여 우리의 입이 열리고 우리의 마음이 넓어졌으니 너희가 우리 안에서 좁아진 것이 아니라 오직 너희 심정에서 좁아진 것이니라 내가 자녀에게 말하듯 하노니 보답하는 것으로 너희도 마음을 넓히라"고후 6:11-13.

많은 사람들은 다른 이들에게 마음을 '넓게 열지' 못해 상처를 치유받지 못한다. 그러므로 슬픔을 견뎌내기 위해선 격려자와 새로운 관계가 필요하다. 슬픔이 없는 치유는 없고, 격려자와 새로운 관계가 없는 치유도 없다.

권고와 훈련

어느 날 나는 동료인 조와 다투었다. 무엇을 주문할까에 관해 의논하고 있었는데 그가 나의 화를 돋구었다. 그도 나에게 굉장히 화가 났고, 결국 서먹한 분위기로 헤어졌다. 다음에 모일 때는 사람들이 조의 비이성적인 면 때문에 내가 화낼 수밖에 없었던 이유에 동조해 주기를 바랐다.

나는 다음 모임에서 조가 궁지에 몰리길 은근히 바랐다. 나와 조가 서로 잠시 발표를 했고, 이제 나는 사람들이 대화에 끼어들어 나를 지지해 주기를 기다렸다. 그러나 기대는 빗나가고 말았다. 오히려 모든 사람이 내가 조에게 한 행동은 잘못된 것이라고 비판했다. 그리고 자신들도 조가 겪었던 경험을 겪은 적이 있다고 하는 것이 아닌가.

믿을 수 없었다. 나에게 상처를 준 사람은 조인데 사람들은 내가 잘못했다고 몰아세웠다! 사람들은 내가 그들의 감정이나 생각은 물어보지도 않고, 무슨 말만 하면 말싸움부터 할 태세를 잡는다고 불평했다. 나는 정말 놀랐다. 나는 내가 상처를 입었다고 생각했는데, 사실은 내가 사람들에게 상처를 주었던 것이다. 그제야 나는 인간관계를 맺는 나의 방법에 문제가 있었음을 깨닫고 내가 다른 사람들과 인간관계를 맺을 때에도 같은 행동을 하는지 조심스레 보기 시작했다. 그 일을 통해 내 모습을 볼 수 있어 도움이 되었으나 너무 마음이 아팠고 고통스러웠다.

이 일화는 '안전한 사람'에 대한 아주 중요한 성경적인 원리인 권고와 훈련을 제시하고 있다. 동료들은 내가 바꿔야 할 부분에 대해서 단도직입적으로 이야기해 주고 내가 바뀌길 원했다. 이들이 날 미워해서 정죄한 것이 아니라 사랑하기에 내가 더 나은 사람이 되길 바랬기 때문이다. 사실 나는 내 잘못이 무엇인지조차 몰랐다. 아마 그들의 도움이 없었다면 여전히 내 잘못을 몰랐을 것이다. 바꿔야 할 단점을 이들 덕분에 알게 되었다.

여기서 당신이 기억해야 할 아주 중요한 것이 있다. 당신은 자신의 단점을 잘 모른다. 혹은 알긴 하지만 인정하길 거부한다. 어떤 사람은 인정하긴 하지만 바꾸길 거부한다. 그래서 당신은 당신의 참모습을 일깨워 주고 인정하고 싶지 않은 모습을 인정하게 해서 잘못된 모습을 바꾸게 할 형제와 자매들이 꼭 필요하다. 만약 당신이 사람들에게 상처를 주고 나쁜 행동을 많이 하는 경향이 있는데 그런 식으로 인간관계를 맺고 있다면, 진실한 친구는 당신이 더 이상 그러한 행동을 하지 않도록 도와줄 것이다.

> "형제들아 사람이 만일 무슨 범죄한 일이 드러나거든 신령한 너희는 온유한 심령으로 그러한 자를 바로잡고 너 자신을 살펴보아 너도 시험을 받을까 두려워하라"갈 6:1.

성경은 서로의 잘못된 점과 고칠 점을 알게 해 주는 것이 꼭 필요하다고 분명히 말한다. 바로 이것이 성경에서 말하는 안전한 인간관계의 본질이다. 그렇기 때문에 안전한 인간관계는 겸손하고 정직하고 관대해야 한다. 이것이 바로 '은혜와 진실'의 본질이다.

만약 당신의 잘못된 점을 주위에서 꼬집어 주는데 듣지 않으려고 귀를 막는다면 성경이 말하는 '듣지 않는 죄'를 저지르는 것이 된다. 성경은 형제와 자매가 함께 서로의 잘못을 지적해 주는 사랑하는 관계를 맺으라고 말한다.

"네 형제가 죄를 범하거든 가서 너와 그 사람과만 상대하여 권고하라 만일 들으면 네가 네 형제를 얻은 것이요 만일 듣지 않거든 한두 사람을 데리고 가서 두세 증인의 입으로 말마다 확증하게 하라 만일 그들의 말도 듣지 않거든 교회에 말하고 교회의 말도 듣지 않거든 이방인과 세리와 같이 여기라 진실로 너희에게 이르노니 무엇이든지 너희가 땅에서 매면 하늘에서도 매일 것이요 무엇이든지 땅에서 풀면 하늘에서도 풀리리라"마 18:15-18.

이러한 '개입'의 과정은 아주 고통스럽고 갈등을 일으키기도 하지만 서로에게 잘못된 점을 지적해 주고 고치도록 함으로써 결국 모두는 파멸을 피할 수 있게 된다. 나는 변화가 절실히 필요한 사람이 주위의 사랑하는 사람들의 도움을 받아 끔찍한 결과를 모면하게 된 경우를 본 적이 있다. 변화하도록 충고해 주고 잘못을 일깨워 주었기 때문에 그 사람은 자칫 직면할 수도 있었을 불행을 피할 수 있었다.

훈련과 권고는 예수님의 사랑 안에서 한 형제요, 자매가 된 사람들과 '새 가족'을 이루어 받은 귀한 선물이다. 당신은 진실로 안전한 관계를 찾아야 하는 동시에 성경에서 말하는 권고를 듣지 못하는 미련한 자가 아니라 총명한 자가 되어야 한다잠 12:5, 15:5, 17:10. 만약 당신이 미련한 자라면 파멸을 향해 달려나가게 될 것이고, 더 많은 '불안전한 관계'를 맺게 될 것이다.

선행

나는 처음 선교여행에 참가했던 고등학생 두 명에게서 편지를 받았다. 이들은 모두 기독교 가정의 자녀들이었고, 항상 '선행'을 하던 모범 학생들이었다. 선교여행 동안 믿는 사람들이 몸소 실천하는 봉사를 보면서 삶이 변화하게 되었다고 편지에 적고 있었다. 이들은 믿는 사람들과 함께 지내면서 감동을 받아 인생의 새로운 면을 보게 된 것이다.

성경에서는 단순히 '선행'할 생각을 하지 말라고 한다. 대신 서로에게 선행을 하도록 자극제가 되어야 한다고 한다. 믿는 사람들과 함께 지내면서 서로 영향을 받아 봉사하는 삶을 살아야 한다. 그것이 좋은 인간관계를 맺을 때 얻어지는 장점이다.

"서로 돌아보아 사랑과 선행을 격려하며 모이기를 폐하는 어떤 사람들의 습관과 같이 하지 말고 오직 권하여 그 날이 가까움을 볼수록 더욱 그리하자"히 10:24-25.

그러므로 당신을 성장하도록 도와주고, 하나님이 지으신 모습대로 성장하도록 돕는 사람들과 함께 있기를 힘써야 한다.

사랑

사람은 인간관계 속에서 사랑을 배운다. 사랑을 받고 사랑하는 법을 배운다. 당신이 사랑하는 것은 "그분께서 먼저 우리를 사랑하셨기" 때문이다요일 4:19. 사랑하는 사람은 자신이 받은 사랑으로 사랑한다. 이것은 예수님의 가르침이다.

"내가 너희를 사랑한 것 같이 너희도 서로 사랑하라"요 13:34.

앞에서 말했듯이 예수님께서 우리를 사랑하신 중요한 방법 중 하나는 믿는 사람들을 통한 것이었다. 믿는 사람들은 예수님의 은혜의 도구이다벧전 4:10. 당신은 사랑을 주고

받는 좋은 인간관계에 있기 때문에 하나님이 바라는 사랑을 배울 수 있고, 다른 곳에서 다른 사람에게 동일한 사랑을 할 수 있다.

당신이 올바른 사랑에 실패하는 법도 인간관계에서 배운다. 얼마나 사랑을 못 받았는지는 예수님 안에서 다른 사람과 친밀한 교제를 나눌 때 알 수 있다. 이들이 당신의 잘못을 지적하면 당신은 사과하고 용서를 받아들이고 더 잘하려고 노력하게 된다. 사람들은 이런 실패와 용서와 성장의 과정을 통해서 변화가 필요한 부분이 어디이며 하나님만이 변화시키실 수 있다는 것을 알게 된다.

자신이 사랑하고 싶었던 사람과 충분히 깊은 사귐을 갖지 않았다면 좋은 방향으로 결코 성장하지 못했을 것이다. 깊고 진실한 인간관계를 맺지 않은 사람은 진정한 사랑을 하고 있다는 망상에 사로잡힌다. 당신이 진정한 사랑을 하는지 안 하는지 알 수 있는 유일한 방법은 사람들과 관계를 맺고 실제로 사랑을 해 보는 것이다.

이제까지 진정한 안전이란 거주와 은혜와 진실이라는 것을 생각해 보았다. 안전은 다른 사람들로부터 얻을 수 있다. 하나님은 당신을 안전한 사람으로 지으셨고 안전한 사람과 함께 살게 만드셨을 뿐 아니라 예수님처럼 안전한 사람의 형상에 맞게 성장하도록 창조하셨기 때문이다.

CHAPTER 11
안전한 사람은 어디 있는가?

교회 안에도 거듭나지 않은 사람이 있다. 이들은 믿음 때문에 기뻐하거나 하나님과 동행하는 삶을 살지 못한다. 가시떨기에 씨를 뿌리운 사람도 이런 유형에 속하는데 이들은 씨가 뿌려져 믿음은 갖게 되었지만 너무 자기중심적이고 눈앞에 보이는 삶의 문제에만 급급해서 자신들의 관계 속에서 열매를 맺지 못한다. 즉, 믿음은 있으나 자라지 못하는 사람도 역시 상처를 주는 사람이 될 수 있다.

전화의 음성 녹음을 확인해 보니 내게 상담을 받는 사람이 자살하기 직전인 것 같았다. 테레사에게 전화를 해 보니 그녀는 마음이 아주 혼란스러워 있었다.

"무슨 일이 있었어요?" 내가 물었다.

"난 이제 다 포기할래요. 너무 힘들어요." 테레사가 흐느끼며 말했다.

"도대체 뭐가 그렇게 힘이 든다는 거죠?"

"이젠 다른 사람들에게 내 문제로 상담하지 않겠어요." 그녀가 말했다.

"오늘 밤에 교회 모임에서 기분이 몹시 안 좋다고 조이에게 털어놓았어요. 그랬더니 기분 나쁜 이유도 물어보고 다른 여러 가지 하소연도 들어주더라구요."

"그래서 그가 뭐라고 말하던가요?"

"그랬더니, 나보고 그렇게 생각하면 안 된대요. 게다가 내가 아직도 그런 문제를 갖고 있다는 것은 하나님과 동행하지 못하기 때문이라고 하더군요. 난 뭘 어떻게 해야 할지 모르겠어요. 안전한 인간관계를 위해서 해 보라는 것은 다 해 봤는데 아무 소용이 없어요. 아무 도움도 안 되고 정말 이렇게 힘들 줄 몰랐어요."

"내가 만약 당신에게 아직도 안전한 인간관계를 맺을 만한 안전한 사람을 못 만났다고 하면 어떻게 할래요?" 내가 물었다.

"그게 무슨 소리에요?" 테레사가 되물었다. "그들은 모두 우리 교회에 다니는 기독교인들인데요?"

"교회 다닌다고 꼭 안전한 사람이라는 보장은 없어요."

내가 대답했다.

"안전하다는 것은 도움이 된다는 의미인데 오늘 그들이 보여 준 행동은 도움이 되는 것 같지는 않네요."

"그러면 도움이 되는 관계를 어떻게 알죠?" 그녀가 물었다.

"좋은 질문이에요. 함께 이야기해 봅시다." 내가 말했다.

나는 테레사를 공감할 수 있었다. 그녀는 진실을 발견한 것이다. 사실 말이 되지 않지만 교회라고 완전히 안전한 곳은 아니다. 만약 안전한 곳이 있다면, 그곳은 다름 아닌 교회여야 하는데 말이다. 하나님의 집인 교회는 당연히 안전해야 하는 곳이지만 사실은 그렇지만은 않다.

교회는 전적으로 안전한 곳이 아니다. 또한 안전한 사람들만으로 구성되어 있지도 않다. 교회를 안전한 곳으로 생각하는 사람은 하나님의 말씀에 기초한 교회를 생각하고 있기 때문이다. 만약 성경적인 시각으로 인간관계를 보거나 사람을 판단한다든지 하나님께서 원하는 삶을 살려고 한다면 당신은 교회를 하나님이 친히 묘사하신 대로 생각해야 한다. 당신의 교회에 대한 생각은 교회의 현실 모습과 일치되어야 하며 동시에 성경에서 말하는 교회의 모습과 같아야 한다.

이제부터 이 두 가지 조건, 즉 현실과 성경에서 말하는 교회의 모습에 대해 살펴보자.

교회의 현실

테레사의 경우는 많은 사람들이 겪었던 것을 잘 대변하고 있다. 교회에 오래 다녀 본 사람은 알겠지만 교회에서도 사람들 때문에 상처받는다. 예수님의 사랑이 있는 곳이지만 판단, 교만, 이기주의, 속임수, 버림받음, 능욕, 지배, 완벽주의, 군림, 그리고 세상에서나 있을 수 있는 여러 가지의 죄악들을 겪을 수 있다. 교회 안이라고 해서 죄로부터 완전하게 지켜주지는 못한다. 교회는 죄인들이 모인 장소이다.

좀 더 자세히 말하면, 완벽한 가족을 원하는 사람들은 하나님의 가족이라는 속성을 가지고 있는 교회에 대해 가장 기초적이고 의존적인 바람을 갖게 된다.

교회가 일반 가정과 다른 점은 성인이 교회 공동체에 속하게 될 때 누구를 신뢰하고 누구와 가까워질 것인지 선택할 수 있는 것이다. 가정과는 달리 선택권이 주어진다는 뜻이다. 다윗도 시편 101편 6절에서 "충성된 자를 살펴" 함께 거한다고 했다. 하지만 사람은 그다지 분별력이 있지 못하다.

교회에 "날 좀 돌봐줘요. 난 당신이 필요해요. 난 누가 안전한 사람이고 아닌지 알 수가 없는 걸요. 당신은 정말 좋고 믿을 만한 사람일 거예요" 하는 바람을 가지고 나오는 사람도 있을 것이다. 로마서 8장은 당신이 사랑받기 원한다고 말한다. 하지만 실제로는 그렇게 되지 않을 때가 많다.

그러나 예수님은 몸소 양육하시고 사랑하시고 근본적으로 치유하실 방법을 가르치셨다. 함께 믿는 사람들이 당신을 받아주고 사랑하면 당신은 그 안에서 변화되고 속박하던 것들로부터 점점 자유하게 될 것이다.

가정에서나 다른 사람들로 인해서 상처를 받고 낙망한 이들이 교회에서 구제받고 치유된 이야기를 들어 본 적이 있을 것이다. 교회의 성도 중 누군가는 낙심한 사람들에게 다가간 결과, 상처받은 그의 삶이 극적으로 변화되었던 경험을 갖고 있다.

나도 이것을 경험했다. 내 꿈은 프로 골퍼가 되는 것이었다. 여섯 살 때부터 사람들이 다 알아주는 대학 골프팀에서 활동하기까지 이 꿈은 변하지 않았다. 난 최고의 프로 골프 선수가 되기 위해 밤낮없이 애썼을 뿐 아니라 잘한다는 칭찬도 들었다. 정말 꿈이 이루어지고 있는 듯 싶었다.

그때 생각지 않았던 재난이 내게 닥쳐 왔다. 왼손의 힘줄에 문제가 생겨서 나의 전부이자 지금 막 꽃피기 시작한 프로 골프 생활을 포기해야만 했던 것이다. 더 이상 골프 클럽에 나갈 수도 없었고, 치료나 위안이 될 만한 것은 아무것도 찾을 수 없었다. 실의에 차서 서서히 폐인이 되어 갔다. 15년 동안 아무 데도 한눈 팔지 않고 골프만 바라보고 뛰었는데, 밤낮으로 골프 생각 뿐이었는데 이렇게 되어버린 것이다. 설상가상으로 고통은 항상 혼자 오지 않는다더니 내가 중요하게 생각한 것을 또 잃게 되었다. 마치 모든 것이 다 산산조각이 나고 가망이 없는 듯 했다. 나는 깊은 실의에 빠져들었다.

처음에는 내 힘으로 극복하려고 안간힘을 썼다. 다치기 전 나는 "절대 포기하지 않는다!"를 신념으로 삼고 운동을 했다. 그래서 이번에도 운동할 때의 정신자세로 강한 의지력이 있으면 이길 수 있을 것이라 생각했다. 하지만 기대와는 달리 점점 더 의욕이 없어지고 실의에 빠지는 것이 아닌가! 어느 것도 내 안의 공허함을 채울 수는 없었다. 잘 헤쳐나가려고 결심했던 모든 것을 포기할 때까지 무력감과 상실감은 계속되었다.

결국 하나님 앞으로 나아갔다. 그리고 기도했다. "하나님,

전 당신을 모릅니다. 당신이 살아 계시다는 것도 모릅니다. 그러나 만약 당신이 살아 계신다면, 저에게 그 모습을 보여 주십시오. 그러면 당신을 하나님이라 생각하고 하라는 모든 일을 하겠습니다." 결국 내 힘으로 해결은 불가능했던 것이다.

학교 채플에서 드리는 짧은 예배 시간에 이런 기도를 하고 있는데 전화가 울렸다. 한동안 연락이 없던 친구가 대뜸 성경공부를 하게 되었는데 같이 해 보지 않겠느냐고 제의했다. 어떻게 해야 할지 잘 몰랐지만 일단 하겠다고 대답했다.

성경공부를 인도하던 친구와 그의 아내는 내가 주변 정리를 하는 동안 함께 있자고 제안했다. 이들이 내게 베푼 호의는 결국 내 삶을 전부 바꾸어 놓았다. 이들이 나를 하나님과의 교제로 이끌 때 보여 준 사랑과 가르침은 내 마음 깊숙한 곳까지 감동을 주었다. 하나님은 나를 찾으셨고, 나는 주님의 사랑과 용납으로 치유되었다.

이렇게 교회는 무너졌던 삶이 다시 세워지고 능력 있는 사랑과 치유의 역사가 일어날 수 있는 장소가 될 수 있다. 하나님께서는 지금도 예수님을 통해 당신을 치유하시고 회복시키신다벧전 4:10 ; 엡 4:16. 이제 이 질문을 안 할 수 없다.

교회는 안전한가, 아니면 위험한가? 이것에 대한 대답은

"둘 다!"이다. 때때로 당신은 안전한 사람을 만날 수 있는 행운을 잡을 수도 있고 그렇지 못할 수도 있다.

성경이 묘사하는 교회

당신이 이상적이라고 생각하는 교회조차도 성경이 말하는 교회의 모습을 반영하지 못하는 것은 슬픈 일이다. 성경이 교회는 오직 안전한 사람만이 모이는 곳이라고 말했다고 생각하면 오해이다. 성경을 잘 읽어 보면 양들 뿐만 아니라 늑대도 우글거리는 곳이라고 말하는 것을 볼 수 있다. 교회는 치유하는 힘뿐만 아니라 상처줄 수 있는 잠재력 또한 크다. 만약 당신이 치유하는 능력을 극대화하고 상처 주는 능력을 극소화하고 싶다면 하나님의 시각을 갖는 것이 중요하다. 성경은 당신이 처한 상황을 잘 알기 때문에 당신 마음대로 생각하지 말고 성경적인 시각으로 보아야 한다.

하나님 나라를 설명해 주시기 위해서 예수님은 이런 비유를 들려 주셨다.

"예수께서 그들 앞에 또 비유를 들어 이르시되 천국은 좋은 씨를 제 밭에 뿌린 사람과 같으니 사람들이 잘 때에 그 원수가 와서 곡식 가운데 가라지를 덧뿌리고 갔더니 싹이 나고 결실할 때에 가라지도 보이거늘 집 주인의 종들이 와서 말하되 주여 밭에 좋은 씨를 뿌리지 아니하였나이까 그런데 가라지가 어디서 생겼나이까 주인이 이르되 원수가 이렇게 하였구나 종들이 말하되 그러면 우리가 가서 이것을 뽑기를 원하시나이까 주인이 이르되 가만 두라 가라지를 뽑다가 곡식까지 뽑을까 염려하노라 둘 다 추수 때까지 함께 자라게 두라 추수 때에 내가 추수꾼들에게 말하기를 가라지는 먼저 거두어 불사르게 단으로 묶고 곡식은 모아 내 곳간에 넣으라 하리라"마 13:24-30.

이 비유에서 알 수 있듯이 하나님은 해로운 사람도 교회에 두고 계신다. 해로운 사람은 양의 탈을 쓴 늑대이다. 그래서 위험하다. 그들은 겉으로 보기에는 진실하고 믿음이 좋아 보여도 사실은 진짜 믿는 사람이 아니다. 하나님의 이름으로 많은 것을 하는 것처럼 보여도 하나님이 친히 기르시는 양떼가 아닌 것이다마 7:22-23.

그리고 믿는 사람도 온전하지 않기 때문에 믿는 사람 사이에서도 이런 일이 생길 수 있다. 다음의 성경 이야기를 보자.

"무릇 있는 자는 받아 넉넉하게 되되 없는 자는 그 있는 것도 빼앗기리라 그러므로 내가 그들에게 비유로 말하는 것은 그들이 보아도 보지 못하며 들어도 듣지 못하며 깨닫지 못함이니라 이사야의 예언이 그들에게 이루어졌으니 일렀으되 너희가 듣기는 들어도 깨닫지 못할 것이요 보기는 보아도 알지 못하리라 이 백성들의 마음이 완악하여져서 그 귀는 듣기에 둔하고 눈은 감았으니 이는 눈으로 보고 귀로 듣고 마음으로 깨달아 돌이켜 내게 고침을 받을까 두려워함이라 하였느니라 그러나 너희 눈은 봄으로, 너희 귀는 들음으로 복이 있도다 내가 진실로 너희에게 이르노니 많은 선지자와 의인이 너희가 보는 것들을 보고자 하여도 보지 못하였고 너희가 듣는 것들을 듣고자 하여도 듣지 못하였느니라 그런즉 씨 뿌리는 비유를 들으라 아무나 천국 말씀을 듣고 깨닫지 못할 때는 악한 자가 와서 그 마음에 뿌려진 것을 빼앗나니 이는 곧 길 가에 뿌려진 자요 돌밭에 뿌려졌다는 것은 말씀을 듣고 즉시 기쁨으로 받되 그 속에 뿌리가 없어 잠시 견디다가 말씀으로 말미암아 환난이나 박해가 일어날 때에는 곧 넘어지는 자요 가시떨기에 뿌려졌다는 것은 말씀을 들으나 세상의 염려와 재물의 유혹에 말씀이 막혀 결실하지 못하는 자요"마 13:12-23.

교회 안에도 거듭나지 않은 사람이 있다. 하늘나라가 이들의 마음에 임하지 않은 것이다. 이들은 믿음 때문에 기뻐하거나 하나님과 동행하는 삶을 살지 못한다. 이런 사람은 아주 해로울 수 있다. 그런데 정말 문제가 되는 것은 세 번째 가시떨기에 씨를 뿌리운 사람이다. 씨가 뿌려져 믿음을 갖게 되었지만 이들은 너무 자기중심적이고 눈앞에 보이는 삶의 문제에만 급급해서 자신들의 관계 속에서 열매를 맺지 못한다. 즉, 믿음은 있으나 자라지 못하는 사람도 역시 상처를 주는 사람이 될 수 있다.

마지막으로 예수님은 열매 맺는 사람에 대해 말씀하신다. 그는 비록 완전하지 못한 사람이지만 하나님과 함께 성장하는 과정에 있다. 사랑과 신앙과 겸손과 진실과 은혜가 이 사람 안에서 자리를 잡으며 점점 더해 간다. 이런 사람이야말로 다른 사람을 치료해 줄 수 있는 치유의 은사가 있는 사람이다.

지혜와 성격

당신의 경험과 성경도 이것을 증명한다. 교회에는 안전한 사람도 있고, 해로운 사람도 있으며 상처 주기를 밥먹듯이 하는 사람 등 여러 유형의 사람들이 섞여 있다. 지상에서 천국을 이루는 완벽한 교회는 없다. 동시에 악마들만 가득한 완벽한 지옥도 없다. 그러므로 성경은 분별력을 기르라고 명확히 가르친다. 당신은 폭 넓은 지식을 가지고 선택하며 조심해야 한다. 이것은 염세적이나 비관적으로 되라는 말이 아니다. 하나님의 가정인 교회에서 선한 사람을 분별하는 방법을 배워야 한다마 25:34-40. 만약 당신이 회의론자가 되거나 잘못된 일이 생길까 봐 두려워서 벌벌 떨고 있으면 갖고 있는 작은 것이라도 잃게 될 것이라고 하나님은 말씀하신다.

그러므로 지혜와 분별력과 성격을 이용하여 안전한 사람을 가려내야만 한다. 지혜와 분별력은 지식과 경험을 통해 얻는다. 물론 성격에 문제가 있어서 지식을 사용하지 못하게 된다든가 경험이 부족해서 옳지 못한 판단을 할 수도 있다. 한편, 당신의 내면이 연약하다는 사실과 상대방을 외모로 판단하는 부분이 있었음을 인정해야 한다. 즉, 자신의 눈에 있는 들보를 먼저 빼고 다른 사람을 바르게 보라는 것이다.

그렇다면 어떻게 할까

그리스도의 몸된 교회 안에는 서로를 치유할 수 있는 사람이 선물로 주어졌다벧전 4:10 ; 엡 4:16. 당신도 이런 사람을 다양한 관계와 상황 속에서 만날 수 있다. 다음은 그 예이다.

안전한 교회

안전한 사람을 찾을 수 있는 장소는 교회 전체가 안전한 모습으로 서 있는 교회이다. 정통 교회가 많이 있지만 그런 교회라고 해서 모두 다 안전한 관계를 갖고 좋은 공동체를 형성하는 것은 아니다. 안전한 교회에는 다음과 같은 특징이 있다.

- 설교하시는 목사님이 은혜를 강조하고 그 은혜를 기반으로 사람들이 서로를 대한다.
- 타협 없이 진리가 강단에서 선포되지만 율법정신이나 정죄가 없다.
- 교회 지도자들이 자신의 연약함을 잘 알고 있고, 자신의 성장의 필요성을 알고 있으며, 다른 사람의 상처, 고통, 실패, 인간적인 모습들에 대해 열린 태도를 갖고 있다. '좋은 것은 다 갖고 있는' 완벽한 모습이거나 변화와 도전에 무감각한 것이 아니라 자신도 치유 받으며 자신의 '안전한 사람'에게 도움을 청하는 사람들이다.
- 교회가 사람들의 삶에서 교제를 위해 작은 모임을 만들고, 교리뿐만 아니라 예수님의 몸에서 형성되는 공동체에 중점을 둔 설교를 한다.

- 바리새인들처럼 자기 의만 자랑하지 않고 죄 지은 자를 용서해 준다.
- 교회 안에 모든 해답이 다 있고, 교회 스스로의 힘으로만 만족할 수 있다고 생각지 않고 다른 교회나 전문가 집단, 단체들로부터도 무언가 도움을 받을 수 있다고 생각하여 여러 집단과 연결되어 있다.
- 하나님과의 수직적인 관계뿐 아니라 사람과의 수평적인 관계도 중요시한다. 하나님과의 관계에서와 마찬가지로 사람과의 관계도 영적인 삶의 한 부분이라고 여긴다.
- 용서받는 과정 중에 낭패, 다툼, 무능력은 당연한 것이라고 가르친다.
- 여러 경로를 통해서 다른 사람을 섬길 수 있는 기회가 많다.

교회도 나름대로 성격과 고유의 문화를 가지고 있다. 가능한 위와 같은 특징을 가진 교회를 찾을 수 있기를 바란다.

회복시키는 우정

우정은 중요하다. 하나님이 변화시키고 아픔을 치유하시는데 사용하는 강한 도구 중의 하나는 우정이다. 다른 사람과의 관계를 통해서 당신은 치유되고 성격이 변화되며 용서받는 일이 일어난다. 회복하게 하는 우정을 통해 놀랄 정도로 치유의 효과를 거두고 있는 몇 사람이 있다.

어제 나는 아들을 혼내던 한 아주머니와 이야기를 하고 있었다. 루이스는 누가 못하게 하는 것을 정말로 싫어했다. 이 아주머니의 말에 따르면 아들이 자기가 원하는 것을 제대로 하지 못하면 자신이 아주 초라해 보이고 한심해 보인다는 것이었다. 이 아주머니는 완벽주의자였고 그래서 주위 친구들에게 상처를 주곤 했다. 그녀는 초라한 자신을 보고 다른 사람 앞에 설 자신감이 없어서 많은 고통을 당하곤 했다. 루이스의 어머니는 인간관계에서 자신의 한계를 드러내는 것에 죄책감을 느끼면서 아들을 길렀다. 그 결과 이 아주머니는 자신감이 없었고 그녀는 친구들에게도 따돌림을 받는다고 생각했다.

그녀가 자신과 비슷한 문제로 고민하는 여자와 일주일에 두 번씩 만나서 서로의 고민을 털어놓으며 자신의 한계를 극복하기 시작하면서 많은 것이 변했다. 이들은 기도하고 도움을 주고 서로의 진실을 말해 주기로 약속했다. 몇 달이 지난 후 루이스는 정말 많이 변화되었다. 친구의 도움과 기도로 그녀는 점점 강해졌고 자신의 약점도 성취나 성공과 마찬가지로 사랑받을 수 있다는 사실을 배웠다. 우정이 그녀를 치유한 것이다.

친구는 변화를 가능하게 하는 용납, 지지, 훈련, 모델화 등과 같은 여러 가지 관계적인 요소를 마련해 준다. 그러나 성장을 가능하게 하는 좋은 친구를 고를 때에는 다음 몇 가지 요소를 아주 신중히 생각해야 한다.

- 용납과 은혜
- 비록 둘이 같은 주제를 갖고 있지 않더라도 함께 하는 노력
- 사랑의 회초리
- 친구 둘이서만 있으면 서로에게 기대려고 하기 때문에 또 다른 문제가 발생됨. 그러므로 각자에게만 있는 다른 친구들도 필요
- 소경이 소경을 인도하지 않을 정도로 성장 과정에 대해 자세히 알고 있어야 함
- 동등하게 서로에게 관심이 있고 각별한 감정을 느껴야 함
- 한 명은 성장하고 한 명은 퇴보하는 모습이 없어야 함
- 두 사람 모두 하나님과 동행하는 삶을 살아야 함
- 너무 영적으로 꾸미지 않으면서도 정직하고 현실적이어야 함
- 서로를 지배하려고 하면 안 됨

이런 우정은 당신의 영적인 성장을 위해서 절대적으로 필요하다.

격려해 주는 그룹

격려해 주는 그룹은 영적으로, 그리고 정서적으로 성장하는데 가장 좋은 도구이다. 일대일로 만나는 관계에서는 찾아볼 수 없는 동기가 격려해 주는 그룹 안에서 생긴다. 격려해 주는 그룹은 여러 가지 다양한 고민과 고통을 알게 되고 자신을 비난하지 않게 된다.

조직을 만들어 지지해 주는 힘은 아주 크다. 이것은 어느 개인이 주는 도움을 과소평가할 수 있을 정도로 큰 힘을 가지고 있다. 조직은 자기혐오와 파괴적인 습관에 대항해서 싸울 수 있는 군대와 같은 힘을 갖고 있다. 어느 한 개인으로서는 어쩔 수 없는 것도 조직을 통해서라면 가능해 진다전 4:12.

격려해 주는 그룹은 다양할 수 있다. 치유 그룹이라든지, 12단계 그룹, 기도 그룹, 슬픔이나 성적 학대 등 특정한 주제를 정하고 만나는 그룹 등 여러 가지 그룹이 있다. 이런 그룹들은 사람을 치유하기 위해 조직되었다는 목적이 분명하므로 아주 효과적이다. 사람들은 도움이 필요한 것을 알지만 신뢰하는 것을 두려워한다. 그룹 구성원들은 그 그룹에 참여한 사람이 문제를 지니고 있다는 것을 알기 때문에 서로 신뢰하고 도와주며 있는 모습을 그대로 받아들인다. 만약 당신이 큰 문제를 직면하고 있다면 그냥 지나가는 사람이나 주위에 있는 사람을 믿고 신뢰하기보다 이런 그룹에 참여하는 것이 더 많은 도움을 얻을 수 있을 것이다.

그러나 한 가지 조심할 것이 있다. 그룹은 잘 조직되어 있어야 하기 때문에 그룹의 목적을 잘 아는 리더가 있어야 한다. 리더는 발생하는 문제가 무엇인지 어떻게 해결해야 하는지 알아야 하므로 교육받고 성장을 위한 프로그램에 참여하는 것이 필요하다. 어쩌면 당신은 훈련받지 않은 리더나 경험이 없는 리더가 있는 비공식적 모임에서 도움을 받으려다가 오히려 낙담한 경험이 있을 것이다. 이런 비효율적인 그룹은 치유해야 할 문제를 오히려 더 크게 만든다. 만약 좋은 그룹에 참여하고 싶다면 잘 구성되어 있고, 사람을 치유하겠다는 목표가 분명하고, 경험이 있는 리더가 이끄는 그룹에 참여하기 바란다.

개별적인 치유

너무 큰 상처를 받은 사람은 일대일의 특별한 관심이 필요할 수 있다. 개별적인 치유는 효과가 크며 문제가 심각할 때 좋은 방법이다. 어느 조사에 따르면 아주 문제가 심각하고 특별한 경우에는 개별적인 상담 치료가 가장 효과적이라고 한다.

상담 치료사를 선택하는데 있어 기억해야 할 것은 당신은 치료비를 내는 소비자이기에 양질의 치료를 받을 권리가 있다는 것이다. 따라서 아무 생각 없이 상담 치료사를 선택해서는 안 된다. 우선 치료사의 자격 증명서를 제일 먼저 살피고 그 치료사를 잘 아는 주변 사람을 꼭 만나보길 권한다. 목사님이나 전도사님이라면 좋은 상담 치료자가 될 수 있다. 좋은 평판을 얻고 있는 목사님에게 개인적인 사정과 문제를 털어놓으라.

조심하며 찾으라

주변에는 좋은 사람들이 많다. 다만 안전한 사람들을 찾을 때는 분별력과 지혜와 정보를 이용해야 한다. 그리고 당신이 사람들과 지내면서 얻은 경험을 신뢰하고 그것에 따르기 바란다. 만약 누군가가 당신의 인생에 나쁜 영향을 주거나 파괴적이라면 조심하기 바란다.

하나님께서 당신을 위해서 계획하신 모든 좋은 것을 줄 수 있는 안전한 사람을 찾을 때까지 기도하며 찾기 바란다.

CHAPTER 12
안전해지는 법을 배우라

> 안전한 사람은 용서하는 사람이다. 이들은 자기 자신과 다른 사람이 현실 세계에서 완전하기를 바라지 않는다. 이들은 하나님과 사람 모두가 끊임없이 '빚을 탕감해 주어야' 한다는 것을 안다. 그리고 자신들이 사랑하는 사람이 실수도 할 수 있고 실망감도 안겨 주리라는 것을 잘 알 뿐 아니라 예상하고 있다.

개를 놓아 기르는 동네에 가면 개들이 큰 차를 쫓아가는 광경을 종종 볼 수 있다. 어릴 때 키우던 '리틀 비트'도 이런 행동을 하던 것이 생각난다. 리틀 비트가 "도대체 차를 따라가서 무엇을 하겠다는 것인지? 집에 갖고 오려나? 물으려나? 먹으려고 저러나?" 하고 혼자 궁금해 했다. 하지만 리틀 비트가 한 번도 성공한 적이 없었기 때문에 나는 이 질문들에 대한 답을 얻지 못했다.

그런데 안전한 사람을 찾을 때에도 이와 비슷한 질문을 할 수 있다. 당신이 만약 안전한 사람을 찾았다고 가정해 보

자. 그러면 그와 무엇을 할 것인가? 그를 보고만 있을 것인가? 영화를 함께 보러 가거나 해지는 것을 구경하러 갈 것인가?

당신은 행동의 시대에 살고 있다는 사실을 기억하기 바란다. 따라서 행동에 몰두한 나머지 관계에 대해서는 잊기 쉽다.

물론 친밀해지기 위해서 함께 행동하는 것이 도움이 될 수 있다. 함께 행동하면 하나님의 사람들과 더 깊은 교제를 갖게 되어 삶을 지탱하고 성장하는데 도움이 될 수 있다. 이것이 이 장의 주제이다. 당신이 안전함이 무엇인지 알았다면 안전한 삶은 어떻게 살아야 할까? 인간관계를 맺기에 앞서 몇 가지 통과해야 할 관문이 있다.

도움을 요청하는 방법 배우기

스테이시는 화가 나 있었다. 그녀는 내가 인도하는 상담 그룹에서 인간관계로 생긴 고민을 털어놓던 중이었다. 결혼해서 두 아이를 둔 그녀는 삶의 대부분을 가족을 돌보며 살았다. 그녀가 돌보아야 할 가족 중에는 남편과 자녀들, 항상 그녀가 '강인해지기'를 바랬던 정신적 지주인 어머니가 있었다.

스테이시는 자신의 도움이 필요한 사람과는 쉽게 가까워졌지만 도움을 주는 사람과는 친해지지 못하는 모습을 발견했다. 그녀는 항상 자선 단체나 재난의 상황과 도움을 주어야 할 교역자들에게 둘러싸여 있었다. 그녀는 자기를 도와주는 사람을 받아들이는 것을 무척 어려워하는 자신의 모습을 보고 놀랐다고 한다.

스테이시가 나에게 말했다. "나도 사람이 필요하다는 것을 깨달았어요. 난 여태껏 사람들에게 무엇을 원한 적이 없는데… 난 무엇을 하며 살았을까요?"

"스테이시, 이 그룹의 사람들은 자매를 도우려고 해요. 이들은 자매를 사랑하고 더 잘 돕도록 교육 받았어요. 오늘 어떤 사람이 자매에게 무엇인가를 주려고 할 거예요. 당신은 그들이 무엇을 해 주어야 할지 알려 주세요" 하고 내가 대답했다. 스테이시는 멍한 얼굴로 내게 다시 물었다. "그들에게 무엇을 말해 주죠?"

"이들은 자매의 마음이 비어 있다는 것을 알아야 해요. 자매가 약하고 보호가 필요하다는 것을 보여 주세요. 그래서 자매님이 연약할 때에 다른 사람이 돌보아 준다는 사실을 스스로에게 알게 하는 것이 필요합니다. 그러면 시작을 위한 준비는 다 된 셈이죠" 하고 내가 대답했다.

스테이시는 약간 미소를 지었다. "좋아요. 하지만 한 가지… 선생님이 이미 사람들에게 제가 이들과 교제를 나누어야 한다고 말씀하셨는데, 그것으로 대신하면 안 될까요?" 사람들의 웃음이 잠잠해지자 그들을 마주 보고는 자신도 관심을 받고 있다는 것을 알게 해 달라고 그녀의 생의 처음인 부탁을 했다. 이 말을 들은 사람들은 따뜻하게 웃어 주었다. 스테이시는 예상치 않은 그룹의 따뜻한 태도에 놀랐고, 그때부터 비로소 '안전하게 살기'를 배우게 되었다.

첫 단계는 너무 어려웠다. 스테이시는 농담 반으로 내가 대신해서 사람들에게 도움을 요청해 달라고 했다. 도움을 요청하는 것은 결코 쉬운 일이 아니다. 이것은 모험이다. 그렇지만 이것은 안전한 사람이 우리를 성장하도록 돕는 가장 첫 번째 열쇠가 된다.

하나님은 직접 도움을 구하는 것을 아주 중요하게 생각하신다. '구한다'는 의미를 지닌 단어들은 성경에 거의 800번 정도 나온다. 그리고 이 단어의 대부분은 하나님께 도움을 간구하는 것이다.

"너희가 기도할 때에 무엇이든지 믿고 구하는 것은 다 받으리라 하시니라" 마 21:22.

"너희가 얻지 못함은 구하지 아니하기 때문이요" 약 4:2.

"무엇이든지 구하는 바를 그에게서 받나니 이는 우리가 그의 계명을 지키고 그 앞에서 기뻐하시는 것을 행함이라" 요일 3:22.

하나님께 필요한 것을 간구해야 할 뿐만 아니라 사람에게도 필요한 것이 있으면 구해야 한다. 바울은 친구인 빌레몬에게 "나는 네가 순종할 것을 확신하므로 네게 썼노니 네가 내가 말한 것보다 더 행할 줄을 아노라" 몬 1:21고 요청했다. 도움을 요청하는 것은 인간 사이에서 일어나는 일임과 동시에 하나님에게도 하는 것이다. 왜냐하면 하나님은 사람이 구하도록 창조하셨기 때문이다.

사랑을 요구하기를 배우는 것이 왜 중요할까? 다음은 구하는 것이 유익이 되는 이유이다.

① **구할 때 성품이 향상된다**

다른 사람에게 도움을 청하면 혼자 힘만으로도 충분하다

는 교만이 사라진다. 무엇을 구한다는 것은 당신이 불완전하고, 그래서 도움이 필요하다는 것을 상기시킨다. 그리고 필요한 것을 얻기 위해서 내면이 아닌 외부로 시각을 돌리게 한다. 이것들이 당신 안의 성품을 키우며 사람들에게 뿐만 아니라 하나님에게도 마음을 열게 한다.

"하나님은 교만한 자를 대적하시되 겸손한 자들에게는 은혜를 주시느니라"벧전 5:5.

② 구할 때 필요를 고백하게 된다

사랑과 평안과 이해를 구하는 것은 두 사람 사이의 교류이다. 당신은 도움을 얻기 위해서 다른 사람에게 이렇게 말해야 한다. "난 도움이 필요해. 네 문제도 아니고 네가 책임질 일도 아니지만 말이야. 꼭 대답하지 않아도 돼. 하지만 네 도움이 필요해." 이것은 상대방에게 큰 부담을 주지 않고 관계를 형성하도록 돕는다. 자신의 문제를 책임지면서 도움을 청하면 진정한 도움을 받을 수 있다. 그러나 이것은 필요한 것을 달라고 울며 떼쓰는 것과는 다르다. 당신이 사랑을 달라고 떼를 쓴다면 결코 얻지 못할 것이다.

③ 구할 때 능동적으로 된다

구하는 것은 '수동적인 사람'이 할 수 있는 최후의 수단이다. 구하는 사람은 감나무 밑에 누워서 홍시 떨어지기를 바라는 것과 같은 수동성을 벗어나게 된다. 구하지 않는 사람은 다른 사람이 나의 고통을 직감적으로 알아 도와주러 오겠지 하고 기다리기만 한다. 구한다는 말은 스스로의 삶을 능동적으로 살려고 한다는 말과 일맥상통한다. 내 친구가 통찰력을 갖고 도우러 오길 기다리고 있지 않아도 된다는 말이니 주변의 친구들에게도 얼마나 다행인가?

④ 구할 때 감사하는 태도를 기르게 된다

하나님은 감사하는 마음을 소중히 여기신다. 하나님은 감사가 사람들 마음에 사랑이 생기게 할 것을 아신다. 도움을 받은 경험이 있는 사람은 다른 사람을 도와줄 줄 안다.

"사함을 받은 일이 적은 자는 적게 사랑하느니라" 눅 7:47.

⑤ 구하면 얻을 가능성이 많아진다

이상하게 들릴지 모르겠지만 중요한 말이다. 전에 사귀던 사람과 더 가까워지길 원하다가 주저해서 헤어진 사람이 몇 명이나 있는가? 사실 구하는 사람은 자신의 인간관계에서 더 많이 얻어내는 경향이 있다.

그런데 '무엇을 요구하는가?'가 중요하다. 왜냐하면 많은 사람이 이것에 관해 혼동할 수 있기 때문이다. 이웃 사람에게 설탕을 빌려 달라거나 공항까지 데려다 달라고 요구하라는 것이 아니다. 실생활에 필요한 것을 구하는 것도 괜찮다. 그러나 이런 요구가 인간관계를 발전시키지는 않는다. 사실 실제로 가시적으로 필요해서 구하는 것은 인간관계를 맺기 위한 요청보다는 쉽기 마련이다.

사람은 흔히 이 부분을 어려워한다. 당신은 필요한 물건을 빌리고 빌려주다가 인간관계를 맺는다. 이런 유형의 인간관계는 '여우굴 친구'라고도 부른다. 군대에서 훈련받을 때 숨기 위해 파놓는 굴을 여우굴이라고 부른다. 군인들은 여우굴에서 서로 의지하고 있어야 힘든 훈련을 잘 이겨낼 수 있다. 그러므로 여우굴에서 맺어진 동지애는 정말 깊다. 그러나 그들 사이에 정서적 교감은 없다.

당신이 안전한 사람으로부터 얻고 싶은 것을 구하는 법을 배우기 바란다. 배가 고플 때 밥을 먹어 주린 배를 채우듯이 정서적인 공허감이 밀려올 때 그것을 충족시키기 위해 구하는 법을 배우라. 예수님이 가장 힘들었던 고난의 시간에 가까운 사람에게 함께 해 달라고 한 것처럼 당신도 누군가에게 영적으로 정서적으로 함께 해 달라고 요청하기 바란다. "내 마음이 심히 고민하여 죽게 되었으니 너희는 여기 머물러 깨어 있으라"막 14:34고 하신 것처럼 당신도 그렇게 하라. 아래에 소개된 제안을 실천해 보기 바란다.

- 나는 어떻게 말할지 모르지만 당신과 친구가 되고 싶다.
- 나는 영적인 부분과 정서적인 부분에서 당신과 친구가 되어 관심과 사랑을 나누고 싶다.
- 나는 당신이 필요하다.
- 당신은 나에게 중요한 사람이다. 그래서 친해지는 방법을 배우고 싶다.
- 만약 당신이 나에게 관심이 있다면, 우리의 관계가 더 친밀해지길 바란다.

어렵게 들리는가? 사실 어렵다. 그러나 도움을 구하는 당신의 어두웠던 마음은 안전한 사람을 통하여 빛을 발하게 된다. 그리고 어둡고 외로운 마음을 없애 버릴 수 있다. 첫 걸음을 내딛어 보라. 그리고 구하라!

'필요'를 배우라

1969년 여름, 영국 출신의 뉴욕 신경과 전문의인 올리버 삭스는 브론느의 정신과 병동에서 일하기 시작했다. 그는 '가든'이라고 불리는 병동의 환자들을 돌보게 되었다. 이 병동이 가든이라는 이름을 갖게 된 이유는 의료진들이 환자들에게 식물을 키우는 것처럼 음식을 먹이고 물을 주기만 하면 되기 때문이었다.

이 병동의 환자들은 1920년대에 유행했던 그 유명한 '잠자는 병'의 희생자였다. 어떤 환자는 완전히 마비된 상태였고 또 다른 사람은 괴이한 행동을 했다. 30여 년 동안 이 환자들은 식물인간이었으며 생각이 불가능한 뇌사 상태에 있었다.

이 환자들을 연구하기 시작한 삭스 박사는 깜짝 놀랄 만한 발견을 했다. 놀랍게도 '가든' 병동에 있는 환자들은 살아 있었을 뿐 아니라 생각도 할 수 있었던 것이다! 이들은 극심한 파킨슨 병을 앓고 있었고 근육을 사용하지 못했다. 그래서 말하지 못한 채 친구들을 바라만 보아야 했고, 자신들을 무슨 물건인 양 취급해도 어쩔 수 없었던 것이다. 이들은 꿈

짝도 하지 못한 채 생각하고 느끼며 30년 동안이나 살아왔던 것이다.

삭스 박사는 파키슨 병의 치료약인 L-dopa의 다량 투여가 근육을 환자의 의지대로 움직일 수 있도록 도와준다는 사실을 발견했다. 약을 투여하자 환자들은 움직이기 시작하였고 말도 할 수 있게 되었다. 이들이 세상과 다시 연결되었고 의사 교환을 할 수 있다는데서 느끼는 경이로움은 아주 크고 깊었다.

그런데 얼마 후 투여된 약의 효능이 떨어지기 시작했다. 삭스가 찾은 치료법은 단지 일시적일 뿐이었다. 회복되었다고 믿었던 환자들의 몸은 천천히 다시 살아 있는 무덤으로 되돌아갔다.

1972년에 삭스는 의학의 고전이라 불리는 「각성」이라는 책을 썼는데, 이 책에서 자신의 발견에 대해 적었다. 그리고 이것은 1990년에 유명한 영화의 소재가 되었다. 그의 성과는 수많은 의학자들과 철학자들의 마음을 깊이 감동시키고도 남았다.

삭스의 연구는 개인들의 정서적인 상태에 대해 생생하게 묘사하고 있다. 브론느의 '가든'에 있는 환자들처럼 당신들도 정서적으로 분리되어 있으면 외부 세계와 연결될 수 있는 끈을 놓칠 수 있다. 당신의 필요와 갈급함을 마음속 어디에선가 잃어버리게 되고, 현실 세계와 관계없이 생매장 당하게 된다. 때로 삶 속에서 일련의 의미 있는 생각과 행동을 잊을 수 있다. 어떤 때는 다른 사람과 풍성히 가졌던 관계를 아예 잊어버린다. 필요가 마음속에서 그냥 잠들어 버리는 것이다.

당신도 이것을 경험할 수 있다. 사람을 원하는 욕구가 어쩌면 잠들어 있을 수 있다는 말이다. 사람을 원하는 마음이 너무 깊이 숨겨져 있어 다시 그것을 찾기가 너무 어려울 수 있다. 이 경우, 두 번째 단계인 '필요로 하는 것을 배우기'가 매우 중요하다.

이것은 8장에서 언급했던 '배고픔을 느끼지 못하는 무능력'과 관계 있다. 관계로부터 너무 많이 상처받고 멀어지면 사람이 필요하다는 생각이 아예 없어질 수 있다. 이런 생각이 들면 아무도 원하지 않게 된다. 이상하게 들릴지 모르지만 사람이 필요하다는 것을 알지만 사람을 '원한다'고 느낄 수는 없는 것이다.

그러나 하나님은 사람들이 애정을 갈급해 하고 다른 사람에게 소중한 사람이 되고 싶은 마음을 갖도록 창조하셨다.

하나님이 사람을 이렇게 만드셨기 때문에 당신은 안전을 찾고 다른 사람과 교제 나누는 것을 원하는 마음을 갖고 있다. 이것은 자동차 가스 측정기와 비슷하다. 당신이 '공허함'을 느끼면 당신 마음속에 있는 필요는 민감하게 감지해서 알게 해 준다.

사람을 필요로 하는 마음은 다시 회복될 수 있다. 전에 해 보았기 때문이다. 대부분의 아기들이 태어날 때 하나님이 주신 보호를 받으며 사람들과 친해지고 평안해지고자 하는 마음을 선물로 받고 태어났다. 하나님은 잃어버린 것을 회복하게 하는 은혜를 주신다. 잃어버린 영혼의 부분까지도 말이다.

① 필요한 것을 못 느끼는 마음을 고백하라

안전한 사람에게 다른 사람을 의지하는 것이 얼마나 어려운지, 그리고 얼마나 친해지고 싶은지를 솔직히 말하라. 이때 친해지고 싶은 것이 수단이 아니라 목적이라고 말하기 바란다. 그러면 당신의 친해지고 싶어하는 마음을 그 사람도 진심으로 받아들일 것이다. 당신은 그와 가까워질수록 천천히 신뢰하는 방법을 배우게 될 것이다. 내면의 필요가 관계의 안전성과 불변성과 따뜻함으로 채워질 것이다.

② 꾸미지 마라

실제로 느끼는 것 이상으로 더 가깝고 필요한 체 할 수도 있다. "감정을 꾸미다 보면 더 정이 생기겠지" 하고 바라면서 말이다. 하지만 이러한 태도가 도움이 되지 못한다. 이런 식으로 행동하면 안전한 사람과의 거리는 더욱 멀어지고 한 번 더 마음에 상처를 받기 쉽다. 물론 시간이 걸리겠지만 안전한 사람은 당신의 진심을 알게 되기 마련이다.

③ **경계를 지키라**

혼자 있고 싶은 마음을 조심하기 바란다. 어쩌면 인간관계에서 너무 많이 시달리면 혼자 있고 싶은 마음을 갖게 될지 모른다. 또는 화를 내게 하거나 지치게 하는 사람과 시간을 보내야 할지 모른다는 생각도 마음에 거리감을 생기게 하는 요인이 된다. 다른 사람들에게 당신이 한계 상황에 있으며 힘들고 지쳤다는 것을 알리라. 그러고 나면 마음이 한결 가벼워지고 편안한 마음이 들 것이다. 뿐만 아니라 다른 사람들에게 이용만 당하지 않을 것을 확신하기 때문에 역경들을 헤쳐나갈 수 있는 힘이 생길 것이다.

④ 사람이 필요한 것을 못 느낀다고 고백하라

당신의 바람을 사람들이 알도록 하라. 비록 이들에게 시간이나 여력이 없다고 해도 말이다. 그러면 이들은 당신을 이해할 것이고 도움을 줄 수 있을 것이다. 아래에 몇 가지 예가 있다.

- 나는 당신과 친해지고 싶다.
- 내가 당신에게 의미 있는 사람인지 알고 싶다.
- 불완전한 나에게서 당신이 떠나지 않을지를 알고 싶다.
- 당신의 마음에서 내가 떠나지 않으리라는 것을 알고 싶다.
- 당신이 이해하고 있다는 것을 알고 싶다.
- 당신이 나를 사랑하는지 알고 싶다.

이런 당신의 진심을 다른 사람이 느끼지 못한다고 해도 진실은 진실인 것을 기억하라. 당신은 이런 말을 하면서 인간관계를 갖기 위해 조금씩 나아가고 있는 것이다. 이것은 시작이고 시작은 반이라는 것을 기억하라.

⑤ 당신의 바람의 원인과 동기가 무엇인가 찾아보라

일반적으로 안전한 사람과 인간관계의 훈련을 받다 보면

예기치 않은 상황에서 사람을 원하는 자신을 발견할 수 있다. 다른 사람의 애정어린 말이 원인이 될 수 있고, 아니면 어떤 사람이 당신의 아픔과 상처를 자신의 것으로 동일시했기 때문일 수도 있다. 아니면 당신의 잘못을 비판하지 않고 감싸주었기 때문일 수도 있다.

이 때 당신의 마음속에서는 새로운 변화가 생긴다. 사랑받고 있는 자신의 모습을 조금씩 발견하게 된다. 자신의 눈이 사랑에 가려 보이지 않을 수도 있다. 마음이 따뜻해지는 것을 느낄 수도 있다. 그리고 친구와 점점 친해지고 있는 모습도 발견하게 되고 다른 사람과 함께 있기를 바라는 마음도 생기게 될 것이다. 즉, 사람을 원하는 마음이 깨어나고 있는 것이다.

마음속으로 다른 사람과 교제를 하고 있다는 것을 느낄 때마다 다른 사람의 말과 행동, 그리고 성격을 관찰하면서 이것들과 당신 자신의 변화와 어떤 관계가 있는지 생각해 보기 바란다. 그리고 그 사람의 어떤 점이 당신의 마음을 열도록 어떻게 도와주었는지 말해 주고 더 원한다고 솔직히 고백하기 바란다.

어린아이가 자기가 갖고 싶어하는 인형들을 찾으면 엄마

가 사주는 것처럼 안전한 사람은 기꺼이 당신의 필요를 채워 줄 것이다.

거부를 통한 훈련

내 친한 친구 톰은 기독교인이며 사업가인데 어느 날 그 동안 알고 지낸 사람들을 집에 초대했다. 톰과 그의 아내는 전부터 하고 싶었던 색다른 성경공부 모임을 만들려고 사람들을 초대한 것이었다. 톰이 말문을 열었다.

"저는 성경을 이해하기 위해서 뿐만 아니라 다른 목적도 있는 성경공부 모임을 만들고 싶어요. 성경의 내용과 교리, 적용뿐만 아니라 사람들의 관계도 공부해 보고 싶거든요. 제가 그동안 인간관계에 관한 문제를 회피했는데 그 이유는 몇 년간 그 일을 잘해서 굳이 신경쓸 필요는 없기 때문이었죠." 그의 부인은 무슨 말인지 다 안다는 듯이 빙그레 웃었다.

그는 계속 말했다. "전 여러분이 상처 입기 쉬운 사람의 마음, 정직, 열린 마음에 대해서 공부하는 이 모임에 참여하길 바랍니다. 그러면 이 모임에서 여러분은 서로 신뢰하고 의지하는 방법을 배우게 될 것입니다." 사람들의 얼굴은 '이 모임에 참여하는 것도 좋을 것 같은데' 하는 표정들이었다.

"그러나 지금부터 일종의 경고를 하겠습니다. 전 이런 것들은 하고 싶지 않습니다. 여러분에게 제 마음을 다 열어 보이고 싶지 않습니다. 내면의 깊은 감정까지 보여 주고 싶지 않습니다. 또한 제가 갖고 있는 상처에 대해서 말하지 않을 것입니다. 그리고 여러분의 마음을 모두 다 저에게 보여 주는 것을 사양하겠습니다.

제가 앞에서 말한 일들을 하기란 정말 어려운 줄로 압니다. 그래도 객관적 정보에 기초를 둔 공부를 하고 싶고, 그래서 이러한 사사로운 감정들은 숨기고 싶은 것입니다. 아마 제 스타일이 이렇기 때문이겠지요. 그럼에도 불구하고 정서적인 인간관계를 맺는 것이 성장에 얼마나 중요한 영향을 미치는지 잘 압니다. 아니, 중요한 것 이상이지요. 제가 만약 사랑하는 마음을 가질 수 없었다면 살아남지 못했을 테니까요.

전 모임시간에 보이는 것들은 걷어차고 마구마구 소리지를 것입니다. 싸우고 후회도 할 것입니다. 그러나 모든 모임에 빠짐 없이 참석할 것이며 최선을 다할 것을 약속합니다. 자, 모임에 참여하시겠습니까?"

갑자기 거실은 쥐 죽은 듯이 조용해졌다. 아무도 말이 없었고 어떻게 해야 할 지 몰라 당황스러워 했다. 이후에 어떤 상황이 벌어졌겠는가 상상해 보라. 톰이 몇 달을 걸려 준비하던 모임은 이 사람들이 바라던 것이 아니었다. 그래서 이 모임에 참석하겠다는 사람은 아무도 없었다.

사실 이 자리에서 톰이 한 행동은 자신과 함께 있었던 사람에게 유익했다. 왜냐하면 톰은 거부하는 것을 연습하고 있었기 때문이다.

거부란 성장을 원하지 않는 경향을 말한다. 영적, 정서적 성장을 거부하면 늘 제자리걸음만 하게 되는데 이것은 하나님께서 당신의 성장을 위해 준비하신 것에서 멀어지게 만들기 때문이다.

> "내가 행하는 것을 내가 알지 못하노니 곧 내가 원하는 것은 행하지 아니하고 도리어 미워하는 것을 행함이라" 롬 7:15.

거부에 관해서는 이미 6, 7, 8장에서 다룬 바 있다. 당신이 해로운 사람과 친해지거나 아무와도 친구가 될 수 없는 가장 큰 이유는 거부하기 때문이다. 더 이상 해로운 인간관계를 반복하고 싶지 않지만, 사랑할 수 있고 도움을 주는 사람과 만나지 못하는 이유도 거부의 장벽에 가로막혀 있기 때문이다. 부인할지 모르겠지만 많은 사람들이 도움을 주는 사람들을 피하는 거부의 삶을 살고 있다.

이제부터 소개되는 원칙들과 스스로를 비교하며 당신이 사랑과 애정에 대해 얼마나 저항하고 있는지 살펴보기 바란다. 자신을 가만히 살펴보면 가족의 충고는 듣지도 않고 수동적인 면을 못마땅해 하며 다른 사람의 의견에 반대하는 자신의 거부하는 모습을 찾을 수 있을 것이다. 그러나 걱정할 것은 없다. 이제 고쳐야 할 것을 발견했으니 고치면 된다!

'나는 다른 사람과 친밀해지는 것에 대해 아무런 문제가 없다'고 생각하는 것이 가장 해롭다.

> "그런즉 선 줄로 생각하는 자는 넘어질까 조심하라"고전 10:12.

당신은 예수님이 비유로 말씀하신 두 아들과 아버지의 비유를 잘 알고 있을 것이다마 21:28-32. 당신은 큰 아들이 범했던 잘못을 하지 말아야 한다. 아버지가 큰아들에게 일을 하라고 하였더니 아들은 "네, 아버지, 할게요" 하고는 하지 않았다. 이 아들은 아버지가 시킨 일에 속으로 화가 났지만 그것을 솔직히 말하지 않고 일도 하지 않았던 것이다. 결과적으로 그는 아버지의 말에 순종하지 않았는데 당신도 그럴지 모른다. 거부하고 싶으면 그 마음을 솔직히 털어놓으라.

그러면 어떻게 거부하고 싶은 마음을 다루어야 할까? 6, 7, 8장에서 그 방법을 다루었지만 여기서 전체적으로 조망해 보도록 하겠다.

① **거부감의 정체를 밝히라**

'지피지기면 백전백승'이라는 말이 있다. 적을 알고 나를 알면 백 번 싸워 백 번 이긴다는 뜻인데, 여기서는 적을 외부가 아닌 내부의 거부하는 마음이라고 생각하자. 즉, 무엇에 대해 거부하는지 알면 알수록 이것을 극복할 수 있는 힘은 더 커진다. 거부는 가장 큰 적이다. 안전한 사람들과 멀어지는 이유를 나열하고 곰곰이 생각해 보라. 그러면 이것은 "운전자를 위한 도로 지도"처럼 자기 스스로를 이해하고 다른 사람들과 멀어지지 않도록 도움을 줄 것이다.

② **거부감에 대해 허심탄회하게 이야기하라**

톰이 아주 좋은 예이다. 그는 다른 사람들과 함께 토론을 하다가 거부감에 대해서 이야기를 시작하면 중간에서 그만두는 법이 없었다. 왜냐하면 이것이 그에게는 아주 중요한 문제였기 때문이다. 다른 사람들에게 자신의 완벽주의, 결점, 하나가 되고 싶은 마음들을 털어놓고 도움을 받는 것은 겸손한 마음 없이는 어렵다. 한편 안전한 사람은 이 사람을 떠나지 않고 정죄보다는 격려와 사랑으로 끝까지 도울 것이다. 안전한 사람은 자신도 비슷한 문제를 겪어 봤으므로 친구가 되어줄 수 있다. 당신은 거부감에 대해 이야기를 하는 동안 따스한 관심과 안내를 받게 될 것이다. 그 결과 가지고 있던 관계의 어려움이 눈 녹듯이 사라질 것이다.

③ 거부의 근본을 해결하라

거부감은 자신을 상처받는 것으로부터 보호해 주기 위한 것이라는 사실을 기억하기 바란다. 거부감은 아담과 하와의 몸을 가리웠던 잎사귀처럼 당신의 영혼의 낡아버린 보호기능이다. 그래서 당신 마음속에 있는 참된 영적 필요들이 채워지면 거부감은 효력을 잃게 되고 거부의 싸움은 거의 끝이 난다. 그러므로 적극적으로 친밀함과 진실과 용서와 평등을 구하기 바란다.

④ **거부하고 싶은 마음을 거부하라**

만약 당신에게 어떤 필요가 있다면 마음속에 있는 거부감은 부정적인 행동들을 하라고 지시할 것이다.

- 이것을 하나님께 맡기기만 하면 된다.
- 혼자서 해결하라.
- 필요를 무시해라 – 스스로에게 유감을 가지게 될 것이다.
- 이것은 전적으로 네 잘못이다.
- 참고 견디는 도리밖에 없지, 뭐.
- 자신을 비판할 사람을 찾아라.
- 자신을 돌봐줘야 할 사람을 찾아라.

거부하라! 거부하고자 하는 비성경적인 권위에 대해 거부하라. 거부감은 당신에게 비판적이고 무책임한 사람을 찾으라고 말하거나 아예 아무것도 찾지 말라고 할 것이다. 하지만 그대신 사랑이 많고 책임감 있고 신실한 사람을 찾기 바란다.

당신 자신에 대한 진실을 요구하라

나는 겨우 다섯 살 꼬마 여자 아이가 잘 되지도 않는 발음으로 몸집이 큰 십대 소년에게 당당히 말하는 것을 들은 적이 있다. "로드니, 나보고 멍텅(멍청)하다고 마라면(말하면) 난 정말 마음이 아파." 로드니는 앉아서 제니가 하는 말을 듣고 있었다. 발음도 제대로 하지 못하는 어린아이가 저보다 몸집이 훨씬 크고 힘도 센 오빠를 무서워하지 않고 당당히 요구하는 모습은 정말 보기에도 멋있었다. 게다가 몸집이 큰 소년이 조용히 듣고만 있는 모습도 우스웠다.

나는 대학원 공부 중 실습 기간 동안 어린이와 청소년을 치료하는 곳에서 근무했다. 그곳은 나이 차이가 많은 아이들을 일률적으로 매일 오전 8시부터 오후 5시 사이에 진료했다. 월요일부터 금요일까지 풀이 죽어 있는 아이와 행동 발달에 이상이 있는 아이, 화를 잘 내는 아이들을 돌보았다.

그곳에서는 진료를 끝내기 한 시간 전마다 매일 하는 게임이 있었다. 그것은 다름이 아니라 '자유 토론'이었는데 이 시간에는 아이들이 나이나 병세와 상관없이 의료진들과 함께 하루 동안 친구들의 행동과 태도에 대해 관찰한 것을 자유롭게 이야기했다.

어떤 아이는 친구의 좋은 행동을 칭찬했다. "난 오늘 네가 구석에 쭈그리고 앉아 있지 않고 나와 놀아 주어서 너무 좋았어." 이렇게 아이들이 하는 말은 가끔씩 꽤 구체적이었다. "너는 오늘 세 번이나 나한테 소리지르고 겁 줬어. 난 그게 싫었어." 그리고 때로는 감동적인 말도 했다. "오늘 내가 울고 있을 때 따뜻하게 말 걸어줘서 고마워. 그래서 내 마음이 슬퍼지지 않았어."

'자유 토론'은 아이들이 평등하다는 것을 느끼게 하는데 효과가 있었다. "누구든지 네 연소함을 업신여기지 못하게 하고"딤전 4:12라고 성경도 말하고 있다. 그곳에서 몇 달간 일하는 동안, '자유 토론'이 정말 효과적이라는 사실을 발견했다. 아이들이 서로 가슴 깊이 친해지기 시작했고 종종 의사의 말보다 서로의 의견을 더 따르기도 했다. 아이들은 신체적 차이 같은 외적 조건에 구애 받지 않고 같이 있는 친구들을 믿고, 자신의 변하고 싶은 부분을 친구들에게 이야기하고 도와주고 이루어 내기도 하였다.

당신이 안전한 사람에게 받을 수 있는 가장 값진 것 중 하나는 자신에 대해 솔직히 말해 달라고 부탁하는 것이다. 사람들은 자기의 고쳐야 할 단점을 잘 보지 못한다. 시편 기자가 이렇게 말했다.

"하나님이여 나를 살피사 내 마음을 아시며 나를 시험하사 내 뜻을 아옵소서 내게 무슨 악한 행위가 있나 보시고 나를 영원한 길로 인도하소서"시 139:23-24.

하나님은 종종 이러한 기도를 응답하기 위해 사람을 들어 사용한다.

당신은 어린아이와 비슷한 점이 많다. 다른 사람을 도와주는 것을 잘 배우지도 못했고 경험도 없고 능숙하지도 않다. 오히려 당신은 상대방에게 부정적인 영향을 주는 것을 더 잘 할지도 모른다. 예를 들어서 이렇게 말하지 않는가? "네가 지난 크리스마스 때 나를 찾아오지 않아 내 인생은 망가졌어. 책임져!" 이런 말은 말도 안 된다. 이 정도 잘못이 한 사람의 인생을 망치지는 않는다. 비록 당사자는 아무것도 모르는 아이와 같아서 망쳤다고 주장하더라도 말이다. 당신은 사랑, 한계, 선, 악과 같은 인생의 다양한 내용에 대해 배우는 것이 필요하다.

이 단계를 시행할 수 있는 방법은 다양하다. 그리고 당신은 다양한 방법으로 피드백을 얻을 수도 있다. 다음 두 질문을 당신 주변에 있는 안전한 사람에게 묻고, 이들의 대답에서 배울 수 있다면 당신의 삶은 풍요로워질 것이다.

1. 당신과 나와의 사이가 멀어지는 이유는 무엇인가?
2. 당신과 내가 가까와지는 이유는 무엇인가?

이 질문보다 더 어려우면서도 도움이 되는 질문은 없다. 이 질문을 할 때 안전한 사람에게 말해 주어야 할 몇 가지 중요한 것들은 이렇다.

- 난 당신이 나에 대해 어떻게 느끼는지를 중요하게 생각해요.
- 난 당신이 내 삶에서 아주 소중하다는 것을 알았으면 좋겠어요.
- 난 당신이 내 안에서 발견한 것을 소중하게 생각해요.
- 난 당신에게 상처를 주거나 우리의 관계를 깨뜨리고 싶지 않아요.
- 난 당신에게 나의 가장 약한 부분까지도 터놓고 말해요.

당신은 어떤 대답을 듣게 될 것 같은가? 많은 사람들은 대답 듣기를 두려워한다. 당신은 비판적인 사람들이 헐뜯거나 거짓을 퍼뜨리는 것을 들은 적이 있을 것이다. 또는 자신이 거짓말쟁이라고 느껴져서 다른 사람들이 그것을 심하게 흉보고 세상에 폭로할 것 같아 걱정했을 지도 모른다.

안전한 사람은 이렇게 꼬여 있지 않다. 안전한 사람은 두 가지 이유 때문에 당신이 진실을 알기 원한다. 첫째, 진실은 사랑을 배가시킨다. 정직한 사람은 서로 사랑하는 것도 자유롭다. 왜냐하면 애정을 잃을까 봐 두려워하지 않으므로 "사랑하는데 두려움이 없기" 때문이다요일 4:18. 둘째, 진실은 항상 당신의 친구이다. 당신이 사람들과 헤어지는 이유를 이해하면 관계의 질을 높이고 일을 적극적으로 하는데 도움이 된다. "진리가 너희를 자유케 하리라"요 8:32는 말씀과도 뜻이 통한다.

당신이 예상치 않았던 통찰력과 생각과 감정과 관찰을 들을 것이다. 사람이 자유롭게 진실을 말하면 정직해질 뿐만 아니라 사랑하게 된다. 당신이 먼저 진실을 요구했다는 사실을 기억하라. 모든 진실은 끝내 다 밝혀지기 마련이다. 안전한 사람은 호미로 막을 일을 가래로 막지 않는다. 당신은 다음과 같은 진실을 발견했을 것이다.

- 당신이 사람들로부터 움츠러들 때 그들은 어떻게 느끼는가?
- 당신이 사람들과 떨어질 때 그들은 얼마나 당신을 그리워하는가?
- 실패와 상실감에 대해서 당신이 마음을 더 열기를 다른 사람은 얼마나 바라는가?

- 당신이 다른 사람들의 경계를 인정하지 않을 때, 그들이 얼마나 싫어하는가?
- 당신의 불완전한 모습에 다른 사람들이 얼마나 친근감을 느끼는가?
- 당신만의 고독이 다른 사람과 하나님과의 관계를 연결하는데 얼마나 도움을 주는가?

위의 내용들은 정말 기초적인 것일 뿐 아니라 중요하다. 이것들은 인생의 요약이자 본질적 내용이라고 해도 과언이 아니다. 왜냐하면 삶의 본질은 관계에 있기 때문이다. 당신은 안전한 사람들의 솔직한 말을 소중히 여기고 기억하기 바란다.

일반적으로 스스로에게 엄격하면 엄격할수록 그 사람에게는 더 좋은 법이다. 이것의 반대인 경우도 괜찮다. 자신의 실패를 최소화시키려고 노력할수록 더 많은 안전한 사람이 당신과 솔직한 사귐을 원할 것이다. 진실하고 정직할 뿐 아니라 스스로를 잘 통제하기 바란다. 당신을 아는 사람들에게 무슨 말을 듣고 싶은가? "자신에게 너무 그렇게 엄격하지 마" 아니면 "일어나, 이 게으름뱅이야, 커피나 마시고 거짓말 좀 그만해라!"인가?

용서를 시작하라

최근에 오랜 친구인 켄을 만났다. 그는 결혼 전부터 알고 지낸 친구로 잔소리를 많이 했었는데 이제는 많이 늙었다는 생각이 들었다. 그를 보면 나는 아직도 우리가 젊었을 때 있었던 일이 생각난다.

그에게 어려웠던 시기가 있었다. 내가 옆에 같이 있으면서 위로와 격려를 했어야 했는데 그렇게 못해 그에게 많은 상처를 주었다. 물론 그에게 미안하다고 사과를 했지만 아직도 미안한 마음이 남아 있다. 그 당시에 나는 우리의 우정을 하찮게 여겼던 것 같다. 우리는 그 일에 대해 잠시 이야기했다. 그는 그 일에 대해 별로 길게 말은 안 했지만 깊은 상처를 받았다는 것을 알 수 있었다.

그 사건이 있은 후에도 우리는 오랜 기간 동안 친구로 지내왔지만 그는 그 일에 대해 단 한 번도 말하지 않았다. 그 후 우리 둘은 모두 결혼해서 아이들을 낳았고 먹고 살기에 참 바빴다. 그래도 우리는 친구 관계를 유지하려고 계속 연락을 주고받았다.

그러나 그때의 일이 내 머릿속에서 떠나질 않았다. 그래서 다시 한 번 생각해 보고 해결책을 모색해 봐야겠다고 마음먹었다. 때로는 내 마음속의 양심이, 때로는 하나님의 목소리 때문에 잠을 못 이루기도 했다. 하여튼 이것에 대해 무엇인가를 해야겠다는 확신이 내게 들었다.

나는 켄에게 전화를 걸었다. "몇 년 전에 자네의 마음을 많이 상하게 한 것에 대해 말할 수 없는 양심의 가책에 시달리고 있네. 그래서 차마 말은 안 나오지만 용서를 구해도 되겠는가? 자네는 어떻게 생각하는지 말해 주게."

켄은 잠시 생각하더니 이렇게 말했다. "가서 편히 자게. 난 그때 이미 용서했네. 자네가 나에게 상처를 줘서 괴로워하고 있는 것을 알았거든. 그리고 그때보다 앞으로 우리가 함께 지내야 할 날들이 더 많이 남아 있지 않은가? 난 솔직히 미래를 재미있게 보내는데 더 관심이 많아. 난 아무렇지도 않아. 만약 그때 그 일로 문제가 있었다면 이미 자네에게 말했을 테지."

전화를 끊은 나는 잠자리에 들었다. 이 일에 더 이상 신경 쓰지 않기 위해 "긁어 부스럼 만들지 말자"라고 나 자신에게 말했다.

무엇 때문에 그런 마음이 생겼는지 정말 모르겠다. 이유야 무엇이든지 이 이야기의 요점은 이것이다. 안전한 사람은 용서하는 삶을 산다. 당신이 안전한 관계에서 발견하게 되는 가장 좋은 점은 실패와 그것을 어떻게 받아들일 것인가에 대한 해답이다. 물론 이것의 해답은 항상 용서이다.

7장에서도 보았듯이 안전한 사람은 용서하는 사람이다. 이들은 자기 자신과 다른 사람이 현실 세계에서 완전하기를 바라지 않는다. 이들은 하나님과 사람 모두가 끊임없이 '빚을 탕감해 주어야' 한다는 것을 안다. 그리고 자신들이 사랑하는 사람이 실수도 할 수 있고 실망감도 안겨 주리라는 것을 잘 알 뿐 아니라 예상하고 있다. 이들에겐 이것이 너무나 당연하고 자연스러운 것이다.

"간고를 많이 겪었으며 질고를 아는 자"사 53:3이신 예수님이 하셨던 것처럼 이들은 이 세상의 부족함과 죄에 대해 잘 알고 있다. 이들은 결코 싸우지 않고 교만하지도 않으며 악한 말로 다른 사람에게 상처를 주지도 않는다. 실패와 상실을 계절로 말하면 가을 이후에 혹독한 겨울이 오는 것처럼 영원한 세상에서 살기 전에 겪는 고통으로 받아들인다. 이들은 실패한 과거가 계속 생각나고 지울 수 없어도 과거에 집착하기보다는 사랑하는 것이 더 중요하다는 것을 알고 있다. 또한 용서받는 것이 사람들에게 얼마나 절실한 것인지도 잘 알고 있다.

안전한 사람에게서 용서의 '두 가지 기술'을 배우기 바란다.

① **용서받기를 배우라**

용서받을 때 사람들은 비로소 평안한 마음을 누리게 된다. 용서받고 나면 더 이상 과거의 잘못을 가지고 비난받지 않는다. 그러므로 자신의 죄와 연약함과 불완전함과 나쁜 점을 용서받는다는 것은 다른 사람과의 화해를 의미한다. 용서받으면 당신 스스로가 자신의 정죄 받고 비난 받은 모습을 받아들이게 된다. 다른 사람이 당신의 모습을 있는 그대로 받아들이는 것을 체험하면, 당신도 스스로를 당연히 받아들일 수 있다. 즉, 당신의 영혼이 나뉘어 서로 싸우거나 죽이려고 하는 것을 멈추게 된다. 기계가 조화를 이루며 잘 작동하는 것처럼, 나뉘어 있던 사람의 마음도 화합하기 시작한다.

용서를 받기 위해서는 아래와 같은 방법들이 있다.

- 사과하는 것을 배우라.
- 다른 사람에게 한 잘못에 대해 혼자 죄책감을 갖지 말고 함께 아파하기를 배우라.
- 자신이 저지른 잘못에 대해서 합리화하거나 변명하지 말고 받아들이기를 배우라.

- "내가 저지른 잘못을 용서해 주겠습니까?"라고 묻기를 배우라.
- 저지른 잘못이나 피해를 보상하려고 하지 말고 그냥 용서를 구하는 것을 배우라.
- 내가 연약해도 그 모습을 여전히 사랑하기를 배우라.

② **용서하기를 배우라**

용서받은 사람은 용서하는 사람이 된다. 당신이 상처를 준 안전한 사람이 당신의 눈을 바라보며 "그만 가서 자지 그래"라고 하는 말을 들을 때 당신이 누리는 평안함과 사랑과 고마움은 이루 말할 수 없다. 그래서 용서받은 경험을 한 사람은 용서의 전도사가 된다. 용서한다는 것은 상처 준 사람만 편하게 해 주는 게 아니다. 잘못을 저지른 사람이 자신의 죄를 인정하지도, 회개하지도 않고 부인하더라도 용서는 가해자를 자유하게 한다. 그러나 더 깊이 생각해 보면 정말 용서받는 사람은 용서하는 사람 자신이다.

용서할 때 비로소 과거의 잘못에서 자유롭게 된다. 실타래처럼 얽혀 있던 아픈 기억과 추억이 풀리게 되는 것이다. 또 가해자가 사과하기를 바라는 마음에서도 해방된다. 잘못한 사람보다 다리를 뻗고 더 편안히 잘 수 있으며 자신과 다른 사람을 사랑하는데 자유로워진다.

예수님은 "너희가 사람의 잘못을 용서하지 아니하면 너희 아버지께서도 너희 잘못을 용서하지 아니하시리라"마 6:15고 말씀하시며 용서를 강조하셨다.

만약 다른 사람이 주었던 상처에 집착해서 복수할 날만 기다리면 스스로가 용서받지 못하여 자유롭지 못하다. 용서하느냐, 하지 않느냐, 당신은 이 두 갈래 길에 서 있다.

다음은 당신을 돕는 안전한 사람의 중요한 특징들이다.

- 자신이 다른 사람에게 입힌 상처를 고백한다.
- 다른 사람에게 받은 상처를 고백한다.
- 상처, 슬픔, 분노, 치욕과 같은 아픔에 대한 감정을 부정하지 않고 인정한다.
- 상처를 준 사람에게 바라던 것을 안전한 사람에게서 찾는다.
- 충분히 성장해 있다면 해로운 사람이 해칠 수 없게 된다는 것을 안다.
- 복수하고 싶은 마음을 버린다.
- 잘못된 바람을 버리고 현실을 받아들인다.

당신이 성장을 위한 고통스러운 관문을 통과할 때 안전한 사람은 곁에 있을 것이다. 반대로 만약 당신이 누군가를 떠나도록 놓아 주면 그는 강해질 수 있다. 그가 떠날 때쯤이면 아마도 당신은 믿고 의지할 만한 사람이 되어 있을 것이다.

되돌려 주기

얼마 전에 나는 교회에서 일일 주일학교 영아부 선생님이 되었다. 일손이 모자라 보여서 지원했는데 처음 영아부에서 내가 본 것은 혼란 그 자체였다. 그날은 공간이 부족해서 이제 막 걷기 시작한 아이들을 임시로 한 방에 모아서 가르쳤다. 잠시도 아이들에게서 눈을 뗄 수 없었던 교사인 우리들은 너무 분주했다. 아이들과 함께 트럭놀이와 인형놀이도 하고 책도 읽어 주고 노래도 부르고 성경공부도 하고 씨름도 하고 기저귀도 갈아 주고 우는 것도 달래 주었다. 우리처럼 지원한 사람들은 물론이고 오랫동안 이 일을 맡았던 선생님들도 모두 힘들어서 탈진 상태였다.

거기에 나처럼 부모님 참여시간에 도와주러 온 아버지가 한 명 있었는데 그의 이름은 브라이언이었다. 그에게 교사냐고 묻자 그는 이렇게 대답했다. "주일학교를 통해서 전 너무나 많은 것을 얻었습니다. 내 딸 브리트니에게 영적인 기초를 심어 주었거든요. 덕분에 저와 아내도 교회에 출석하기 시작했고 브리트니가 받은 것과는 다른 것을 우리도 받았어요. 이제 사람을 믿을 수 있게 되었어요. 게다가 우리 딸아이에게 친구도 생겼어요. 난 이 학급에 참여해서 내가 해 줄 수 있는 한 다 해 주고 싶어요. 난 그들이 해 준 모든 것이 매우 고마워요."

브라이언은 평범한 진리를 알고 있었다. 그는 자신이 그동안 받아왔던 것을 기쁜 마음으로 되돌려 주려고 했다.

마지막 장에서 말하고자 하는 것이 바로 이것이다. 지금까지, 안전한 인간관계가 당신에게 도움을 줄 수 있는 다섯 가지 정서적이고 영적인 성장과정의 특징을 살펴보았다. "우리는 그가 만드신 바라 그리스도 예수 안에서 선한 일을 위하여 지으심을 받은 자니 이 일은 하나님이 전에 예비하사 우리로 그 가운데서 행하게 하려 하심이니라"엡 2:10에서도 말한 것처럼 그런 과정들은 당신이 영원토록 추구해야 할 과제들이다. 이러한 과정들은 당신을 견고하게 세웠고 성숙하게 했으며 회복되게 했다. 더욱 중요한 것은 하나님의 형상이 당신 안에 다시 거하도록 도와주었다는 데 있다.

그러나 삶에는 도움 받는 것보다 더 중요한 것이 있다. 모든 좋은 것을 받으면 감사가 넘친다. 그리고 용서받고 나면 내가 받은 것을 다른 사람에게도 주어야겠다는 책임감이 생긴다. 이것은 영적인 진리이다. 그리고 이것은 안전한 사람으로서 당연히 하고 싶어하는 일이다.

하지만 주고 싶다는 충동을 잠시 자제할 필요가 있다. 단순히 무엇인가를 주는데 한계가 있다는 것일 뿐 다른 뜻은 없다. 성경의 가난한 과부의 헌금을 기억하는가? 안전한 사람도 채워지지 못한 필요나 요구가 있을 수 있다. 이들에게도 영적으로 부족한 부분이 생길 수 있다. 하나님께서는 이들을 돕기 위해 다른 사람을 예비하셨다.

당신이 되돌려 줄 수 있는 것은 무엇인가? 다음 내용은 감사가 넘칠 때 할 수 있는 일들이다. 그런데 감사하는 마음이 없다면 어떻게 해야 할까? 아마도 갓난아이처럼 '받기'만 해서 받은 것을 감사하는 습관이 없기 때문일 수도 있고벧전 2:2, 사랑이라는 감정이 솟아나지 못하도록 억제하기 때문일 수도 있다. 아니면 감사하는 것을 무의미하다고 생각하기 때문일 수도 있다. 깊이 잘 생각해 보기 바란다.

① 받은 것을 헤아리라

영적이고 정서적인 것들은 구체적으로 볼 수 있다. 이것들은 신비롭다거나 아무 의미 없는 경험이 아니다. 당신은 안전한 사람과 신뢰를 쌓아 가는 법, 자신의 필요를 채우는 법, 정직해 지는 법 그리고 물러나야 할 때를 아는 방법들을 배웠을 것이다. 그런데 받은 것을 헤아릴 수 있다면 더 잘 준비될 것이다.

"여호와의 속량을 받은 자들은 이같이 말할지어다" 시 107:2.

② 친구가 보내는 신호를 파악하라

당신이 친구와 더 가까워질수록 이들이 무엇을 원하는지 더 구체적으로 알게 된다. 친구가 갑자기 조용하거나 바쁘게 행동하는 것이 힌트가 될 수 있다. 친구들의 마음 상태를 말해 주는 힌트를 찾기 바란다. 그리고 자기 스스로에게 물어보라. "이 친구가 정말 나와 함께 있는가, 아니면 마음은 나와 멀리 있는가?"

③ 도움을 요청하라

안전한 사람은 영적인 필요를 알고 채우고 싶어한다. "넌 나에게 아주 중요한 사람이야. 네가 무엇이 필요한지, 그리고 내가 널 위해서 무엇을 해 줄 수 있는지 말해 봐" 하고 쉽게 물어볼 수 있다. 이것은 안전한 사람에게 당신을 보여 줄 수 있는 좋은 기회이다.

④ 함께 있으라

무엇을 해 주는 것만이 사랑이라는 생각을 버리기 바란다. 친구의 자녀를 잠깐 돌보아 주며 사랑을 행동으로 표현하는 것은 자연스러운 것이라고 할 수 있다. 하지만 더 중요한 것은 다른 사람의 고통과 아픔을 가만히 들어주는 것이다. 무엇이 이들의 마음을 깊이 상하게 했는지 알아보기 바란다. 그리고 당신이 도와줄 것이라고 말하라. 또한 이들의 연약함과 실패를 받아주라. 이들을 회복시키기 위해 '육신의 몸'으로 오신 예수님을 생각하기 바란다.

> "교회는 그의 몸이니 만물 안에서 만물을 충만하게 하시는 이의 충만함이니라"엡 1:23.

⑤ 진실을 말하라

당신이 아는 안전한 사람도 단점은 있다. 이들이 당신과 자신과 다른 사람의 마음을 아프게 하면 그것을 말하라. 정죄하는 자세가 아닌 겸손한 마음으로 미처 보지 못한 점들을 보여 주라. 부모님처럼 다 이해해 주려고 하는 것보다 어떻게 하면 그런 상처를 안 줄 수 있는지에 대해서도 충고하기 바란다.

⑥ 세상으로 가라

마지막으로, '안전지대'에서 나오라. 외로운 사람, 눌려 있는 사람, 운이 없는 사람을 도울 기회를 찾기 바란다. 당신에게 돌려줄 것이 전혀 없는 사람을 찾으라. 그리고 그들을 위해 당신 자신이 안전한 사람이 되어 주기 바란다. 안전한 사람이 된 이들이 다음과 같은 사람들을 도와주었던 이야기를 많이 들었다.

- 비기독교인
- 가난한 사람
- 사회적으로 약한 사람
- 편부모 가정
- 회복이 불가능한 사람
- 감정적으로 갈등이 많은 사람
- 에이즈 환자
- 선교단체
- 이웃 사람

다른 사람을 돕기 위해 굳이 목사나 상담자가 될 필요는 없다. 안전한 사람을 찾을 수 없어 고통당하고 있는 사람들의 이야기를 들어주고 받아 주라. 그리고 그 일을 그만두지 말고 계속하기 바란다.

결론

안전한 사람이 되기 위해서는 앞에서 말한 여섯 가지 단계들을 여러 번 반복해야 한다.

다시 한 번 요약하면, 도움을 요청하고, 필요를 배우고, 거부하고, 솔직히 말해 달라고 부탁하고, 용서하고, 받은 것을 되돌려 주어야 한다. 이 여섯 가지 단계를 다 하려면 시간도 많이 걸리고 바쁠 수도 있다. 그러나 이것은 의미가 있으며 이것 자체로 목적이 될 수 있다. 이 일은 당신과 주변에 있는 사람들을 영적으로, 정신적으로 성장시킬 것이다.

다음 마지막 장에서는 아주 어려운 문제들을 다루려고 한다. 다름 아닌 "현재의 안전하지 못한 인간관계를 어떻게 회복시킬 것인가?" 하는 문제이다.

CHAPTER 13

고칠 것인가, 아니면 교체할 것인가?

하나님은 사람마다 다른 은사를 주셨고 서로에게 도움을 받으며 격려하도록 만드셨다. 하지만 사람들은 다른 사람의 차이점을 인정하고 받아들이기보다는 자기가 원하는 모습으로 사람을 바꾸길 원한다. 그러므로 당신은 주위 사람들이 기뻐하고 좋아할 수 있는 하나님의 선한 피조물로 자신을 변화시켜야 한다.

수년 간 안전한 사람에 대해 가르친 우리는 아주 흥미로운 일을 반복해서 경험했다.

해로운 사람으로부터 안전한 사람을 분별하는 법을 알게 된 많은 사람들이 다른 사람들에게 책임을 전가하며 소중한 친구와 친지를 떠나는 자신의 행동을 정당화하는데 이 지식을 사용한다는 것이다. 심지어 어떤 사람은 이혼하려는 자신의 생각이 옳다는 것을 깨닫게 해 줘서 고맙다고 인사까지 했다.

이런 말을 들을 때마다 우리의 마음은 편하지 않았다. 왜냐하면 이들은 우리가 가르친 것을 잘못 이해했을 뿐만 아니라 성경적으로도 옳지 않은 것이었기 때문이다. 성경의 주제는 해로운 관계를 안전한 관계로 회복하는 것이다. 다시 말해서 아무리 용서받지 못할 죄라 할지라도 해결하려 시도하지도 않고 포기해서는 안 된다는 말이다. "이 사람이 해로운 사람이라고 한다면 나는 즉시 떠날 거야"라고 말하며 쉽게 포기하는 것은 우리가 그동안 당신에게 가르친 내용과 거리가 멀다.

이번 장에서 우리는 하나님께서 해로운 관계를 어떻게 대처하셨는지를 살펴보려고 한다. 하나님은 단순히 해로운 관계를 포기하고 새로운 관계를 시작하지 않으셨다. 오히려 하나님은 해로운 관계에 더 관심을 가지셨을 뿐 아니라 치료자의 역할을 감당하셨다. 하나님께서 보이신 모범을 통해 당신도 배우길 원하신다.

하나님이 사람을 만드셨을 때, 하나님은 사랑이 가득한 영원한 관계를 생각하고 계셨다. 하나님은 사람과 영원히 깨어지지 않는 교제를 하기 원하셨다. 하나님은 사람들이 에덴동산의 실과를 먹으며 그분과의 교제를 즐기기 바라셨다. 사람과의 교제가 영원하길 원하신 하나님은 영원한 생명을 주는 생명의 나무를 사람들에게 허락하셨다. 이 모든 것을 영원히 주신 것이다.

하지만 계획에 없던 일이 일어났다. 사람이 이기적으로 변했을 뿐 아니라 하나님으로부터 멀어졌고 제 마음대로 하기 시작했다. 그 결과 이 타락한 세상에서 우리가 고민하는 문제를 하나님도 고민하시게 되었다. 내가 이들을 버릴 것인가, 말 것인가?

당신이 인생을 살며 발견한 것처럼 인간관계는 잘못되기 마련이다. 흔히 인간관계는 처음에 가졌던 기대에 미치지 못한다. 하나님이 그분의 백성에게 배신당하셨을 때 한 말씀인 "나로 근심케 한 것을 기억하고"겔 6:9를 당신도 한 적이 있을 것이다. 어떤 사람을 사귄지 얼마 되지 않아 마음의 상처와 복수심과 용서와 동정심과 슬픔 같은 복잡한 감정을 당신 마음속에서 느껴 보았을 것이다.

과연 당신은 이럴 때 어떻게 해야 할까? 도대체 당신이 화해하고 다시 한 번 기회를 줄 만한 가치가 있는 관계는 무엇이며 포기해야 할 관계는 무엇인가? 당신이 이 질문에 대한 답을 생각하기 전에 하나님은 이 문제를 어떻게 해결하셨는지를 생각한다면 큰 도움이 될 것이다. 우리에게 좋은 모범인 하나님을 바라본다면, 당신은 하나님이 첫째, 사랑으로 문제를 바라보시며 둘째, 의롭게 대처하시며 셋째, 공동체로 우리를 변화시키셨으며 넷째, 현실을 받아들이며 우리를 용서하셨고 다섯째, 다시 시작할 수 있는 기회를 주셨으며 여섯째, 오래 참으셨다는 것을 알 수 있다.

이제부터 하나님의 여섯 단계를 우리에게 적용시켜 보자.

1. 사랑으로 문제를 바라보셨다

사람과의 교제를 계획하실 때부터 하나님은 사랑하셨다. 성부 하나님과 성자 하나님과 성령 하나님은 서로 영원히 사랑하신다. 요한복음 17장 24절에서 예수님은 성부 하나님이 세상의 기초가 있기 전부터 영원토록 자신을 사랑하신다고 말한다. 그러므로 하나님에게 사람이 반드시 필요한 것은 아니다. 이 사실은 다른 사람을 사귀고 발전시킬 때 꼭 알고 있어야 할 중요한 원리이다. 만약 당신이 살아남기 위해 어떤 사람이 필요하다면 그 사람과의 관계는 오래갈 수 없다. 다른 사람에게 무조건적으로 의존하는 사람은 자신의 정체성을 가질 수 없고 따라서 옳은 일을 할 수 없다. 한편 어떤 사람과의 사이에서 생긴 문제를 해결하려면 당신은 다른 사람들과의 관계가 안전하고 좋아야 한다. 다시 말해서, 당신을 도우려는 손길이 늘 가까이 있어야 한다.

데비는 이것을 남편의 문제를 통해 배웠다. 데비는 남편의 분노와 무책임한 태도를 감추며 남편이 파괴적인 습관을 유지하도록 간접적으로 도왔다. 예를 들어, 남편이 기분이 좋을 때면 남편의 분노에 대해 권면의 말을 하기보다는 즐겁게 해 주려고 노력했다. 그리고 자녀들이 남편의 기분을 상하게 할 때에도 남편의 기분을 좋게 하려고 더 열심히 노력했다. 남편의 무책임한 모습을 감추기 위해 데비는 더 오래 일해야만 했다. 하지만 그녀의 이런 노력은 그녀의 바람처럼 남편의 자존감을 고치지는 못했다. 오히려 그녀의 이런 행동은 남편이 자신의 잘못된 행동의 대가를 치룰 수 없도록 만드는 결과가 되었고, 남편이 진정한 성인으로 성장하는 것을 가로막았다.

데비의 친구들은 남편에게 권면의 말을 하라고 그녀에게 충고했다. 하지만 그렇게 하려고 할 때마다 그녀는 겁을 먹고 예전처럼 행동했다.

결국 데비는 자신과 같은 처지에 있는 사람을 위한 모임에 참석하기 시작했다. 그녀는 자신의 결혼 생활에 심각한 문제가 있다는 것을 숨기지 않고 모임에 참석한 다른 사람들에게 솔직히 털어놓았다. 이 모임의 다른 사람들과 가까워지면서 데비는 자신이 혼자가 아니라는 것을 깨닫게 되었다. 주변 사람들의 사랑과 격려를 통해 데비는 자신이 무엇을 해야 할 지를 깨닫기 시작했다. 그리고 그녀는 버림받지는 않을까 하는 두려움 때문에 남편의 분노와 무책임한 행동들에 대해 권면을 할 수 없었다는 것을 알게 되었다.

그녀는 또한 자신의 소심한 마음이 남편의 잘못을 몰라서가 아니라 남편과 떨어져서 혼자 되지 않을까 하는 두려움 때문이라는 것을 깨달았다. 그녀는 남편과 가깝다는 느낌을 이미 느끼지 못했기 때문에 이것이 우습게 보이기도 했다. 그의 행동은 이미 데비가 원하는 친밀한 관계를 방해하고 있었다. 마음속 깊은 곳에서 그녀는 혼자였다. 하지만 그녀는 갈등이 외로움보다 더 무서웠고, 비록 표면적이고 일방적인 남편과의 관계가 남편에게 권면하고 난 뒤에 겪게 될 외로움보다 나을 것이라고 생각했던 것이다.

하지만 데비가 모임에 참석하면서 사람들과 교제를 나누며 친해지자 그녀는 남편에게 권면을 할 때 그녀가 참석하는 모임에서 격려를 받게 될 것이라는 생각을 하게 되었다. 만약 남편이 화를 내고 그녀에게 말을 하지 않더라도 그녀는 관심을 갖고 도와줄 사람들이 곁에 있었다. 그녀가 참석하던 모임은 그녀가 남편에게 권면의 말을 할 수 있는 용기를 불어넣어 주었다. 나중에 상담을 받으러 온 남편도 아내를 자기 마음대로 할 수 없다는 것을 알게 되었을 때 '변해야겠다'는 생각이 들었다고 고백했다.

그녀의 강한 확신은 남편의 태도를 바꾸었다. 하지만 이것은 그녀를 돕는 주변의 친구들이 없었다면 불가능했다. 다른 사람과 교제를 나누는 것은 사람이 가지고 있는 가장 기본적 욕구 중 하나이다. 그래서 사람들은 이 욕구를 채우기 위해서 가치관이나 다른 중요한 것들을 포기한다. 이 이유 때문에 다른 사람과의 문제를 해결하려는 사람에게 주변 사람의 격려와 도움은 꼭 필요하다.

2. 의롭게 대처하셨다

하나님은 의로써 잘못을 저지른 그의 백성을 다루셨다. 하나님은 자신의 가치관을 타협하지 않으셨다. 하나님의 행동은 그분의 말씀과 조금도 다르지 않았다. 한마디로 하나님은 언제나 옳은 일만 하셨다. 하지만 사람이 늘 의롭게 행동하는 것은 힘들다.

특별히 자신이 문제의 일부일 경우에도 변화되기를 원하지 않는다. 하지만 예수님은 형제의 눈에서 티를 떼어 내기 전에 자기 자신의 눈에 있는 들보를 제거해야 한다고 말씀하셨다.

데비는 우리에게 아주 좋은 예이다. 데비의 남편에게 문제가 많았던 것처럼 그녀에게도 바꾸어야 할 약점들이 있었다. 데비는 혼자 되지 않을까 하는 걱정과 남편과의 갈등에 대한 두려움을 극복해야 했다. 그녀는 격려와 도움을 얻기 위해 친한 주변의 사람들에게 '가족의 비밀'을 털어놓으며 완벽한 가정을 가지고 있는 것처럼 보이고 싶은 마음을 다스려야 했다. 그녀는 남편이 보다 굳은 결심을 할 수 있도록 돕는 대화 기술을 배워야 했다. 그리고 그녀는 바람직한 관계를 형성하는데 걸림돌이 되곤 했던 자신의 습관들을 고쳐야 했다. 데비가 자신의 성격을 힘들게 고치려 하기보다는 남편에게 책임을 돌리고 원망하는 것이 더 쉽지 않았을까? 하지만 이런 영적 게으름은 좋은 대인관계를 가로막는 장애물이다.

당신은 다른 사람의 인생의 문제를 해결하려고 하기 전에 당신이 문제의 일부분인 것을 먼저 인식해야 한다. 당신이 다른 사람의 잘못에 대해 부정적으로 대한다면 당신은 아직 그 사람의 변화의 가능성을 알 수 없다. 왜냐하면 당신은 아직도 "악을 악으로 갚고" 있기 때문에 악순환이 계속된다 롬 12:17.

사실 이 책이 말하고자 하는 주제는 먼저 자신의 인격과 성격을 바꾸어야 한다는 것이다. 안전한 사람들과 사귀기 위해서는 당신이 먼저 안전한 사람이 되는 것이 필요하다.

3. 공동체로 우리를 변화시키셨다

하나님은 결코 혼자서 사람을 변화시키지 않으신다. 하나님은 문제를 지니고 있는 사람의 주변에 있는 공동체를 들어 사용하신다. 즉, 하나님은 사람을 들어 사람을 변화시키신다. 구약에서 보면, 하나님은 선지자들을 들어 이스라엘 백성들을 나무라셨다. 하나님은 나단을 들어 다윗을 혼내셨고, 이드로를 들어 모세에게 권면하셨다. 하나님은 모세를 들어 이스라엘 백성을 이끌어 내시고 꾸짖으셨다. 하나님은 제사장과 서기관을 통해 하나님의 백성을 질책하고 인도하셨다.

마찬가지로 당신도 필요할 때에 도움을 청할 수 있는 믿음의 공동체가 있다. 앞에서 언급한 것처럼 당신을 도와줄 사람들이 있기 마련이다. 그리고 당신은 당신이 아끼는 사람들에게 권면의 말을 해 줄 사람도 있다. 마태복음 18장 15-20절은 죄를 지은 사람이 일대일로 만나 권면해도 듣지 않으면 다른 사람들의 도움을 얻어 권면하라고 말한다.

이것이 바로 중재이다. 만약 죄를 지은 사람이 자신의 잘못을 보지 못한다면 다른 사람의 도움을 통해 그 사람의 잘못을 일깨울 수 있다. 문제가 있는 사람은 한 사람의 말보다는 두세 사람의 말을 듣기가 쉽다. 그리고 잘못한 사람은 여러 사람보다 한 사람에게 변명하는 것이 쉽다. 백지장도 맞들면 나은 법이 아닌가? 한편 성경적 권면의 중요한 원리는 사랑과 겸손이다. 그리고 권면은 자신이 최고라고 생각하는 사람보다는 잘못한 사람을 진심으로 염려하는 사람이 해야 한다갈 6:1.

사람의 권면에는 능력이 있다. 이혼의 지경에 이르렀던 많은 부부들을 보면 부부 중 한 사람이 다른 사람에게 상담을 받아 보도록 권면해서 과거의 사랑을 되찾을 수 있었다.

그리고 많은 사람들이 마음을 모아 문제에 봉착한 친구

에게 상담을 받아보라고 조언을 하곤 한다. 어려운 지경에 처한 친구를 돕는 사랑하는 사람들의 결집된 힘을 과소평가하지 말기 바란다. 우리 상담소에 자주 걸려오는 전화들은 자신의 문제를 스스로 보지 못하는 사람이나 도움을 구할줄 모르는 사람을 사랑하는 사람들에게서 왔다. 훌륭한 상담가는 당신이 문제를 가지고 있는 사람을 어떻게 도울 수 있는지를 가르칠 수 있다.

그리고 당신은 지혜와 지식을 얻기 위해 공동체의 도움을 받을 수 있다.

"지략이 많으면 평안을 누리느니라" 잠 11:14.

어려움 가운데 처해 있으면 당신은 문제를 객관적으로 보지 못할 수 있다. 그래서 당신은 문제를 객관적으로 볼 수 있도록 돕는 다른 사람이 필요하다. 다른 사람의 도움과 사랑은 당신의 자존심과 상처와 경험 미숙들을 감싸고 어루만지는데 큰 도움이 된다. 그리고 이들은 당신만 아니라 당신과 갈등의 관계에 있는 사람들에게 지혜로운 조언을 해 줄 수 있다.

4. 현실을 받아들이며 우리를 용서하셨다

"서로 친절하게 하며 불쌍히 여기며 서로 용서하기를 하나님이 그리스도 안에서 너희를 용서하심과 같이 하라"엡 4:32.

얼마나 좋으신 하나님인가! 하나님은 당신을 하나님의 바람에 꿰맞추지 않고 있는 모습 그대로 받으신다. 이것은 하나님이 죄인을 다루시는 방법 중 하나이다. 하나님은 완벽한 사람과 교제 나누는 것을 포기하시고 사람을 있는 그대로 사랑하기로 결심하셨다. 하나님은 사람과 교제를 원하셨기 때문에 이 모든것을 받아들이셨다. 이렇게 하기 위해서 하나님은 '그분이 원하시는 방법'을 포기하시고 사람을 있는 그대로 받아들일 수 있는 용서하는 마음과 포용하는 자세를 가지셨다.

하지만 사람은 그렇지 않다. 사람들은 완벽한 것을 바라는 마음을 포기하지 않는다. 잘못한 사람들을 사랑하고 감싸기보다는 이 사람이 완벽해지면 사랑하겠다고 한다. 사람들은 종종 상대방의 좋은 면은 잊어버린 채 그 사람의 단점과 무엇을 고쳐야 할지에 대해 열변을 토할 때가 많다.

하나님은 다르다. 하나님이 불순종한 아담과 하와를 보실 때 선택권을 가지고 계셨다. 완벽한 이상을 바라며 이들의 현재의 모습을 보지 못하거나 완벽하지 못한 이들을 용서하고 있는 모습 그대로 받아들이는 것이었다. 아담과 하와를 용서하고 받아들여서 하나님이 원하시던 대로 교제를 나눌 수 있었다. 독생자 예수 그리스도를 희생하시면서까지 하나님은 사람을 있는 그대로 받아들이셨다골 2:13-14. 그 결과 사람은 하나님과 교제를 할 수 있게 되었다.

당신이 앞에서 본 것처럼 하나님의 용서는 잘못을 묵인하고 언급하지 않는 것이 아니다. 왜냐하면 하나님의 사랑이 너무 크기 때문이다. 하나님은 사람의 잘못을 정죄하지 않고 화를 내지도 않으신다. 하나님은 사람에게 수치감을 느끼게 하는 것보다 문제를 해결하는데 더 관심을 두시기 때문이다. 하나님은 정죄하지 않으시며 벌을 내리기 원하지 않으실 뿐 아니라 사람이 하나님을 실망시켰을 때에도 떠나지 않으신다. 하나님은 오직 자신과 사람 사이의 관계에 해로운 문제들을 제거하기를 원하신다. 하나님은 '까다로운 분'이 아니시다. 하나님은 사람들이 온전해지길 바라시며 죄책감을 느끼지 않게 하실 뿐 아니라 있는 모습 그대로 받아 주신다. 하나님은 예술가의 기질을 가지고 있는 사람을 억지로 기술자로 만들지 않으신다.

우리는 상담하면서 자신의 실수와 잘못에 대해 이야기하기보다는 서로의 인격과 성격에 대해 불평을 늘어놓는 부부들을 많이 보았다. 이들은 흔히 자신의 배우자가 결혼 전에는 창조적이고 긍정적이었는데 지금은 작고 사소한 일에만 신경 쓰는 소심한 사람이 되었다고 불평한다.

하나님은 사람마다 다른 은사를 주셨고 서로에게 도움을 받으며 격려하도록 만드셨다. 하지만 사람들은 다른 사람의 차이점을 인정하고 받아들이기보다는 자기가 원하는 모습으로 사람을 바꾸길 원한다. 그러므로 당신의 진정한 목표는 주위 사람들이 기뻐하고 좋아할 수 있는 하나님의 선한 피조물로 자신을 변화시키는 것이다.

당신은 다른 사람들이 모두 완벽하길 바라는 마음을 버려야 한다. 어쩌면 당신이 나쁘다고 생각하는 사람이 당신과 조금 다를 뿐 그다지 나쁘지 않은 사람일 수도 있다. 당신이 절대로 '옳다'고 생각하는 것은 다른 사람도 받아들이기를 강요하는 개인의 기호에 불과하다. 사람들은 하나님이 다른 사람의 생각도 옳다고 말씀함에도 불구하고 자신의 생각만

이 옳다고 고집리기도 한다. 서로를 용납하고 받아들이는 마음이 그리스도의 자유인 것이다.

당신에게 잘못을 많이 한 사람과 교제를 그만두어야겠다는 생각을 하기 전에 먼저 그 사람의 잘못을 용서하라. 당신 자신을 돌이켜 보면서 혹시 당신의 기대와 바람이 문제를 만들고 있지는 않은지 살펴보라. 하나님이 용서하신 것처럼 당신도 용서하라. 그리고 하나님이 당신에게 하신 것처럼 당신도 서로의 개성을 인정하고 받아들이기 바란다.

5. 다시 시작할 수 있는 기회를 주셨다

종종 어떤 사람들은 다른 사람과 교제를 하면서 참는 것에 한계를 느끼고 자신만의 '울타리'를 세운다. 그런데 불행하게도 이 사람들은 다른 사람과 절교할 때 자신의 울타리를 처음 사용한다. 이것은 부부 관계에서 쉽게 찾아볼 수 있다. 부부 중 한 사람이 오랫동안 자신의 배우자의 잘못과 실수를 참다가 폭발한다. 그리고 이 사람은 "이젠 더 이상 못 참겠어" 하고 이혼 소송을 신청한다.

이 사람들은 이것을 울타리를 세우는 일이라고 말하지만 이것은 사실 항복하는 것이다. 대인관계의 울타리는 다른 사람과 교제를 나누면서 사용하지 않으면 울타리가 아니다. 그러므로 울타리를 세운다고 하면서 어떤 사람과 절교를 하는 것은 사실 울타리를 세우는 것이 아니다.

참된 울타리를 가지고 있는 사람은 문제가 있는 사람과 절교하지 않고 일상 생활 속에서 직면하게 되는 문제들을 하나씩 다룬다. 그리고 교제를 지속하는 중에도 타의에 의해 지배당하지 않는지를 통해 자신의 울타리를 시험해 볼 수 있다.

당신의 울타리를 문제가 있는 사람과 교제를 하면서도 유지해야 되는 두 가지 이유가 있다. 첫째, 자신의 인격과 성격에 대해서 책임을 져야 한다. 절교라는 쉬운 방법보다는 참고 인내하는 어려운 방법을 통해 당신의 인격을 시험할 수 있다. 사실 참고 인내하기 위해서는 용기와 좋은 성격이 필요하기 때문에 힘들다. 한편 당신이 옳은 일을 했고 좋은 성격을 가지고 있는지를 알 수 있는 유일한 방법은 당신이 어려움에 처해 있을 때이다.

뿐만 아니라, 다루기 힘든 사람을 피하지 않고 대화로 문제를 풀어 갈 수 있어야 새 사람을 만났을 때 바람직한 교제를 가질 수 있다. 많은 사람들이 다른 사람과 힘들었던 관계를 청산하면서 교훈을 얻지 못해 새로운 사람과 교제를 시작하면서 똑같은 실수를 되풀이하곤 한다. 왜냐하면 이들은 문제를 해결하지 않고 문제를 외면했기 때문이다. 이 방법은 실패를 되풀이하기 쉽기 때문에 참된 변화라고 볼 수 없다.

둘째, 당신이 옳은 일을 하기 전까지는 상처받은 당신의 관계에 소생의 기회가 있는지 알 수 없기 때문이다. 한 사람이 바뀌면 관계 또한 바뀌기 마련이다. 상담자인 우리의 경험에 의하면 많은 상처받은 관계들이 한 사람의 변화로 전환의 국면을 맞이하게 된 경우가 많다. 이런 경우를 친구들과 동업자들과 가족들과 결혼한 부부 사이에서 많이 보았다. 그러므로 당신이 다른 사람과 절교하기 전에 먼저 관계를 개선하기 위해 당신 자신을 바꾸기 바란다. 그러면 당신은 문제를 보다 정확하게 볼 수 있을 것이다.

6. 오래 참으셨다

마지막으로 문제가 있는 사람을 다룰 때, 하나님은 오래 참으셨다는 것을 기억해야 한다. 출애굽기 34장 6-7절은 하나님을 "자비롭고 은혜롭고 노하기를 더디하고 인자와 진실이 많다"고 말한다.

하나님은 쉽사리 포기하시는 분이 아니다. 하나님은 사랑하는 사람을 위해서 오래 참으시고 기다리신다. 그리고 성도인 우리는 이것을 배워야 한다. 하나님은 사람을 변화시키기 위해 가능한 모든 일을 다 시도하신다. 하나님은 어느 누구도 멸망하는 것을 원하지 않으시고 모두가 그에게 나아와 사랑을 고백하길 원하신다. 하나님은 수동적이지 않으시다. 하나님은 기꺼이 고난을 당하시며 결코 물러서지 않으신다. 하나님은 오랫동안 문제가 있는 곳에 계시면서 문제를 해결하려고 하신다. 그리고 하나님은 자신의 잘못을 시인하는 사람은 언제든지 용서하길 원하신다.

"얼마나 오랫동안 고난을 당해야 할까요?"라는 질문을 하는 사람도 있을 것이다. 이것은 오직 당신 자신과 하나님만이 아는 것이지만 대개 당신이 생각하는 것보다 길게 마련이다.

하나님이 당신에게 사랑할 수 있는 힘을 주시면 당신은 아픔과 복수와 절망을 뛰어넘을 수 있다. 이것을 위해 주님은 당신을 위해 죽으셨고 당신을 부르셨다.

갈라서기 : 최후의 방법

당신이 최선을 다했고 시간을 두고 지켜보기도 하고 화해

하려고 노력했음에도 불구하고 상대방이 자신의 문제를 외면하려고 할 수 있다. 이런 사람에게는 화해도, 변화도 없다.

성경은 이런 경우에는 과감히 갈라서라고 말한다. 마태복음 18장 17절에 따르면 당신이 할 수 있는 모든 노력을 기울인 후에도 상대방에게 변화가 없으면 상대가 돌아설 때까지 모른 척하라고 한다. 갈라서기는 어떤 것도 해결책이 될 수 없을 때, 당신이 사용할 수 있는 성경적인 선택이다전 5:9-12. 하지만 설사 갈라섰다고 하더라도 당신은 상대방이 뒤늦게라도 진심으로 뉘우치면 용서하고 받아들여야 한다눅 17:3-4.

갈라서기는 필요악이라고 할 수 있다. 하나님은 사람들이 갈라서지 않기를 원하신다. 사람들도 마찬가지로 갈라서기를 원하지 않는다. 하지만 두 사람 중 한 사람이 변하려 하지 않고 화해할 마음이 없으면 두 사람의 교제는 안전하지 못하고 지속될 수 없다. 용서는 혼자서도 가능하지만 상대방의 의지가 없이는 화해할 수 없다.

예수님과 사도 바울은 종종 사람들이 다른 사람을 떠나야 하고 교제를 그만둘 수도 있다고 가르쳤다마 10:14, 18:17, 34-37 ; 눅 9:59-62 ; 딛 3:10. 한편 깨어졌던 관계가 다시 회복되기도 했다. 바울과 바나바는 마가에 대해 다른 의견을 가지고 있었지만 바울이 나중에 마가를 받아들였다행 15:37-40 ; 골 4:10. 때로 갈라서는 것이 필요하지만 오래 가지 않을 수도 있다. 한편 당신이 기억해야 할 것은 어떤 사람과 갈라설 때 당신이 그 사람을 배척하지 않는 것이다. 오히려 그 사람이 당신과 교제 나누기를 거부하는 것이다. 하나님은 그분의 백성을 멸망시키지 않으신다. 다만 그분의 백성들이 자청하는 것이다.

때로 당신이 다른 사람의 잘못을 지적할 때, 그는 당신의 의견을 싫어할 수 있다. 예를 들어, 부부는 정조를 지켜야 된다고 생각하는 아내와 행복하게 살기 원한다면, 남편은 바람을 피워서는 안 된다. 즉, 남편에게 선택권이 있는 것이다. 만약 남편이 바람을 피운다면 아내는 이혼을 요구할지도 모른다. 이것은 아내가 남편을 거부한 것이 아니다. 오히려 남편이 아내의 가치관을 무시하고 거부한 것이다.

해로웠던 관계를 청산할 때 당신은 상실감과 허전함을 느낄 것이다. 그래서 많은 사람들이 나빴던 관계를 청산하려다가 상실감을 느끼는 것이 두려워 다시 옛날의 해로웠던 관계로 돌아가거나 또 다른 나빴던 관계를 시작하곤 한다. 하지만 새것을 얻기 위해서는 먼저 구습을 버려야 하는 것을 기억하기 바란다.

이혼에 관하여

이혼에 대해 기독교인의 의견은 분분하다. 우리가 지금 언제까지 기다리고, 언제 갈라설 것인가에 대해 이야기하고 있는 만큼 이혼과 재혼에 대해 언급하는 것도 적당하리라 생각한다.

우리는 결혼은 영원한 것이고 마지막까지 노력해야 하는 것이 성경적인 가르침이라고 생각한다. 한편 간통이나 불신자인 배우자에 의해 버림을 받은 것처럼 특별한 경우에는 이혼도 가능하다고 생각한다마 5:31-32 ; 고전 7:15. 하지만 하나님은 이런 최악의 경우에도 결혼 생활이 지켜질 수 있다고 말씀하신다. 하지만 죄 없는 사람이 배우자의 파괴적이고 위험한 상황에 수동적으로 상처만 입어야 한다는 말은 아니다.

많은 사람들이 더 이상 참을 수 없을 때까지 수동적인 자세를 취하다가 갑자기 이혼하려고 한다. 하지만 수동적인 태도나 이혼이 보다 근본적인 문제를 해결하는 경우는 거의 없다. 앞에서 말한 방법대로 문제를 지닌 사람을 대할 때 변화의 가능성이 가장 높다.

상처 입은 배우자는 부부 관계에서 자신의 역할을 배우고 자신을 지키기 위해서 울타리를 세우는 법을 배워야 한다. 때로 상처 입은 배우자는 상대방이 자신에게 변화가 필요하다는 것을 발견할 때까지 별거할 필요도 있다. 만약 결혼 생활에 문제가 있다면 앞에서 말한 방법들을 사용해 보라. 주변에 도움을 청하고 당신 자신이 먼저 변하고 배우자를 변화시키는데 필요한 조치들을 취하라. 단, 아무것도 하지 않은 채 가만히 있다가 사탄이 이기도록 내버려두지 말기 바란다.

그리고 당신이 이미 이혼했다면 하나님은 사랑이시며 당신을 있는 모습 그대로 받아주시는 분임을 기억하라. 하나님은 당신의 상처난 곳을 싸매 주시며 당신이 다시 시작하길 원하신다. 당신이 이혼했더라도 하나님은 당신을 이해하신다. 하나님께서는 당신이 새 삶을 시작할 수 있도록 도우실 것이다.

도대체 얼마나 오래 기다려야 하는가?

그러면 언제 갈라서야 할까? 우리가 지금까지 살펴본 것처럼 간단명료한 대답은 없다. 영어 단어 'longsuffering'은 오랫동안 견딘다는 뜻이다. 한편, 소중했지만 상처받은 관계를 당신이 언제 포기해야 할지에 대한 몇 가지 제안은 아래와 같다.

- 다른 사람의 도움 없이 당신이 혼자서 문제를 해결하려고 할 때
- 당신 스스로가 문제의 원인이 되고 있을 때
- 당신이 상대방을 있는 그대로 받아들이지 않고 용서하지도 않았을 때
- 상대방이 무엇을 하든 상관하지 않고 바르게 응대하며 문제 있는 사람을 다루기 위해 새로운 방법을 사용하는 관계가 아닐 때
- 당신이 깨어진 관계를 변화시킬 수 있는 기회를 얻지 못했을 때
- '나도 해 봤는데'라는 말을 변명으로 늘어놓는 정도가 아니라 그것이 솔직한 말일 때

사실 이 제안들은 모두 쉽지 않다. 이 제안들을 따르다 보면 당신의 시간과 힘을 써야 하는 것은 물론 마음에 상처까지 입을 수 있다. 한편 다른 사람과의 관계는 영적 생활의 가장 중요한 요소이다. 하나님께서 말씀하신 것처럼 다른 사람과 교제하는 것은 영적인 삶이다. 하나님과 이웃을 사랑하는 것이 율법의 핵심이 아닌가!

내가 앞에서 설명한 제안들을 따르면 당신은 당신이 할 수 있는 모든 것을 했다는 것을 알게 될 것이다. 다시 말하지만 마음을 단단히 먹고 오랫동안 열심히 깨어진 관계를 회복시키려고 노력하라. 변화하고 성장하기 위해 어려움을 겪는 것은 당연한다. 로마서 12장 18절은 "할 수 있거든 너희로서는 모든 사람과 더불어 화목하라"고 말한다. 이렇게 당신이 할 수 있는 것은 모두 시도해 보았다면 언제 포기해야 할지도 알 수 있다.

이 책의 내용은 복음의 내용과 비슷한 점이 많다. 복음처럼 반가운 소식과 슬픈 소식을 이 책은 모두 가지고 있다. 좋은 소식은 당신이 해로운 사람과의 지옥 같은 관계에서 헤어날 수 있다는 것이다. 그리고 슬픈 소식은 당신이 자신의 십자가를 지고 당신이 가지고 있는 문제들을 고쳐야 한다는 것이다.

당신은 이것이 효과가 있다는 것을 당신과 다른 사람의 삶에서 직접 보았다. 만약 당신이 안전한 사람들을 찾아내어 깊은 교제를 나누며 해로운 사람들을 돕는데 열심을 낸다면 당신은 하나님을 섬기며 다른 사람과의 교제도 만족하는 풍성한 삶을 누릴 수 있을 것이다.

나는 안전한 사람인가?

초판발행 2000년 5월 5일
4쇄발행 2001년 11월 10일
2판 2쇄 2014년 7월 25일
3판 2쇄 2024년 3월 30일

지은이 헨리 클라우드, 존 타운센드
옮긴이 김한성
발행인 조애신
편집 이소연
디자인 임은미
마케팅 전필영, 권희정
경영지원 전두표

발행처 도서출판 토기장이
주소 서울시 마포구 동교로 71-1 2F
출판등록 1998년 5월 29일 제1998-000070호
전화 02-3143-0400
팩스 0505-300-0646
이메일 tletter77@naver.com
인스타그램 togijangi_books_

ISBN 978-89-7782-384-6

- 이 책은 저작권 법에 따라 보호를 받는 저작물이므로 무단 전재와 무단 복제를 금합니다.
- 이 책의 전부 또는 일부를 이용하려면 반드시 저자와 도서출판 토기장이의 동의를 받아야 합니다.

도서출판 토기장이는 생명 있는 책만 만듭니다.
"우리는 진흙이요 주는 토기장이시니 우리는 다 주의 손으로 지으신 것이니이다" (이사야 64:8)